Max Bauer

Sittengeschichte des deutschen Studententums

EHV
HISTORY

Max Bauer

Sittengeschichte des deutschen Studententums

ISBN/EAN: 9783955642976

Auflage: 1

Erscheinungsjahr: 2013

Erscheinungsort: Bremen, Deutschland

@ EHV-History in Access Verlag GmbH, Fahrenheitstr. 1, 28359 Bremen. Alle Rechte beim Verlag und bei den jeweiligen Lizenzgebern.

EHV
HISTORY

MAX BAUER

SITTENGESCHICHTE DES

DEUTSCHEN STUDENTENTUMS

MIT ZAHLREICHEN ABBILDUNGEN

PAUL ARETZ VERLAG / DRESDEN

Der raufende Student

aus Dendrono. Natürl. Abschilderung des akadem. Lebens,

Nurnperg, etwa 1725

Motto: Das deutsche Studentenleben war eine wichtige beachtenswerte Zeiterscheinung, auf welche die Nachwelt einst blicken wird wie auf ein zweites Mittelalter, dessen Ritterlichkeit es ebenso zu bewahren sucht, wie dessen Roheiten. Wir haben es versinken gesehen, und nun sammelt man in Büchern, was von seinen Sitten, Gewohnheiten und üblichen Bräuchen übrig blieb, zur Kunde für die spätere Nachwelt.

Ludwig Bechstein, Fahrten eines Musikanten, 1836/1837.

Die Vorzeit hatte keine Ahnung von der Psyche des Kindes. Ihr Vorhandensein war eine Entdeckung der großen Pädagogen des achtzehnten Jahrhunderts. Wie man bis dahin dem Kinde die Kleidung der Erwachsenen gegeben, so schob sich auch keine trennende Schranke zwischen ihm und den Sitten und Unsitten der Großen. Noch war die Schule kein vermittelndes Element geworden, denn sehr spät erst setzte sich der allgemeine Schulbesuch der Knaben durch. Der der Mädchen noch viel später.

Die Schule von einst unterschied sich von der heutigen nicht wesentlich. Sie war im Grunde genommen dieselbe Drillanstalt wie es die jetzigen Bildungskasernen sind, nur waren die Lehrgegenstände und der Ton, der in ihnen herrschte, grundverschieden von heute.

In der Sucht, Mustermenschen erziehen zu wollen, wurde dem Kinde damals noch viel rücksichtsloser als heute die Jugend vergällt. Man begehrte geradezu Unmögliches.

Adam Potken, Kaplan in Xanten, las um 1470—1480 mit elf- und zwölfjährigen Knaben Vergils Aeneide und Ciceros Reden. Johann Eck, geboren 1486, machte von seinem neunten bis zwölften Jahr im Hause seines Oheims, eines Pfarrers, und in der Schule einen umfassenden Kursus in den lateinischen Klassikern durch. Dreizehnjährig bezog er die Universität Heidelberg. In seinem fünfzehnten Jahre wurde er in Tübingen Magister.

Solch geistige Frühreife steht nicht vereinzelt da. Der Mathematiker und Astronom Johannes Müller aus Königsberg in Franken ließ sich als Knabe von dreizehn Jahren in Leipzig immatrikulieren und erwarb in seinem sechzehnten Lebensjahre in Wien das artistische Baccalaureat. Johann Reuchlin und Geiler von Kaisersberg wurden sechzehnjährig Hochschüler. Johann Spießheimer genannt Crispinianus hielt als Jüngling von achtzehn Jahren an der Wiener Universität Vorlesungen über lateinische Klassiker. Drei Jahre später wurde er Lehrer der Philosophie, der Beredsamkeit und der freien Künste, und im Alter von 27 Jahren Rektor der Universität in Wien.

Auch noch im 18. Jahrhundert konnte man nicht früh genug mit dem Unterricht beginnen. Wieland war einer der allzuvielen, die schon mit dreieinhalb Jahren einem Lehrer ausgeliefert wurden. Daß der Verstand und die Körperkraft des Kindes der Geistesdressur nicht gewachsen sein könnten, dafür fehlte das Verständnis. Deshalb wurden alle natürlichen Widerstände mit Gewalt zu brechen versucht.

In den Mitteln dazu war man nicht wählerisch. Das Aufstülpen von Eselköpfen, das Trinken schmutzigen Spülwassers, das Essen aus einem Hundetrog, stundenlanges Knien auf Erbsen oder einem dreikantigen Holzklotz, das Stehn am Schulpranger, das Tragen schwerer Lasten und ähnliche Martern waren überall gebräuchlich. Dazu kamen dann noch die Hiebe, die unaufhörlich auf den Schüler niederprasselten. „Wo gibt es irgend einen Lehrgegenstand, der ohne schwere Züchtigung erlernt werden könnte? Welche Schläge, welche Schmerzen erdulden die Jünger der Musik, wie werden die Lehrlinge der Heilkunst geschunden!" ruft schon St. Columban der Ire aus. In den Klosterschulen des frühen Mittelalters wurde bereits ganz barbarisch geschlagen.

Ebenso wie Lesen und Schreiben waren den alten Deutschen die Schulen völlig unbekannt, bis die Römer ins Germanenreich kamen. Erst als die deutschen Heiden die römisch-christliche Bildung sich anzueignen begannen, wurde es anders und manch deutscher Christ hatte in den römischen Rhetorenschulen der gallisch-germanischen Grenzgebiete sich höhere Bildung angeeignet. Da Wissen und Gelehrsamkeit, als sie in deutschen Gauen eine Heimstätte gefunden hatten, sich im fast ausschließlichen Besitz der Geistlichkeit befanden, war diese auch gezwungen, durch Schulen für den Nachwuchs in ihrem Berufe zu sorgen.

So erstanden seit dem 8. Jahrhundert mit und bei den Klöstern und Kirchen

Klosterschulen, von denen einzelne zur Bedeutung ‚hoher Schulen‘ ihrer Zeit emporwuchsen [1]).

Bis in das 12. Jahrhundert hinein blieben diese Klosterschulen die einzigen Bildungsstätten. Sie boten aber nur Raum für eine verhältnismäßig geringe Schülerzahl.

Wenn daher schon Karl der Große befohlen hatte, daß jeder Laie seine Söhne zur Schule schicken sollte, so ließ sich dies schon aus Mangel an Schulen nicht verwirklichen. Erst mit dem 13. Jahrhundert begann mit der Eröffnung von Stadtschulen ein neuer Abschnitt in der Schulgeschichte. Ein Säkulum später wurden die Universitäten gegründet, die als direkte Nachkommen dieser Klosterschulen anzusprechen sind, allerdings vorerst der mittelalterlichen Hochschulen, den Keimen der heutigen Institute dieses Namens.

In diesen Klosterschulen herrschte also das Prügelsystem.

Bischof Ratherus von Verona, dann von Lüttich (890—974), nannte die von ihm verfaßte Elementargrammatik sparadorsum, das heißt Rückenschoner, weil bei ihrem Gebrauch, wie er annahm, die Schüler weniger Schläge bekommen würden. In den Klöstern, wo jene Schüler, die sich dem Ordensdienst weihen wollten, im Gegensatz zu denen, die zu Weltgeistlichen bestimmt waren, stets das Ordenskleid tragen mußten, hatten sie dieses abzulegen, wenn sie diszipliniert wurden. Sie empfingen die Streiche auf dem härenen Gewand unter der Kutte, denn Wäsche war damals noch nicht im Gebrauch. Der Orden der Cluniacenser verbot dem Lehrer, der einen Schüler züchtigte, sich ihm allzusehr zu nähern. Wie es überdies auf das Strengste untersagt war, einen Knaben zu betasten oder ihm so weit zu nahe zu kommen, daß die Kleidungsstücke sich berührten. Die Schläge sollten nur allein auf die Hände oder auf den Rücken gegeben werden. Die Züchtigungen wurden für eine derart unentbehrliche Angelegenheit gehalten, daß nicht einmal eine bestimmte Ursache nötig war, um Rute oder Stock zu kosten, sondern, wie man in einem geregelten Haushalt ab und zu ein Großreinemachen für unerläßlich hält, so wurde den Schülern, wenn dies dem Herrn Abt angebracht erschien, eine Gesamtgeißelung verabreicht.

An solchen „Streich-Tagen" wurden den Schülern die gemachten und von den Lehrern zusammengezählten Fehler auf dem Rücken zusammengerechnet. Ein Schüler des Klosters St. Gallen zündete an einem solchen Tage aus Angst vor den Hieben die Schule an. Die sich schnell verbreitenden Flammen äscherten einen Teil der Klostergebäude ein [2]).

Naheliegend ist der Gedanke, daß es sich bei dieser Generalgeißelung um die Bestrafung uneingestandener sexueller Vergehn der Schüler gehandelt haben mag, wenn dies auch niemals deutlich ausgesprochen ist. „Daß aber jene Lehrermönche sich über die möglichen üblen Folgen der Prügelstrafe in sexualpsychologischer Hinsicht klar waren, zeigen die Gebote, daß Schläge nur auf die Hände oder den Rücken gegeben werden durften, und daß die Knaben dabei nicht betastet werden sollten. Es besteht wohl kein Zweifel, daß bei einer Prügelstrafe seitens des Lehrers sexuelle Motive in Frage kommen können, und daß bei Kindern sexuelle Anomalien durch die körperliche Züchtigung hervorgerufen werden können . . .“[3]).

Wehe dem Schüler, der sich bei einer Sünde dieser Art hätte ertappen lassen. Dennoch waren sie sehr verbreitet in den Klöstern. Bruder Berthold von Regensburg sprach außer von der roten noch von der geheimen Sünde, die Luther und Eberlin von Günzberg die stumme Sünde nannten. Auch Bruder Johannes Pauli berührt einmal dieses Thema, das er in direkte Verbindung mit den Klöstern bringt, die er, der Mönch, genau kannte. Er versichert, daß ‚männliche Jungfrauen‘ in den Klöstern völlig fehlen. „Man hat sie vieleicht wol funden, die nie kein frawen hetten gehabt, sie waren darumb nit iunckfrawen. Es mag ein dochter ir iunckfrawschaft wol verlieren an ein man, vnd ein man an ein fraw, dis gehört in di beicht. Es müssen nit alwegen zwei sein, wan man dotsünd vollbringt“[4]). Die Absicht, die „stumme Sünde“ nicht aufkommen zu lassen, oder auszurotten, zeitigte scharfe Maßregeln. Eigene Wächter, die Cirkatoren, wie wir sie später in den Bursen wiederfinden werden, hatten ständig über die Schüler zu wachen. Außerdem war gezwungenermaßen ein Schüler der Spion des andern. Schließlich kam es so weit, daß jeder Zögling einen eigenen Aufpasser hatte, gegen den sich aber ein gewisses Mißtrauen richtete, das sich in besonderen Vorschriften kund tat. So sollte der Aufseher vermeiden mit dem Schüler allein zu sein ‚propter bonum testimonium‘. Bei den Cluniacensern standen dem Schüler sogar zwei Aufseher zur Seite, die nicht nur den Knaben, sondern gegenseitig sich selbst zu bewachen hatten.

Wie weitgehend diese Bewachung war, geht schon daraus hervor, daß jeder Knabe, wenn er gezwungen war, eines natürlichen Bedürfnisses wegen sich nachts vom Bette zu erheben, stets seinen Aufseher wecken mußte, dieser aber noch einen Lehrer oder einen anderen der Schüler, die nun beide den Knaben auf den Abtritt führen mußten. Solche Maßregeln ruft allein nur die Erfahrung hervor, und sie wußte schon damals, daß klöster-

Das Kollegienhaus in Helmstedt im 17. Jahrhundert

Prospect Des Jenischen Marckts.

Kupferstich, Anfang des 18. Jahrhunderts

Aus dem Studentenleben

Kupferstiche von Johannes Wolff, Anfang des
18. Jahrhunderts

liche Askese stets bereit ist, in das Gegenteil umzuschlagen. Denn „wenn die Askese den Körper schwächte, so schwächte sie auch die Nerven, die überdies durch die beständige Beschäftigung mit übersinnlichen Dingen und Wiederholung von Erzählungen visionärer Zustände in unnatürliche Erregung versetzt wurden. So war der Boden bereitet für natürliche und unnatürliche Gelüste, und Onanie war an der Tages- und Nachtordnung. Zu diesem sozusagen ,natürlichen' Laster kamen in ebenso großem Umfange die sogenannten ,unnatürlichen', die Verbrechen ,wider die Natur', von denen auch die Goliardenlieder Andeutungen enthalten"[5]).

Aber die Gefahr, durch den Rohrstock Sünden zu wecken, was vielleicht diesem oder jenem nicht unbekannt geblieben war, da er es als Knabe am eigenen Leibe erfahren hatte, hielt aber keinen dieser frommen, selbst heiligen Zuchtmeister davon ab, die Rute als das Allheilmittel bei der Kindererziehung anzusehn und kräftiglich zu gebrauchen.

Der berühmte Notker von St. Gallen wurde von seinen Schülern ,Das Pfefferkorn' genannt, weil er so eifrig und schmerzhaft mit seinem Stock ihr Hinterteil biß.

In manchen Klöstern war der Rutenbedarf so groß, daß sie sich von ihren Zinsbauern Ruten und Peitschen zur Züchtigung ihrer Schüler liefern ließen[6]).

Wer sein Kind lieb hat, der hält es unter der Ruten! hatte Geltung als A und O aller Kindererziehung bis in die allerjüngste Zeit hinein. Berthold von Regensburg, der unsterbliche Volksprediger, hält es für ratsam, allzeit ein Rütlein zur Hand zu haben. Er empfiehlt „für die Zeit, als es (das Kind) erste böse Worte spricht, so sollt ihr ein kleines Rütelein nehmen .... und als (wenn es) eine Unzucht oder ein böses Wort sprichet, so sollt ihr ihm ein Smitzelin thun an der bloßen Haut. Ihr sollt es aber aufs bloße Haupt nicht schlagen mit der Hand, denn ihr möchtet es wohl zu einem Thoren machen"[7]).

Oswald von Wolkenstein, der letzte Minnesinger, wundert sich, daß ein Mann sein Kind ohne Rute ziehen will. Hans Sachs ermahnt die Eltern, ihre Kinder mit der Rute im Schach zu halten. Wenn Geiler von Kaisersberg und Cyriacus Spangenberg nur vor Bestrafung im ersten Zorn warnen, geht Johannes Fischart — manchmal seinem Zeitalter stark voraus — noch einen Schritt weiter, indem er erklärt, daß Loben und Schelten viel weiter führen, „als alles Rasen, Treten, Stoßen und Stürmen mag verfahen".

So unerhört ersterbend die Ehrfurcht vor allem war, was in der Nähe des

Thrones lebte, so zögerten doch die Lehrer nicht, die Rute zu zücken, wenn
einer ihrer beinahe „allerhöchsten" Zöglinge sich irgend ein Versehen zu
schulden kommen ließ. So erhielt Kaiser Maximilian der Erste, der letzte
Ritter, in seiner Jugend oftmals tüchtige Schläge. Auf einem Blatte im
‚Weißkunig', das den jungen Max beim Unterricht zeigt, sind drei weitere
Schüler, ohne Zweifel Prügelknaben anwesend.

Die Einrichtung solcher Prügelknaben war uralt und vererbte sich durch
Jahrhunderte fort, bis sie im achtzehnten Jahrhundert erlosch.

Was Berthold von Regensburg, eingedenk seiner Klostererziehung, vom
Schlagen mit der Hand sagt, wird in den Schulordnungen den Lehrern
immer wieder aufs neue eingeschärft. Sie sollen die Schüler nicht auf die
Köpfe, auch nicht auf die Hände hauen sondern „in die hindern" oder
„äfftteren". Dann nicht mit Stöcken, sondern mit Ruten, die meist in Gestalt eines Besens gebunden waren. Die Knaben mußten sich zu diesem
peinlichen Verfahren die Hosen herunter lassen, wie unser Bild deutlich
zeigt.

Trotz aller behördlichen Bestimmungen sangen die Schüler bis vor wenigen
Menschenaltern den alten Schulvers:

Hic, haec, hoc — der Lehrer (Kantor) mit dem Stock,

Is, ea, id — was will er denn damit?

Sum, fui, esse — er haut ihm in die Fresse,

Ille, illa, illud — daß die Nase blut!

Doch auch in Mädchenschulen schlugen gewisse Schulmeister gar zu gern zu.
Im Jahre 1562 beklagte sich der ‚deutsche Schreiber' Oswald Saupe in
Dresden darüber, „daß sich ein neuer Schulhalter aufdringe, ein junger
Gesell vor dem Wilsdruffer Tore, der Knaben und Mädchen unterrichte,
und zwar nicht nur kleine sondern auch erwachsene und mannbare. Es
wäre, da er unbeweibt, und die Jungfern, so viel man berichte, alle mit der
Rute züchtige, leicht Unheil zu erwarten" [8].

Der Bakel wurde schließlich das Standessymbol des Lehrers und das Um
und Auf jeglicher Erziehung und allen Unterrichtes.

Wie man den Herrscher nie ohne Krone und Szepter als Embleme seiner
Würde und seines Gottesgnadentum zu sehen gewohnt war, so erschien der
Schulmeister niemals ohne seine Attribute, Rutenbündel oder Stock. Das
Siegel von Höxter aus dem Jahre 1356 stellt einen Lehrer dar, der die Rute
über einen knienden Knaben schwingt. Auf einer der herrlichen Miniaturen
der Manessischen Bilderhandschrift aus dem dreizehnten Jahrhundert sind

zwei geistliche Lehrer bei ihren Schülern abgebildet. Beide haben dicke Rutenbündel in den Händen. Im Elsaß kommt die Amtsbezeichnung des Lehrers als „Besemer" (scoparius) vor[9]).

Im Jahre 1588, am Mittwoch nach Jukund, wurde in Dresden vom Stadtrat selbst „der neue Schulmeister T. Möckel per baculum et virgam a consule (mit Stock und Rute) in der Schule investiret". Genau hundert Jahre später thront dieser Möckel würdevoll auf einem der Kupferstiche, die den 1688 und 1689 erschienenen ‚Monatlichen Gedanken‘ von Christian Thomasius beigegeben sind, mit den untrüglichen Zeichen seiner Macht versehn auf seinem Katheder[10]).

Und mit welch sadistischer Grausamkeit bedienten sich die Jugendbildner der Rute!

Melanchthon erhielt für jeden Lateinfehler einen Streich. „Also machte er einen Grammaticus aus mir", lobte er seinen Lehrer.

Im achtzehnten Jahrhundert waren diese Strafen manchmal zu festen Taxen geworden.

„Als Heinrich (Zeller) zum ersten Mal in die zweite Lateinschule zu Ludwigsburg kam, bemerkte er linker Hand beim Eintritt eine kleine schwarze Tafel, auf der, nach Art der Fleisch- und Brottaxen an den Metzger- und Bäckerläden, die Zahl der Stecken- und Rutenhiebe verzeichnet stand, die als Strafen auf die verschiedenen Hauptfehler gegen die lateinische Grammatik gesetzt waren"[11]).

Obgleich Luther nichts gegen Züchtigung hatte, eiferte er doch gegen deren Mißbrauch. „Wie vor dieser Zeit die Schulmeister gewesen sind, da die Schulen rechte Kerker und Höllen, die Schulmeister aber Tyrannen und Stockmeister waren, denn da wurden die armen Kinder ohne Maß und ohne alles Aufhören gestäupt, lernten mit großer Arbeit und unmäßigem Fleiß, doch mit wenigem Nutzen"[12]). Den Kindern wurde die Schule zum Fegefeuer, in dem sie „gemartert wurden über den Casualibus und Temporalibus, da sie doch nichts lernten durch so viel Stäupen, Zittern, Angst und Jammer" sagt er weiter.

Dann einmal: „Man soll die Kinder nicht zu hart stäupen; denn mein Vater stäupte mich einmal so sehr, daß ich ihn floh und ward ihm gram, bis er mich wieder zu sich gewöhnte". Ein andermal, auch in seinen Tischreden: „Ich bin einmal in der Mansfelder Schule fünfzehnmal hintereinander gestrichen worden".

Erasmus Alberus, der deutsche Aesop († 1553), schrieb: „Zu der Zeit, da ich in die Schule ging, habe ich oft gesehen, wie man so greulich mit den armen Kindern umging, da stieß man ihnen die Köpfe wider die Wände, und zwar hat man es mir auch nicht gespart".

„Under andern kan ich selbsten, nicht allein mit Wortzeichen gut Zeugniß geben, allda ich von dergleichen einem (Schultyrannen) mit einer geisel, so drey liderne dicke schneidende Riemen gehabt, nicht ein, zwey, zehn oder zwantzig, sondern wol über die 50 mahl im sibenden und achten (damit ich deß sechsten geschweige) Jahr meiner Kindheit dermaßen gegeiselt worden, daß mir tieffe Löcher in das fleisch hineingehawen und auß meinem Hemmet zerhawnen fleisch und underfloßnen Blut ein Zelten worden und in einander gebacken, daß ich noch gehen noch sitzen können, welche Zeichen und Malen ich noch heut an meinem Leib trage". — „Ist aber das nicht bekannter grober Unverstand und unschambarer Greuel vieler deren Pedanten, zu denen beyder Geschlechts Jugend, Knaben und Mägdlein, in die Schul gehn, daß sie die Knaben vor den Mägdlein und die Mägdlein vor den Knaben entblösen und abstreichen?" erzählt aus seinen Jugenderinnerungen Hippolyt Guarinonius um 1600 [13]).

Gegen den Rektor Johann Bechmann der Meißner Schule erhoben die Visitatoren im Jahre 1616 die Beschwerde, daß er ‚die jüngeren Knaben dermaßen mit Prügeln oder wol gar mit Füßentreten traktire, daß sie eine Zeit krank zu Bett liegen mußten' [14]).

Ein Wittenberger Rektor wurde angeklagt, daß er, ‚wie ein Leu in der Schule gegen die Knaben gewütet und selbige mit der Rute ins Angesicht und auf die Köpfe blutrünstig geschlagen habe'. In Weimar verbot man den Lehrern unter Strafe der Dienstentlassung das bisher übliche „Zuschlagen mit Stecken oder Büchern auf die Köpfe, item mit vollen Fäusten in das Angesicht, dergleichen anderes grimmiges Stoßen und Raufen bei den Haaren und Ohren, item mit dem Stecken auf die Fäuste schlagen" [15]).

„So die Kindermeister, als gar oft geschieht, die Jugent zu heftiglich schlahen, solten sie gestrafft werden, wann es ist unchristlich und ungebürlich heftig in Zorn zu schlahen", sagt schon der 1498 bei Peter Scheffer in Mainz gedruckte „Seelen-fürer", ein nutzberlich buch für yeglichen cristenmenschen zum frumen leben und seligen sterben" auf seinem 17. Blatt.

In dem Wormser Statutenbuch von 1498 und 1507 heißt es: „Es sollen auch Lehrmeister, Zuchtmeister, und die so andere lernen, unterweisen und versehen, ihre Diener, Kinder und Jungen nicht unziemlich strafen, unmäsiglich schlagen, stoßen oder treten, auf unser, des Rats Strafe und Pöne" [16]).

In einer Schulordnung für die Stadt Braunschweig vom Jahre 1562 wird geboten, daß der Lehrer bei Erteilung von Schulstrafen sich alles Fluchens und ungebührlichen Redens enthalten müsse, die Knaben nicht mit ‚Schlüsseln, Büchern oder Fäusten ins Angesicht schlagen, nicht gräulich über die Bänke werfen, ihre Glieder verrücken, bei den Ohren ziehn, das Gehör und Gesicht verletzen und wie Diebshenker stäupen‘ dürfe [17].

Der Rat von Eßlingen verordnet 1548, daß der Lehrer seine Schüler ‚nicht an den Kopf schlagen, sie weder mit Tatzen, Schlappen, Maultaschen und Haarrupfen, noch mit Ohrumdrehn, Nasenschnellen und Hirnbatzen strafen, keine Stöcke und Kolben zur Züchtigung brauchen, sondern allein das Sitzfleisch mit Ruten streichen solle‘. Wie man sieht, verfügten die Herren Schulmonarchen über ein reiches Repertoire, dem es sogar an Fachausdrücken nicht fehlte.

In Nordhausen sollten diese Prügelhelden, die Knaben nicht bis aufs Blut stäupen, mit Füßen treten, bei den Ohren und Haaren aufheben oder mit dem Stock oder Buch ins Gesicht schlagen, auch dabei keiner Gotteslästerung, Flüche und ungestümer Schmähungen sich bedienen [18].

In Göttingen sah sich der Gymnasialrektor Heinrich Petreus 1586 genötigt, den Lehrern zu untersagen, auf die Knaben „gleich auf Eseln loszuschlagen, ihnen in die Haare zu fahren, sie mit Füßen zu treten oder mit Knüppeln durchzuprügeln“.

Einen ähnlichen Fall berichtet Hans Rau [19], leider ohne seine Quelle zu nennen, weshalb ihm die Verantwortung für dessen Richtigkeit überlassen sei.

„Denken Sie sich die Frechheit! Da wollte mich ein Schulknabe insultieren. Aber nein! sage ich, die Lausbuben! Denken Sie nur, zu seiner wohlverdienten Strafe kroch er in den Hundestall“. Dieses war ein zur Züchtigung eigens konstruierter Stuhl, der vorn eine runde Öffnung hatte. Der zu bestrafende Knabe mußte mit dem Vorderkörper durch das Loch kriechen, bis sich die Öffnung um seine Lenden schloß, und der Lehrer, der auf dem Stuhl saß, konnte dann in aller Gemütlichkeit das Hinterteil seines Opfers mit der Rute bearbeiten! „Aber noch hatte sich der Bösewicht nicht gehörig losgenestelt, das doch alle, der erste wie der letzte hergebrachtermaßen tun müssen, sobald die Samstaglektion anfängt. — Daß dich Donner und Blitz treffe! sagte ich, denn er hatte noch 6—7 tüchtige Sünder hinter sich, und so ein boshaftes Versehen nimmt ja unnütz die Zeit weg. Weil aber doch die Beinkleider auf der einen Seite los waren, so setzte ich flugs den einen Fuß darin und riß eilig auf der anderen Seite Nestel, Hosenträger und Hosen entwei, zog zugleich das Hemd so mächtig an mich, daß es mir halb in der Hand blieb, und nun ließ ich meinem gerechten Zorn so Zügel und Zaum, daß die Rute schon beim 12. Hiebe bis auf Stumpf und Stiel zu Schanden gehauen war. Und jetzt griff ich erst nach der zweiten, die rechts neben mir im Wasser steckte. Wie das Ding pfiff, wie es durch die Luft sausete, und wie mir das Herz lachte, als der Vogel vergeblich im Käfig sein Misere heulte und nach allen Heiligen schrie. Wie mir nun ums Herz war, als auch die zweite Rute berstete und der Knabe blau und rot ein kupferner Kessel vor mir lag: und wie ich triumphierte, als der Bube von mir wegkroch auf allen Vieren und eine Weile weder stille stehen noch gerade gehen konnte und seine Lumpen zusammensuchte".

Die Lehrer in Basel besaßen einen wahrhaft henkerischen Erfindungsgeist. Sie begnügten sich nicht mit den gewöhnlichen Formen der Prügelstrafe, sie plagten ihre Schüler mit „Schrauben, Pochen, Balgen, mit Schlägen, Hüpfen, Rupfen".

In einer 1540 erschienenen Schrift heißt es: „Wenn der Herr Schulmeister das Henkeramt verwaltet, muß der arme Sünder, will er nicht bis aufs Blut gestrichen sein, sich selbst bücken und bereit halten. Andere Schulmeister halten, um das Strafamt bequemer zu verwalten, und jede Widersetzlichkeit unmöglich zu machen, eine förmliche ,Verbrecherleiter' bereit, in die die Kinder kriechen und Kopf und Beine hindurchstecken müssen. Da kriegt nun der Schulmeister seine Henkersrute aus einem Eimer voll Wasser, hauet, peitschet und trummelt dem armen Schelm auf posteriori herumb, daß er schreiet, daß mans übers dritte Haus hören möchte, hört auch nicht auf, bis daß dicke Schwülen auflaufen und das Blut an den Beinen herunterläuft"[20].

Bei solch unerhörten, gewohnheitsmäßig betriebenen Roheiten nimmt es nicht Wunder, daß einer dieser Dippolde, der Lehrer des Humanisten Johannes Butzbach, wegen seiner Grausamkeit davongejagt, in Miltenberg Henkersknecht wurde[21].

Wenn eine kursächsische Verordnung vom Jahre 1766 den Lehrern gebot, die Kinder „weder mit Stöcken noch Fäusten, sondern lediglich mit Worten oder Flatieren und wo es nötig mit Ruten zu streichen", so drohten noch 1771 die Stadtväter von Winterthur dem Stadtpräzeptor Reinhart, ihn vor den Rat zu stellen, sofern er sich weigere, den Schüler Knuß öffentlich mit eigener Hand zu züchtigen"[22].

Es darf nicht verschwiegen werden, daß es auch Pädagogen gab, die sich des Prügelns enthielten. So der Größten einer, Johann Amos Comenius. Gegen die Schläge der Jugend geht er in seiner „Didactica magna seu omnes omnia docendi artificium", Amsterdam 1657, vor. Er führt u. a. aus: „Schläge und Streiche haben nicht die Kraft, in die Köpfe Liebe zu den Wissenschaften, wohl aber geradezu Widerwillen gegen diese zu erzeugen. Wenn sich daher irgendwo die Krankheit zeigt, daß die Geister Ekel gegen die Studien empfinden, so muß diese vielmehr durch Maßhalten und durch Darreichung von angenehmen Gegenmitteln gehoben, nicht aber durch scharfe Mittel noch geschärft werden. Wenn es jedoch bisweilen des Spornes und Stachels bedarf, so läßt sich dies auf andere Weise viel besser bewirken als durch Schläge; bisweilen durch ein schärferes Wort oder durch einen öffentlichen Tadel, bisweilen dadurch, daß man auf andere lobend hinweist". —

Wahrhaft herzerfrischend mutet es an, wenn Walter von der Vogelweide sagt:

Niemand lenkt zum Guten, Kindeszucht mit Ruten.

Wer zu Ehren kommen mag, dem ist ein Wort wie ein Schlag.

Aber solch kluge Köpfe waren recht dünn gesät. Dann zeigte auch die Obrigkeit nicht immer das nötige Verständnis für Erziehung ohne Gewaltakte. Deshalb hielt sich die überwiegende Masse der Lehrer an die altbewährte Methode.

Wie im vormärzlichen Österreich der Delinquent, dem Fünfundzwanzig aufgezählt worden waren, sich beim Richter „für die gnädige Straf" bedanken mußte, so hatten die Schulkinder die Pflicht, das Rutenmaterial für ihre gestrengen Herren Lehrer selbst zu besorgen. Allerdings suchte man ihnen diese schwere Aufgabe nach Möglichkeit zu versüßen. Reicke sagt darüber:

„Die Beschaffung der Ruten gestaltete sich vielerorten zu einem Festtag für die ganze Schule. An einem schönen Maienmorgen zogen Lehrer und Schüler, häufig mit Musik und von der halben Stadt begleitet in das nahe Holz, das im Frühlingsschmuck prangte. Hier tummelte sich die Jugend lustig unter allerlei Schimpf, das ist Kurzweil, den ganzen Tag über. Inzwischen wurden die Weidenbüsche und Haselsträucher nach passenden Gerten eifrig durchsucht und geplündert. Mit Maiengrün geschmückt und mit ihren künftigen Quälgeistern reich beladen, kehrten die Schüler am Abend unter Absingen von Liedern nach Hause zurück.

Eines dieser Lieder hat sich noch erhalten. Es lautet:

> Ihr Väter und ihr Mütterlein,
> Nun sehend, wie wir gehn herein,
> Mit Birkenholz beladen,
> Welches uns wohl dienen kann
> Zu Nutz und nit zu Schaden.
>
> Euer Will und Gottes Gebot
> Uns dazu getrieben hot,
> Daß wir jetzt unsere Rute
> Über unserm eignen Leib
> Tragen mit leichtem Mute [23]).

Hier und da erfreute sich die Jugend auch an einem Tänzlein mit den heranwachsenden Töchtern der Stadt. Das scheint zu Ausschreitungen geführt zu haben, denn das Rutenfest — Virgatum — wurde wiederholt verboten" [24]). Es sei nur flüchtig daran erinnert, daß die Hanseaten in Bergen ebenfalls ihre Lehrlinge zwangen, Birkenruten zu schneiden, mit denen sie tags darauf in unerhörter Weise gezüchtigt werden sollten [25]).

Den prügelnden Lehrern kann vielleicht als mildernder Umstand gutgebracht werden, daß sie einer völlig verrohten Schülerschaft gegenüberstanden. Die drakonischen Strafen vermochten die Zuchtlosigkeit der Schuljugend weder zu ändern noch zu bessern, da sie ebenso überliefert war wie ihre Strafen. „Die Geschichte der Schulen ist von der Zeit ihrer Gründung an mit Klagen über den unbändigen Geist der Jugend angefüllt", sagt Janssen [26]). „Man erstaunt wahrzunehmen, wie fast jedes Alter und jede Ausschweifung der Studierenden jener Zeit auch schon auf den Gymnasien heimisch ist: Waffentragen und Duell, Trunk und Unzucht, Faulheit und Übermut bis zu tätlicher Widersetzlichkeit und Aufruhr [27]).

Für die Schule in Pforta erging 1546 von der Universität Leipzig als der Aufsichtsbehörde die Verfügung: „In groben Übertretungen der Schüler, als da seien Gotteslästerung, Diebstahl, unzüchtige Sauferei und Spielerei, Verachtung der Lehrer oder des Vorstehers sollen die Lehrer und der Vorsteher sich der Strafe vergleichen und zur Erfolgung einander behülflich sein. Im Jahre 1580 ging an alle Schulen der strenge Befehl, darauf zu achten, daß die Schüler nicht zu gierig fressen noch sich vollsaufen nach Einbruch in die Kellereien. Sie sollen sich nicht zu den Köchinnen „und anderem gemeinen Gesinde" in der Schule gesellen, die Schulhäuser weder bei Tag noch bei Nacht heimlich verlassen". Lügenbücher, schändliche

Der Schulmeister

Holzschnitt von Albrecht Dürer

Unterricht im Singen, Lesen und Rechnen in einer
Stadtschule mit einer Züchtigungsszene

Lehrer mit den Schul-
gehilfen, den die umgekehrte
Rute kennzeichnet

Aus dem Schulbuch Donatus
grammaticus

Nürnberg, um 1500

Albertus Magnus lehrt
„secreta mulierum"
Kölner Holzschnitt, etwa 1480

Lehrer mit drei Studenten
Schulbuchholzschnitt. 1486.

Herrscherin Rute

Das Standessymbol des
Lehrers
Augsburger Holzschnitt von 1495

*Kaiser Maximilian, der letzte Ritter, beim Unterricht
mit seinen Prügelknaben*

Holzschnitt von Leonhard Beck aus dem Weißkunig

Schriften und unzüchtige Gemälde sollen sie nicht lesen oder in ihrer Wohnung haben. Von Zechen und Tänzen sollen sie sich fernhalten und keine Nachschlüssel haben.

Über die adeligen Schüler hatte Kurfürst August bereits im Jahre 1554 den Landständen vorgehalten, daß sie „sich unterständen, die Schulmeister zu raufen und zu schlagen, sogar sie zu erstechen drohten".

In einer Pfingstpredigt seufzt M. Heinrich Doltz (Jhena 1577): ‚Aber wie sollte es denn auch sich nicht leichtlich erklären lassen, daß den Rectoren und Praeceptoribus die Galle vor Zorn und Verzweiflung überläuft, wenn er die wilde, raufige, faule, schier teuflische Jugend sieht, so sie erziehen sollen, und mit der sie so viel Nöten und Gefahren haben, daß sie oftermals böslichen Angriffen ausgesetzt und Leib und Leben nicht sicher sind'. Der Rektor des Brieger Gymnasiums äußerte im Jahre 1599, die Schüler seien so verkommen, „daß man eher einen Fisch ohne Gräten als auch nur einen von Haus aus unverdorbenen Schüler finde".

In der Landesschule in Meißen, in der sich meist adelige Schüler befanden, war weder Zucht noch Ordnung. Am tollsten trieben es die Jungen unter dem gelehrten Mennius, der zu Anfang des 17. Jahrhunderts der Schule als Rektor vorstand. War es schon unter seinem Vorgänger Dresserus bunt zugegangen, so kamen unter seiner Herrschaft die größten Exzesse vor. Einem Knaben wurde der Arm zerschlagen, ein anderer wurde in ein Wasserloch gestoßen, so daß er das Schulterblatt brach. Der Rektor wagte das alles nicht zu bestrafen. Eine Bande von vier Buben bewaffnete sich mit Dolchen und hielt die ganze Schule im Schach. Einer von ihnen, August Grempler, erstach am 14. Dezember 1608 einen anderen Schüler, Daniel Greiser, der ihm Widerstand leisten wollte. Der Täter entfloh. Da kam endlich eine Kommission von Dresden, den Frevel zu untersuchen. Einige Schüler, die sich nur ungezogen benommen hatten, wurden in Gegenwart sämtlicher Knaben „castigiert". Den Schuldigsten wurde 6 Wochen Gefängnis bei Wasser und Brod auferlegt. Außerdem sollten sie 8 Tage hintereinander zur Früh- und Abendmahlzeit an ein Halseisen gestellt und aus der Schule geschickt werden.

Der Pranger wurde ihnen schließlich erlassen, aber nicht das Gefängnis und die Relegation.

Auch die Quälereien der jüngeren Schüler durch die Älteren, also der Pennalismus, war trotz aller Strafen und Verbote in Meißen unausrottbar. So abstoßend dies meist erscheint, manchmal schlich sich auch ein komischer

Zug in diese Schülerstreiche. Da war z. B. schärfste Vorschrift, die Knaben öfter auch innerlich durch ein Laxiermittel zu reinigen, wie dies der alten Medizin für unerläßlich erschien. Die älteren Schüler erhielten eine etwas größere Dosis als die jüngeren. Beide Altersklassen hatten das Mittel am frühen Morgen zu schlucken, dafür gab es dann Mittags zur weiteren Nachhilfe Backpflaumen. Nun zwangen die älteren Jungen die kleineren das unangenehme Frühstück für sie zu nehmen, dafür aßen sie, brüderlich teilend, Mittags die Pflaumen der jüngeren auf [28]).

Das schärfste Urteil über die Jugend um die Wende des sechzehnten zum siebzehnten Jahrhundert wird dem großen Philologen Joseph Justus Scaliger (1540—1609) in den Mund gelegt. „Wenn Einer etwas Großes verbrochen hätte, wäre es nicht nötig, daß man ihn auf den Bau oder ins Zuchthaus setze: man solle ihm nur Knaben zu unterrichten geben. Das wäre Strafe und Plage genug, die man ihm antun könne" [29]). Aber die Lehrer waren ihrer Schüler würdig.

Die innigen Beziehungen zu Rohrstock und Rute bezeugen genugsam die allgemeine Roheit der Lehrerschaft, über deren Laster des Klagens kein Ende ist. Den Jugendbildnern werden schier unerhörte Untugenden vorgeworfen, und dies fast überall. So urteilen die Aufsichtsbehörden der sächsischen Schulen im Jahre 1573: „Es gibt nur wenige Schulmeister, denen die Unterweisung und sittliche Führung der Jugend am Herzen liegt, weil sie entweder selbst nicht wissen, wie sie es anfangen sollen, oder weil sie die Beschwerden und das Lästige des Schulstaubs fliehen. Dazu kommt noch die ungeheuere Sittenverderbnis".

Ausführlicher lauten die Urteile über die Lehrerschaft gewisser Städte, so z. B. von Braunschweig. In der Schulordnung vom Jahre 1596 heißt es da: „Ein Lehrer soll sofort sein Amt verlieren, wenn er sich der Gotteslästerung, Zauberkünste, Scherzen aus Gottes Wort, Trotzes, Verkleinerung der Oberen anmaße, mutwilliges Gezänk und Faktionen errichte, mördliche Waffen bei sich trage, dem Saufen, Spielen, Doplen und der Buberei nachgehn, heimliche Gelage halte in öffentlichen Schenken, Garküchen, unehrlichen, verdächtigen Orten, öffentliches Nachtgassieren, Schand- und Bubenreden treibe, bei Gastmählern und Hochzeiten sich ärgerlich erzeige, Pasquille und Schmähschriften verfasse und ausbreite und andere öffentliche Laster treibe".

Unter ‚unehrlichen Orten‘ sind Frauenhäuser gemeint, da deren Insassen, Dirnen und deren Wirte ebenso unehrlich waren wie ihr Schutzherr, der

Scharfrichter. Gassieren, später gassaten genannt, heißt das Herumtreiben und Lärmen auf den Straßen.

Bei diesem Zustand des Verfalls der Schulen durch die Roheit der Lehrerschaft und die Zügellosigkeit der Schüler, wirkte es wahrhaft tragisch, wenn Joachim Camerarius, ein eifriger Schulmann und einer der bedeutendsten Philologen jener Zeit, Melanchtons Schüler und Freund, im Jahre 1536 verzweifelt an Luther schrieb, er käme „oft auf den Gedanken", ob es nicht besser sei, wenn es gar keine öffentlichen Anstalten gäbe, wie solche Schulen, „die uns zu Freistätten für Sünde und Laster bestimmt zu sein scheinen".

Luther nennt die Schulen wahre Höllen, und dies trifft nicht allein auf die teuflischen Lehrer zu, sondern auch vielfach auf die Schulräume, die eher Ställen glichen denn Stuben, in denen sich Menschen stundenlang aufhalten mußten. Sie waren eng, finster, schmutzstarrend, „und sich derhalben die Eltern nicht verwundern sollen, wann ihre liebe Kinder bißweilen bleich und kranck auß der Schuel heimb kommen, ist mehrer mal der ungeheuer Schulgestanck daran schuldig" urteilt der erste deutsche Hygieniker Hypolith Guarinonius. Im Sommer kamen die Kinder vor Luftmangel bei den immer geschlossenen Fenstern fast um, und im Winter ging das Martyrium erst recht an. Nach der Egerer Schulordnung von 1350 mußten während der kalten Jahreszeit die Kinder selbst für Heizung des Schulzimmers sorgen. Zu diesem Zweck hatte jedes von ihnen vom 16. Oktober bis zum ersten Mai täglich einen Scheit Holz zur Schule zu bringen [30]). Wo dies nicht der Fall war, rösteten oder froren die armen Kinder ohne Erbarmen. Und der Zeitenlauf änderte wenig an dieser Misere.

Wie es in einer Dorfschule im Jahre 1783 aussah und zuging das zeigt ein Schulmeisterbrief voll köstlicher Naivität, die allerdings nicht weit vor dem Stumpfsinn endet: „Vorgestern war Dir unser Pastor in meiner Schule . . . . Wir hatten akkurat wenns kalt ist, braf eingeheißt, daß die Ofenblase brudelte, und meine Frau hatte die jungen Gänse und auch das kleine Ferkel in der Stube. Du lieber Gott, die armen Dinger mußten ja sonst im Stall erfrieren. Der Gerechte erbarmt sich seines Viehes, und ich hatte auf ein 70 Stück Kinder in der Stube. Ich kann sie nicht frieren lassen: denn deswegen gehn viel nur in die Schule, weil sie bei sich selten eine warme Stube wie bei mir antreffen . . . .

Als er nun in die Stube trat, fiel er (der Pastor) gleich in Ahnmacht. „Herr Gehs, Herr Gehs!" schrie meine Frau, die akurat mein kleines Manuelchen kämmte und drüber vom Schoose fallen ließ, „Herr Gehs, Mann! greif doch

zu, es wird dem Herrn Compehr (Gevatter) schlimm". Zum Glück fiel er
noch neben den Clavier hin, er hätts morsch entzwey schlagen können . . . .
Meine Frau aber war gleich übern her und band ihm das Päfchen ab, holte
frisch Wasser und begoß ihn über und über. Da fing er wieder an zu luften
und blinzelte auch mit den Augen. Wir setzten ihn nieder auf die Clavier-
bank; es ist die beste im ganzen Hause. Aber er holte schwer Athem . . . . . .
„Ein Schluck Brantewein," war sein erstes Wort, und nun kam er Peape
(peu à peu) wieder zu sich selbst und erzählte, daß er vom Gestank in der
Schule bald erstickt worden wäre. Er war gewaltig böse drüber und nennte
sie einen infamen Schweinestall, und es wäre nicht darin auszuhalten . . . . .
Wahr ist es freilich, die Stube ist zu enge. Wenn ich nur irgend noch ein
bischen Verschlag dran hätte, worin unser Bett stehn könnte! Da kommen
mir die Schulkinder des Morgens mit dem Frühsten über den Hals, daß ich
nicht einmal, für den großen Bauermädchen, mit guten Gewissen meine
Hosen anziehen kann . . . .[31]).

In der Stadt war es nicht viel besser, wie der unsterbliche Verfasser des
‚Umgangs mit Menschen‘, Freiherr von Knigge, im Roman seines Lebens [32])
wie folgt mitteilt: „In der Reichsstadt . . . herrscht bekanntlich wenig Sorge
für die Erziehung der Jugend, Lustbarkeiten und Gewinnsucht lassen den
Eltern nicht so viel Zeit übrig, um daran zu denken. Die ansehnlichste
Schule hält ein gewisser Eyermann. In derselben werden 300 Knaben zu-
sammengearbeitet. Gern nähme der liebe Mann auch 1000, wenn es möglich
wäre, sie in das Zimmer zu stopfen; denn das Zimmer ist so klein, daß die
Kinder ihre Arme kaum von dem Leibe bringen können. Bei dem Eintritte
muß ein jeder seinen Hut hergeben, welcher mit den übrigen zu einer großen
Pyramide aufgetürmt wird. Diese Pyramide wirft der Herr Präzeptor nach
Endigung der Stunde mit dem Fuße um, und dann stürzen alle Knaben
über den Haufen her und suchen ihr Eigentum heraus, wobei es nicht selten
Stöße und Schläge gibt. Die entsetzlichen Ausdünstungen der also einge-
pferchten Kinder machen denn fast in jeder Stunde den einen oder andern
ohnmächtig; er wird sodann in die Höhe gehoben und wandert von einer
Hand in die andere bis zur Tür, wo er, weil er nicht zu seinem Hut hat
kommen können, mit dem Angstschweiße auf der Stirn, im bloßen Kopfe
sich der Luft aussetzen muß. Auch verliert jeder Junge, der vier Wochen
diese Mördergrube besucht, seine gesunde Farbe . . . Mit dem Unterricht
geht es in dieser Schule folgendermaßen zu: der Lehrer lehrt die Knaben
wie Papageien Dinge auswendig lernen, womit sie bei ihren Eltern zur

Ehre des gelehrten Unterrichters paradieren, aber wobei sie nichts denken können. Diese Kenntnisse werden ihnen vermittelst einer Peitsche beigebracht, welche Herr E. so zu dirigieren weiß, daß er jeden auch noch so entfernten Schüler auf den rechten Fleck trifft. Die Belohnungen aber bestehen in Anweisungen an die Eltern, z. B., dem Knaben Georg N. N. für seinen bezeigten Fleiß heute vier Groschen zu bezahlen! — Also Peitsche und Geld[33]).

Waren solche Schulen Gefängnisse schlimmster Art, so gilt das Gleiche von den Universitäten vor der Kirchenspaltung. Die in den Bursen kasernierten Schüler standen unter schärfster Aufsicht, waren stets von den härtesten Körperstrafen bedroht und teilten ihre Zeit zwischen geistiger Frone und Kirche.

Diese Bursen, meist Stiftungen privater Wohltätigkeit, waren ungefähr das, was wir jetzt mit dem Ausdruck Internat bezeichnen. Das Wort bursales für ihre Insassen ist der Stammvater des Wortes Bursch.

Da im Mittelalter die überwiegende Masse der Studierenden aus unteren Kreisen stammte, denen der Handwerker, Bauern und Dienenden, so strebten die meisten von ihnen durch Studium eine Versorgung im Kirchendienst zu erlangen. Nur mit geringen Mitteln versehn, die in keiner Weise zum Lebensunterhalt und zum Studium ausreichten, waren sie genötigt, die Unterkunft in den Bursen zu suchen. Mit Kollegienfreiheit, die sie z. B. in Prag seit 1366 genossen, war diesen pauperes — im Gegensatz zu den solventes — nur wenig gedient. Sie wollten auch essen, wohnen und sich kleiden. Alle jene, die nicht als Diener bei einem der Lehrer oder einem der solventes, oder als Lehrender in einem Bürgerhause Stellung und Brod fanden, strömten den Bursen zu. Wem auch hier der Einlaß verschlossen blieb, war auf Betteln angewiesen.

In den Bursen herrschte, wie gesagt, strengste Zucht. Im fünfzehnten Jahrhundert mußten die Studenten in den Bursen Wiens um drei Uhr morgens aufstehn, um vier in die Messe gehn und um sechs die erste Vorlesung hören. In Jena begannen die öffentlichen Vorlesungen im Winter um fünf und im Sommer um vier Uhr. Nach fünf Lehrstunden gab es das Frühmahl. Nachmittags um fünf war das Abendessen, um neun, spätestens um zehn Uhr sollten die Haustüren geschlossen sein.

Sonst galt es als Regel, um fünf des morgens das Bett verlassen, das jeder Stipendiat — dies eine weitere Bezeichnung des Bursalen — selbst zu machen hatte. Wer im Tag- oder Wochendienst war, mußte Stuben und

Treppen kehren und weitere, recht unappetitliche Reinigungsarbeiten verrichten. In vornehmeren, reicher dotierten Bursen, waren dies die Aufgaben
der Famuli. Das prandium, das Frühmahl, fand um 9 oder 10 Uhr statt. Die
Coena, die Hauptmahlzeit, war um 5 Uhr. Im Winter um 7, im Sommer
um 9 Uhr klirrten die Riegel und knirschten die Schlüssel in den Tür-
schlössern.

Streng verboten bei der überaus hohen Strafe von 6 Gulden war in Heidelberg der althergebrachte Gebrauch von claves adulterinae, der Nachschlüssel
und Dietriche[34]).

Bei dem herrschenden Zelotismus und der allgemeinen Pedanterie, die z. B.
jedes deutsche Wort mit Entziehung der Kost, Einschließung und harten
Prügeln ahndete, waren Zuträgereien, Aufpasserei trotz der offiziellen Frömmigkeit allgemein.

Die vorgeschriebene Lebensweise war mehr als klösterlich einfach. „Da die
Weisheit in den Häusern derer, die wohlleben sich nicht findet, so müssen
feine Mahlzeiten, Leckereien, wie böse Sirenen von unserem Hause weit
weg bleiben", heißt es 1496 in der Ordnung einer Freiburger Burse, domus
sapientiae genannt.

Die Speisenfolge in der Leipziger Heinrichs Burse schildert ein Schreiben
in den Dunkelmännerbriefen: „Wir haben auch gut zu essen in unserer
Burs und zweimal täglich sieben Gerichte, Mittags und Abends. Das erste
heißt Semper (immer), auf deutsch Grütze. Das zweite Continue (beständig),
eine Supp. Das dritte Quotidie (täglich) das heißt Gemüse; das vierte Fre-
quenter (häufig), Magerfleisch; das fünfte Raro (selten) Gebratenes; das
sechste Nunquam (niemals) Käse, das siebente Aliquando (später einmal)
Äpfel und Birnen. Und dazu haben wir einen guten Trunk, der Covent (ein
Dünnbier)[35]) heißt. Seht da, ist das nicht genug? Diese Ordnung beobachten
wir das ganze Jahr hindurch und sie wird von allen gelobt"[36]).

„Warum kriegen wir immer Kalbfleisch?" fragt ein Student im „Manuale".
Aber wenn sich der Student bei seinen Eltern darüber hätte beklagen wollen, so wäre er in den meisten Fällen wohl zur Zufriedenheit ermahnt
worden, wie jener Zwickauer Student, dem sein Vater schrieb — falls der
Brief nicht fingiert ist —: „Du weist auch, das kein ding mehr schedlich
ist dem ingenio den uberflussigkeit der speiß u. des Getranks, derhalben
wirstu bei deinem magister bleiben u behelfen mit der speiß, damit sich
dy andern behelfen. wan ein groß nahmen wirt nit erlangt durch zarthlig-
keit des lebens, sunder durch muhe, arbeit u. wachen"[37]).

Ungemütlichkeit ist der Grundzug der Mahlzeiten in der Burse, wie diese
überhaupt in den düsteren Räumen dieser Häuser allenthalben vorherrschte.
Nach dem Läuten beeilt sich jeder, damit er nicht zu spät kommt. Beim
Zulangen geht es nach Alter und Würden. Ihnen kommen die besten Stücke
zu. Die Kameradschaftlichkeit hört fast auf. Wer zu spät kommt, findet keine
Speise mehr vor. Der oben angeführte Magister Hofmann in den Epistolae
obscurorum virorum schließt auch seinen Brief: ‚Darum schrieb ich an die
Stuben von allen folgende zwei Verse:

> Regula bursalis est omni tempore talis:
> Prandia fer tecum, si vis comedere mecum
> (Geh nit zu armen Bursch zu Gast
> So du dein speiß nit bey dir hast.)‘

„Die Studenten in Ingolstadt lebten in der Regel gerade wie anderswo,
wegen der Gefahren des Wirthshauses und Weiberumgangs, in Bursen mit
fester Hausordnung, unter Aufsicht der Artistenfakultät, überwacht und
geleitet von Magistern als „Conventores", wissenschaftlich unterstützt von
Baccalaureen, beköstigt (oft elend genug) von Schaffnern. „Edel und erbarer
lewt kind" wohnten wohl auch bei Dozenten „in iren Heusern und Cost
studirens halben." — Der Bursen, zu denen noch das Collegium Georgianum
kam, bestanden damals sieben: Angelica, Aquilae, Draconis, Lilii, Solis,
Rosarum, Parisiensis oder Parisiorum bursa (im Volksmunde verdreht in
„Pariserwurst"). — Die Burse wurde vom Conventor zur Zeit der Früh-
messe geöffnet, im Sommer bei Sonnenuntergang, im Winter nach dem
Abendessen (= 6 Uhr) „so man Ave Maria lewt" geschlossen. „Der Conventor weist den Mitgliedern (supposita) ihre Plätze bei Tisch an, läßt
während der Mahlzeit Abschnitte aus der Vulgata vorlesen und kontrolirt
die Zimmer der Studenten, den Besuch der Vorlesungen, sowie die Teil-
nahme an den in den Bursen vorgenommenen resumptiones (Repetitionen)
und dem exercitium bursale oder der disputatio scrotina. Den Professoren-
und Studentenhochmut jener Zeit geißelten die Sprichwörter: „Ex academia
venis. Du bist hoffertig. Ich meyn du kommest von der hohn schul. Du
gebest ein guten schulmeyster. Er ist ein student, dann er ist hoffertig."
„Von dem gemeynen man lert man teglich mer in der Practick, dann mit
worten uff der hohen Schul." „Die hochtrabenden gelerten verkerten, die
von uffgeblaßner kunst geschwollen, achten sie schweben inn wolcken,
halten schlecht einfeltig fromm grob leut etwa kaum für ziffer und menschen bei jn, daher singen und sagen sie: Bache, bibat doctus tua munera,

rusticus undam. In baurn gehört haberstro, die gelerten sollen wein trincken,
und heyßen Vidi aquam, einn stigelhüpffer und dorffpfaffen etwa der nicht
kan (ungelehrt ist). Hie underscheyd die gelerten, und deute es nit letz, wie
gemeynklich geschicht, auff die onschuldigen . . . Aber des pludermuß der
weltgelerten götter, so vonn kunst auffgeblasen sich allein für weise, gelert,
und fürer der blinden achten, ist die welt voll, vor den sih dich für." — —
Auch in Ingolstadt wußte sich die akademische Jugend außer den regel-
mäßigen Vakanzen und Ferien noch andere Feier- und Festtage zu machen.
— Die Kollegien fielen aus am Donnerstag und selbstverständlich am
Sonntag. Die Ferien dauerten vom 21. Dezember bis 7. Januar, Fastnacht
14 Tage, desgleichen Ostern, im Herbste vom 29. September (Michaelis)
bis 18. Oktober (Lucas Ev.), dazu kamen die vielen Feiertage der Apostel,
gewisser Heiligen und großer Kirchenlehrer; auch an allen Tagen feier-
licher Fakultäts-Akte (einer Promotion oder Disputation), oder wenn ein
sermo ad clerum stattfand, las der Professor des Vormittags kein Kollegium.
Darnach hatte das Jahr ungefähr 180 Lesetage; die Dozenten der Rhetorik,
Poesie, griechischen oder hebräischen Sprache und der Mathematik hatten
selbst in den größeren Ferien ihre Vorlesungen fortzusetzen. — Die Studenten erlaubten sich am 15. Juli (in festo divisionis apostolorum) einen
kleinen Scherz in den Bursen mit ihren Lehrern; im Jahre 1492 bestimmte
die Artistenfakultät gegen diese „corruptos bachantum mores": ne insolen-
tias et clamores suscitare nec magistros recludere, ligare aut quovis modo
molestare attemptent. Das Verbot wird nur zur Übertretung gereizt haben.
— Zugleich suchte man die sehr häufigen Studentenfeste, die Fontania,
Massenspaziergänge (exitus cumulatos) in die Wälder und schattige Orte
der Umgebung auf bestimmte Tage des Jahres während der Hundstage zu
beschränken und zwar, weil mannigfacher Unfug und Skandal vorkam
und übermäßige Ausgaben gemacht wurden, nicht bloß draußen, sondern
auch (die „beneficia caloris" wie man jetzt sagt) in den Bursen, nur einmal, stets mit vorheriger Erlaubnis des Dekans. Im Jahre 1507 dekretirte
man auf's neue: man gönnte ihnen zwar die „recreatio", man verbot nur
Karten und Würfel, zu kostbare Preise beim Wettlaufe und Geldbeiträge
beim Kegelschieben für ein Zechgelage als unnütz und kostspielig. —
Übernachte man im Freien, so sollten wenigstens die Conventoren und die
Magister oder Lehrer zur Überwachung dabei bleiben. Trotz dieser Verbote
wird die Jugend sich ihre Lustbarkeit mit List erzwungen und ausgeführt
und manche Sommernacht im Walde verbracht haben. — Die Artisten

Vorlesung

Auch der Professor hält seinen Rohrstock bereit

Holzschnitt aus dem 16. Jahrhundert

Eine Promotion im 16. Jahrhundert

Holzschnitt von Hans Weiditz

Honden gunst hoeren lieb   Wirrts gasterrÿen   Ons Cost genustman Kein Von   allen Dreÿen

Der Lebemann

Kupfer von Heinr. Ulrich. 17. Jahrhundert

Die Verführerin

Kupfer von Crispin de Passe. 17. Jahrhundert

Der seine Zeit ü. Geld weiß nützlich anzuwenden,
heißt recht ein Musen Sohn ü würdiger Student.
Dann die gelehrte Welt lasse sich den Schein nicht blenden,
ü. wahre Weisheit wird allezeit mit Ruhm gekrönt.

J. H. Meil, Religions-
unterricht

18. Jahrhundert

Der fleißige Student
beim Studium

17. Jahrhundert

Wandernder Bursche

Anfang des 19. Jahrhunderts

hatten außerdem das Recht an St. Johannis zu Tanzvergnügen (choreae) vor
den Bursen, wozu sich auch Laien einfanden; da die Fakultät aus dem
Verkehr der Studenten mit Laien mancherlei Übel entspringen sah, so
hätte man das Johannisfest gern abgeschafft und jede Theilnahme der Studenten an Tänzen der Laien, wenn Heiligentage, Hochzeiten und dergleichen gefeiert wurden, verboten. Ebenso auch den Laienverkehr beim
Feste der balnea, welches die Baccalaureen an ihrem Promotionstage (wie
die Magistranden ihr „prandium Aristotelis") ihren Lehrern und Freunden
gaben, weil dazu auch Laien und Frauen durch Karten (per scedulas, Zettel)
eingeladen und allerlei Weine, Geschleck und Konfekt (confectiones) vorgesetzt wurden und nicht bloß große Unkosten erwuchsen, sondern auch
manches Ungebührliche (minus honesta) verübt ward. — Ebenso suchte
man den Geldverbrauch der Studenten auf anständige Erlustigungen
(honesta solatia) einzuschränken, dagegen Spiel und unnützes unüberlegtes
Vertun zu hemmen. — Die Fakultät moralisierte und dekretierte, während
sich die scolares in alter Weise amüsierten"[38]).

In kleinen, nur auf das dürftigste eingerichteten meist unheizbaren Kam-
mern waren stets mehrere, oft bis zu zwölf Schüler, zusammengepfercht.
Nur die größeren Stuben, die oft als Speise- und Lehrsäle dienten, wurden
geheizt.

Das unerhört schwere Leben in einer Pariser Burse, dort Collegium genannt,
um das Jahr 1500 beschreibt Erasmus von Rotterdam in seinen Colloquien
in der ihm eigenen anschaulichen Weise:

„Ich habe vor dreißig Jahren in einem Pariser Kollegium gelebt, in dem so
viel Theologie getrieben wurde, daß auch die Wände davon angesteckt
waren. Aber ich habe nichts mit herausgenommen als einen Körper voll
ungesunder Säfte und eine große Menge Ungeziefer. Der Vorsteher (der Anstalt) war ein Mann, dem es bei großem Eifer an allem Urteil fehlte. Er
berücksichtigte vorzugsweise die Unbemittelten, weil er seine Jungend in der
drückendsten Armut zugebracht hatte. Allein er sorgte aus eben diesem
Grunde auch grade nur für ihre unentbehrlichsten Bedürfnisse. Ihr Lager
war so hart, die Speisen so schlecht und kärglich, Arbeiten und Nachtwachen
so beschwerlich, daß viele talentvolle Jünglinge im ersten Jahr ihres Aufenthalts starben oder blind, wahnsinnig, aussätzig wurden. Hiermit noch
nicht zufrieden, beredete er sie Mönche zu werden, und versagte ihnen ein
für allemal den Genuß des Fleisches. Mir sind viele bekannt, die ihren
Körper von dem dort gesammelten Krankheitsstoff bis jetzt noch nicht be-

freien können. Einige der dortigen Stuben lagen neben den heimlichen
Gemächern und waren so niedrig und dunstig, dabei mit so stinkendem Kalk
bestrichen, daß niemand, der darin gewohnt hat, lebendig oder ohne schwere
Krankheit herausgekommen ist. Die Strafen, die in Peitschenhieben bestanden,
wurden mit solcher Henkerstrenge geübt, daß ich nichts davon sagen mag.
Bei ihnen hieß es freilich, der Trotz müsse gebrochen werden. Allein der
Trotz war ihnen jede Regung eines edleren Geistes, der nicht zur Annahme
der Mönchskutte sich zwingen lassen wollte. Wie viele faule Eier wurden
da gegessen, wie viel umgestandener Wein getrunken . . .‘‘
Im elften Jahrhundert war das Studium in der Fremde, namentlich in
Frankreich, aufgekommen, wo damals die neue, scholastische Wissenschaft
emporgeblüht war. Zur Modesache aber wurden die Parisfahrten im zwölften
oder dreizehnten Jahrhundert.

> Manger hin ze Paris vert,
>
> Der wenic lernt und vil verzert;
>
> Sô hât er doch Paris gesehen,

meint Hugo von Trimberg im ‚Renner‘ anscheinend aus Erfahrung.
Viele von jenen, die in Pariser Bursen das strenge Regiment am eigenen
Leib verspürt, suchten, in der Heimat zu Amt und Würden gekommen, und
unglückseliger Weise selbst an die Spitze einer Burse gestellt, das in Paris
Erlebte nach dem Vaterlande zu verpflanzen. Denn was man selbst ausge-
halten, mutet man auch anderen zu, die es dann ebenfalls so unendlich weit
bringen würden, wie der durch die Pariser Folter gegangene. Dadurch entstanden dann die zuchthausähnlichen Schülerkasernen, aus denen jene Ge-
lehrtenkarikaturen hervorgingen, von denen Murner sagt:

> Gott geb, gott grieß, ich sags fürwar,
>
> Nüt schedlichers dann ein gelerter narr! [39])

Trotz, oder grade wegen solch drakonischer Strenge fehlte es natürlich
nicht an starken, selbst verbrecherischen Übertretungen der Gebote.
1521 wurde der Vorsteher einer Burse in Freiburg i. B. von den Schülern
umgebracht, 1536 Feuer an die Burse gelegt [40]). In Ingolstadt gaben 1555
zwölf Stipendiaten zu Protokoll, daß ihr Regens Tag und Nacht bei der
Kastnerin oder der Schaffnerin und deren Mädchen stecke, die Stipendiaten
ums Maul zu schlagen pflege, schlechte Kost ausgebe und nachlässig in der
Rechnungsablegung sei [41]).
Übrigens war die Lebensführung nicht in allen Bursen so einfach wie in
der Leipziger, so menschenunwürdig wie in der Pariser.

Wer allerdings nicht zu sparen braucht, der konnte sogar in einer Leipziger Burse ein recht vergnügtes Leben führen, worüber der Brief eines in Leipzig studierenden Domherrn aus Upsala von 1424 Aufschluß gibt. Der Briefschreiber hatte in dem Collegium minus Unterkunft gefunden und gibt seiner Befriedigung über die Leipziger Verhältnisse nach allen Richtungen uneingeschränkten Ausdruck. „Hec est vita laudabilis", schreibt er nach der Schilderung des Lebens im Kollegium, wobei er ausdrücklich hervorhebt, daß jeder bei der Mahlzeit seine eigene Schüssel und seinen besonderen Becher habe. Schon um fünf Uhr früh begannen die Vorlesungen, weshalb der Domherr um vier Uhr aufstehn mußte. Weiterhin lobte er die Güte des Bieres und des Weins und erwähnte, daß er mit zwei rheinischen Gulden etwa drei Wochen leben könne[42]).

Auch das Covent scheint nicht überall das ausschließliche Getränk gewesen zu sein. Immerhin wurde in allen Alumnaten nur Bier, niemals Wein gereicht. Es durfte auch nur immer eine einzige Biersorte ausgeschenkt werden. Darüber, wie über die eingeführte Menge hatte sich ein Bierwart, der Cerevisiarius, zu bekümmern. Er sollte auch über die Beschaffenheit des Getränkes wachen, damit nicht etwa dessen Minderwertigkeit Unzufriedenen einen Vorwand gäbe, sich auf eigene Rechnung Trinkbares anzuschaffen. Aber diese Bestimmungen hinderten nicht, daß sich in vielen Bursen heimliche Trinkgesellschaften bildeten, die sich an unerlaubten Getränken labten. Wenn sich daher Magister Curio aus Leipzig in den Epistolae virorum obscurorum über das dünne Hausbier der Bursen beklagte, so hatte er nur seine Burse im Auge. Andere Anstalten, so die acht Kollegiaten des kleinen Fürstenkollegs in Leipzig, hatten es besser. Die genannten beispielsweise, durften achtzig Faß hochwertiges fremdes Bier zum eigenen Verbrauch accisefrei, d. h. ohne Abgabe der überall üblichen Getränksteuer, einführen. Entsprechende Mengen kamen auch auf andere Bursen[43]).

Über dieses Vorrecht der Kollegien und Bursen auswärtiges, in Erfurt z. B. Naumburger Bier, zollfrei einzuführen, gab es oft erbitterte Zänkereien mit der städtischen Obrigkeit. Denn das Bier, das nur für den eigenen Gebrauch der Kollegiaten und Bursalen bestimmt war, wurde häufig in unberechtigte Hände geliefert, so daß die Stadtgemeinde in ihren Einnahmen aus der Biersteuer verkürzt wurde. Da hatten Rektor und Senat oft einen schweren Stand, und es gehörte großes diplomatisches Geschick dazu, zwischen den Ansprüchen der Bierbezieher und den städtischen Behörden einen Ausgleich zu finden[44]).

Wenn die Bursalen also auch nicht Hunger und Durst litten, so führten
sie doch im großen und ganzen das Leben von Sträflingen, oder, was gleich-
bedeutend war, das von Mönchen strengster Observanz. Die feste Hausordnung in allen Bursen, ganz gleich ob sie behördliche oder von Privat-
personen unterhaltene waren, suchte jeden jugendlichen Übermut zu bannen,
oder scheuchte ihn wenigstens in abgelegene Winkel, wo er sich dann
doppelt gefährlich austobte. Ora, labora war der Leitsatz aller Bursen. Jeder
Gedanke an Sonnenschein, Freude und Spiel war verpönt, war Ausschweifung, verkörpert als Frau, im Gegensatz zur Tugend, verkörpert
durch die Wissenschaft.

Jeder Verkehr mit Frauen war den Schülern strengstens untersagt. Weib-
liche Wesen waren die Todsünde und deshalb wie die Pest zu meiden. Die
angewendeten Abschreckungsmittel vor dem so gefährlichen schwächeren
Geschlecht sind oft sehr lustiglich zu lesen. Kamillus sagt im ‚Manuale
scholarium' zu Bartoldus, die Frauen seien zu gewissen Zeiten giftiger
denn Schlangen, „so daß, wenn jemand sie alsdann ansieht, er nicht ohne
Herzweh davon kommt. Bisweilen leidet er so sehr durch ihren Anblick,
daß er krank aus allem Verkehr ausscheiden muß. In einer Stunde könne
man dadurch derart in Flammen gesetzt werden, daß man vierzehn Tage
zum Studieren untauglich sei.

Dieses ‚Manuale', ängstlich besorgt ob des Seelenheils der wahren Scholaren,
läßt daher folgende tiefe Lebensweisheit ableiern: „Ich habe keine Freude
an Tänzen und dem Anblick von Frauen. Viel schöner ist der Anblick der
Weisheit, die durch wissenschaftliche Arbeit gewonnen wird. Denn in der
Tugenden Fülle und der Gelehrsamkeit Frucht ruht die Freude des Para-
dieses! Dann bedenke, ein wie wankelmütiges Geschöpf das Weib ist, und
wie sie, ungezügelt, auch durch keinerlei Fessel gebändigt werden kann".

Mit solchen Regeln suchte man in allem Ernste in Jugendfülle strotzende
Jünglinge auf dem Dornenpfade der Enthaltsamkeit festzuhalten. Wer in
solcher Zucht verharrte, wurde zum Zeloten, zum Heuchler oder endlich
zu einem jener verstaubten von Autoritätsglauben durchsetzten dünkel-
haften Gelehrten und Pedanten, an denen die deutsche Geistesgeschichte
so reich ist. Sebastian Brant räumt ihnen die Führerrolle in seinem Narrenschiff ein. Der gelehrte Büchernarr, mit großer runder Brille auf der spitzen
Nase, einen Fliegenwedel in der Hand, sagt:

> Das ich sitz vornan in dem schiff,
>
> Das hat worlich ein sundren griff,

On vrsach ist das nit gethan.

Vff min libri ich mich verlan,

Von büchern hab ich großen hort,

Verstand doch drinn gar wenig wort

Vnd halt sie dennach in den eren,

Das ich inn wil der fliegen weren.

Auch Till Eulenspiegel kühlt sein Mütchen an gelehrten Pedanten. Diese mehr geistlichen als weltlichen Säulen der Wissenschaft schufen sich einen Staat im Staate, den sie wie mit einem Stacheldraht umgaben. In diesen Pferch kam alles, was sich wissenschaftlich betätigen wollte, vor allem natürlich der Nachwuchs. Er war gehalten genau so zu verknöchern, wie seine Lehrer und Zuchtmeister.

Aus den widersetzlichen Elementen dieser festgefügten alten Gelehrtenrepublik gingen jene fahrenden Schüler, jene Goliarden, Bacchanten hervor, die verlotterten und verbummelten Gesellen, die freiheitsfroh von Schule zu Schule zogen und trotz aller Not um die einfachsten Bedürfnisse des Lebens ihre Liebeslieder hinausjubelten:

Scherzt in Jugendlust und singt,

Und im muntern Tanz euch schwingt!

Noch lacht uns des Lebens Mai,

Mit dem Alter ists vorbei.

Folge schönes Kind mir,

Von der rechten Liebes Art

Ich so manches künde dir![45]

Adolf Pernwerth von Bärnstein, dann Ludwig Laistner, Karl Mischke u. a. m. haben den Versuch unternommen, einen Teil dieser lateinischen Vagantenlieder, Werke von unerhörter Schönheit, durch Übersetzung allgemein zugänglich zu machen. Diese Bücher haben aber bedauerlicher Weise nur geringe Verbreitung gefunden.

Mit dem zwölften Jahrhundert versiegte die Dichtkunst der Vaganten, und als im vierzehnten die deutschen Universitäten erstanden, war sie längst erloschen und vergessen.

Wie Theodor Hampe annimmt[46]), sind die Studentenpoesien, die „Carmina burana", wie sie ihr erster Herausgeber Schmeller genannt hat, um des Erwerbes wegen entstanden. Ihre Dichter, die fahrenden Kleriker, gezwungen, iahrelang auf eine geistliche oder weltliche Brodstelle zu warten, wandten sich der Poesie und Musik zu, um durch diese ihr Leben zu fristen. Sie schrieben aber ihre Lieder vorzugsweise in lateinischer Sprache, „da sie es nicht wie die Spielleute in erster Linie auf die Belustigung der Laien abgesehen hatten, sondern sich vor allem an ihre in Amt und Würden befindlichen Standesgenossen hielten. Und diese, die es meist schon für ihre Christenpflicht ansahn, ihren bedrängten Mitmenschen zu helfen, ergötzten sich vielfach wohl in der Tat nicht wenig an den leichten, frischen und lebensvollen Rhythmen, in denen das altehrwürdige Latein der entgleisten Theologen über die jugendlichen Lippen tanzte, und nicht minder an dem oft leichtfertigen, ja obszönen Inhalt ihrer Lieder. Die Gedichte sprudeln über von Humor und Witz, deren Derbheit freilich zuweilen nur durch die graziöse Behandlung des lateinischen Idioms in etwas gemildert wird. Liebeslieder, Spiellieder, Bettellieder, Wortspielereien, Zoten, auch Strophen mit Schilderung ihres Elends u. s. f. stehen bunt durcheinander, doch weit über die Hälfte aller Vagantenlieder gehören der erotischen Poesie an. Sie geben über die Liebe in jeglicher Form Aufschluß. Sie lehren, daß das Ideal der Keuschheit vom Vaganten am allerwenigsten erfüllt worden ist"[47].

Und so bilden die Liebeslieder der wandernden Clerici „zarte, graziöse Tändeleien und grobsinnliche Erotica"[48].

Trotz aller Lyrik ist aber für den fahrenden Dichter die Liebe lediglich ein Naturtrieb, der sein Recht verlangt wie jeder andere, der oft ganz elementar in Wirkung tritt, aber dieser Naturtrieb ist nichts Sündhaftes, sondern „de natura coelestium".

Noch ganz im Sinne der Goliarden empfehlen die Epistolae obscurorum virorum:

> Disce bene, clerice, virgines amare
> Quia sciunt dulcia oscula praestare.

Was Binder übersetzt:

> Lerne lieber Kleriker, hübsche Mädchen küssen,
> Die mit süßen Küßchen auch uns zu lohnen wissen,
> Deine Jugendblüte wirst du zu bald nur missen[49].

„Die Liebe erscheint dem Vaganten — insbesondere im Frühling — als die allbezwingende Macht. Sie vertritt Trauer, Angst und Schmerz. Der Prostitution ist der Vagant im allgemeinen wenig geneigt; dies erklärt sich hauptsächlich daraus, daß die Sache Geld kostet, das ihm beständig fehlt. Daher sind die Klagen über die Käuflichkeit der Liebe ein beliebtes Thema in seiner Poesie. All die überschwenglichen Hymnen der Vaganten auf das Glück der Liebe und die Schönheit der Geliebten sind nicht der Ausdruck

der Hochschätzung des Weibes an sich, sondern leidenschaftlicher Sinnlichkeit. Daneben stehen bewegliche Klagen über die Bosheit des Weibes, weil
überhaupt in den Liedern der Studenten des Mittelalters vor der Reformation das Weib als der Inbegriff von Trug und Treulosigkeit hingestellt wird.
Ein altes lateinisches Lied einer Prager Handschrift des 15. Jahrhunderts,
das gleichfalls von der Treulosigkeit der Frauen handelt, begleitet sein
Herausgeber Feifalik mit folgenden Bemerkungen, die die Stellung der damaligen Studenten zum weiblichen Geschlecht scharf beleuchten: „Die
Studenten waren geistlichen Standes und mußten hiernach ehelos bleiben.
Echte Frauenliebe war ihnen somit fremd, und nur der Abschaum des
weiblichen Geschlechtes war es, der sich ihnen hingab. Hieraus läßt sich der
Ekel erklären, womit sie — allerdings mit ungerechtfertigtem Hinüber-
greifen auf das ganze Geschlecht, stets der Weiber gedachten"[50]). Ein anderes
geistliches Werturteil über die Frauen werden wir noch kennenlernen.

Nur wenn ein Weib, alt oder jung, in Sack und Asche ging, war es nach
dem Herzen aller der Herren, älter oder jünger, die mit nach oben gedrehten
Pupillen durch das Leben stolperten. Das hinderte aber nicht, daß Fischart
in seinen „Bienenkorb" sagen durfte:

> „O, solt haben iedes Kind eyn plat,
> Welches Pfaff vnd Mönch zum Vatter hat,
> So wird die Platt gewiß nicht mehr
> Sein der Geystlichkeit Gemerck vnd Ehr"[51]).

Die Goliarden liebten es, grade wie die heutigen Studenten, die Kardinal-
frage im poetischen Gewande zu behandeln, wer ‚aptior ad amorem'? sie
selbst oder die milites. Selbstverständlich fällt die Antwort zu ihren, der
Clerici Gunsten aus.

Schon in dem ältesten deutschen Roman, dem lateinisch geschriebenen,
aber von einem Deutschen verfaßten ‚Rudlieb' findet sich diese Frage behandelt[52]).

Später dann in dem bekannten Streitgedicht ‚Phyllis und Flora':

> Flora war Studenten gut,
> Phyllis Kavalieren.

Sie begeben sich zu Amors Paradies und tragen dem Liebesgotte ihre Sache
vor. Amor beruft seine Richter ein, denn:

> „Amor habet judices, Amor habet jura
> Sunt amoris judices: usus et natura".

Die Richter entscheiden ,daß der Student zur Liebe geschickter sei'.

Auch viel später noch wird von Johann Georg Schoch[53]) und anderen, nicht grade objektiven Dichtern glatt der Student als der tauglichste Liebhaber ausgerufen.

Daß dieser Liebhaber, wenn das „Ich tu dir nix" sich nicht bewahrheitet hatte, ohne viel Umstände und Gewissenbisse verschwand, wie dies ein Jüngferlein in den Carmina burana (171) klagt, ist jedoch eine bedauerliche Tatsache[54]).

Ganz besonders reich aber ist die Sammlung an Trink- und Kneipliedern, wie denn diese vagierenden Kleriker oder Goliarden, um sie mit ihrem französischen Namen zu bezeichnen, nicht minder wie zum Lieben, zum Schmausen, zum Schlemmen und Demmen, allezeit aufgelegt gewesen zu sein scheinen. Gott Bacchus und der als Heiliger angerufene Epikur spielen in ihren Liedern eine große Rolle, doch kommt darüber wie erwähnt, auch die Lyrik in meisterhaften Stücken zu Wort. Es seien aus der Fülle der Gedichte, unter denen auch deutsche nicht fehlen wie das folgende:

> Were diu werlt alle min
> von deme mere unze an den Rin,
> des wolt ih mih darben,
> daz diu chünegin von Engellant
> lege an minen armen[55]).

zwei weitere als Beispiele der Vagantenpoesie angeführt. So das reizende Liedchen

> Exiit diluculo
> rustica puella
> cum grege, cum baculo,
> cum lana novella[56]).

das Mischke übersetzt:

> Schäferin geht aus dem Haus
> Morgens in der Frühe,
> Leichten Sinnes treibt sie aus
> Ihre runden Kühe.
>
> In der Herde dicht gemengt
> Sich die Schäflein schmiegen,
> Stierlein sich zum Kühlein drängt,
> Böcklein an die Ziegen.

Auf dem Rain ein Bursche ruht; —
„Der kommt wie gefunden! —
Laß zusammen frohgemut
Kürzen uns die Stunden!"[57])

Ganz andere Töne galt es aber anzuschlagen, wenn der Goliarde vor einem strengen Herrn stand, eine Gabe heischend. Da verfingen lockere Erotik und sanfte Lyrik nicht, da mußte er rühren und sein Schicksal beklagen, das ihn auf die Landstraße warf, aber auch gleichzeitig Zeugnis von seinem Können durch die Behandlung des Lateinischen ablegen, und seine Wünsche geziemend vortragen. Das klang in Laistners Übertragung:

Bin ein fahrend Schülerlein,
Muß mich müh'n und plagen;
Sauer wird mir's oft und viel,
Nur mich durchzuschlagen.

Dem gelahrten Studium
Möcht' ich gerne leben:
Leider, daß der Mangel mich
Zwingt es aufzugeben.

Ach, was ist mein Mäntelein
Dünne zum Erbarmen,
Bitt're Kälte steh' ich aus,
Kann oft kaum erwarmen.

Nicht einmal beim Gottesdienst
Halt' ich aus so lange,
Bis die Vesper oder Meß
Kam zum Schlußgesange.

Werthgeschätzter Herr N. N.,
Dürft' ich wohl mit Sitten
Um ein klein Viaticum
Euer Gnaden bitten?

Von St. Martins Vorbild laßt
Euern Sinn erwecken:
Reicht dem Fremdling ein Gewand,
Seinen Leib zu decken!

> Daß in seinem Himmel einst
> Gott Euch heiße wohnen
> Und mit ew'ger Seligkeit
> Möge reichlich lohnen!

Manch einer dieser Goliarden begann seine Laufbahn damit, daß er aus Furcht vor Strafe dem Kloster entlief, und sich in Höhlen und Wäldern barg [58]), bis er sich anderen Vaganten anschließen konnte.

> „Teurer Lehrer, Gott befohlen
> Durch den Rhein schwimm ich verstohlen
> Und verlaß euch Klosterherrn,

singt Scheffels Juniperus, da er den Stock- und Rutenstreichen, dem Fasten und anderen Strafen im Kloster entflieht.

Welche Fahrnisse für Leib und Geist diese aus dem Geleise geratenen Scholaren zu bestehn hatten, überliefern die Aufzeichnungen einiger solcher Fahrenden, wenn auch aus späterer Zeit. Im Sonnenbrand wie im Schnee, von Hunden gehetzt, hungernd, mit Eicheln und Holzäpfeln als Nahrung, auf sturmdurchtoster Haide in dürftigster, durchlöcherter Gewandung nächtigend, von Ungeziefer gepeinigt, dann wieder bis zur Erschöpfung in Völlerei, oft fast in Unzucht vergehend, so raste der Fahrende Schüler durch die Jugendjahre.

In einem Provinzialstatut des Erzbischofs von Mainz aus dem Jahre 1233 werden die vagi scolares, auch Everhardini genannt, bezichtigt, „ein vor Gott abscheuliches Leben zu führen": „Deo abhominabilem vitam ducunt, divinum officium invertunt, unde etiam laici scandalicantur".

„Possenreißer, Schandmäuler, Lästerzungen und zudringliche Schmeichler" werden sie auf einer Salzburger Synode gescholten, wo man ihnen den Vorwurf macht, daß sie „Vor aller Augen nackt einherlaufen, sich in die Backöfen legen, in den Wirtshäusern herumtreiben, und dem Spiel wie den Buhldirnen nachgingen" [59]).

Schon um diese frühe Zeit waren eben aus den fahrenden Studenten und Clerici Vaganten geworden. Ihre Ungebundenheit verführte sie immer mehr zur Zuchtlosigkeit. Ihr privilegierter Stand als Geistliche schützte sie vielfach vor Strafe, so daß sie nicht nur durch ihre Bettelei, Unzucht und Rauflust — viele dieser ‚Kleriker' trugen trotz ihres geistlichen Standes Waffen — sondern selbst durch frechen Diebstahl und räuberische Gewalttätigkeiten eine rechte Landplage wurden. „Kein Wunder, daß geistliche und weltliche

Behörden wiederholt gezwungen waren, gegen dieses Unwesen einzuschrei-
ten. Schon um die Mitte des dreizehnten Jahrhunderts verboten Synoden
den Geistlichen, fahrende Schüler bei gottesdienstlichen Verrichtungen zu
gebrauchen. Als Küster oder Glöckner zu dienen, blieb trotzdem vielfach
die letzte Zuflucht eines dieser verbummelten Studenten. Überhaupt sollte
den Goliarden keine Unterstützung, kein Unterschlupf gewährt werden, bei
Strafe der Suspension für den Geistlichen, der das Verbot überschritt. Im
Salzburgischen wurde deshalb ein Pfarrer exkommuniziert. Und wie die
Synoden, so wandten sich auch die Landfriedensgesetze gegen die herum-
schweifenden Kleriker, die sie nebst Gauklern, Spielleuten und „Histrionen"
für friedlos erklärten. Als ‚Loterpfaffen mit dem langen hâre' werden sie
jedermann kenntlich gemacht. Berthold von Regensburg schalt sie Mädchen-
jäger und verbot, ihnen das Abendmahl zu reichen[60]).
Auf ihren Landstreichereien war ihnen jeder Verdienst willkommen,
mochte er noch so anrüchig sein. Sie stahlen, wo sich ihnen dazu Gelegenheit bot. Die Statue der heiligen Gertrud, ihrer Schutzpatronin, auf
der Gertraudenbrücke in Berlin, zeigt einen Goliarden mit einer gestoh-
lenen Gans.
Von ihren schmierigen Zauberstücken läßt Hans Sachs sich einen der
Fahrenden rühmen:

> „Es ist vns auffgesetzt allsandt,
> Das wir stetigs im land vmbwandern
> Von einer hohen Schul zur andern,
> Das wir lernen die schwartzen Kunst
> Vnd dergleichen ander Künste sunst,
> Wo man inn (ihnen) etwas hat gestoln;
> Wen augweh vnd zanweh krencken,
> Dem könn wir ein segn an hals hencken.
> Fürs gschos wundsegen wir auch habn.
> Wir könn warsegen vnd schetz grabn,
> Auch zu nacht auff dem Bock auss farn"[61]).

Hans Sachs vergaß in seiner Aufzählung die Mixturen und Liebesträuke,
von denen die Schwankbücher recht wenig des Rühmenswerten zu erzählen wissen.
Diese Zaubermittel wollten die Goliarden im Venusberg, im Hasel- oder
Hörselberg, wo Frau Venus wohnt, und wo sie den Tannhäuser umstrickt
hatte, und wo sie ihre Anhänger in allen sinnlichen Genüssen unterweist,

erlernt haben. Ihre dort erworbenen Kenntnisse setzten sie bei ihren leicht-
gläubigen Zeitgenossen in bare Münze um.

Von diesen Goliarden sagt die Zimmersche Chronik: „. . . wiewol das mit
fraw Venus berg für ain fabel und erdicht ding geachtet wurt, so ist doch
nichts gewissers, dann das bei unsern vordern vil dieselbig abenteuren versucht, in dem berg gewesen, auch ains thails die schwarze kunst darin ge-
lernet, sich vahrende schuoler genennt und von wunderbarlichen,
ungleublichen sachen reden haben künden; es sein auch deren ainsthails
darin bliben" [62].

„Die Vagierer sind Abentheurer, die aus der Frau Venus Berg kommen
und die Schwarze Kunst verstehen. Wenn sie in ein Haus kommen, so
fangen sie an zu sprechen: Hier kommt ein fahrender Schüler, der sieben
freien Künste ein Meister, ein Beschwörer der Teufel gegen Hagel Wetter
und alles Unheil. Darnach machen sie etliche Charaktere, zwei oder drei
Kreuze und sprechen, wo diese Worte gesprochen werden, da wird niemand
erstochen, es trifft auch niemand ein Unglück und viele andere köstliche
Worte. Da meinen dann die Bauern, es sei also, sind froh, daß sie kommen,
und sprechen zu den Vagierern, das und das ist mir begegnet, könnt ihr
mir helfen? Diese aber bejahen es und betrügen die Bauern" [63].

In welch köstlicher Weise sie ihre zauberischen Kenntnisse dazu verwen-
deten, die Liebesverhältnisse der Bäuerinnen und der Dorfpfaffen zu
stören, sich selbst die Dirnen und Weiber geneigt zu machen, davon
wissen Schwankbücher und Fastnachtsspiele viel Lustiges zu melden.

So bildeten die Vaganten das Bindeglied zwischen Gauklern und Gaunern,
ebenso außerhalb der Gesellschaft stehend wie diese Menschenklassen, doch
immer in der Lage durch einen Glückszufall zu der Gesellschaft zurück-
zugelangen, was diesen kaum jemals möglich war.

Im fünfzehnten Jahrhundert ist es still geworden von den vagierenden
Scholaren, doch keineswegs von den bettelnden. In allen Städten mit nam-
haften Schulen wimmelte es von armen Schülern, einheimischen und zu-
gezogenen. Man unterschied damals allgemein zwischen zahlenden (solventes), pauperes (armen) und medicantes (bettelnden) Schülern.

Die zuletztgenannten mußten sich ihr karges Brod schwer verdienen. Wohl
überall zogen sie in Trupps von Haus zu Haus und sangen vor den Türen
geistliche Lieder in lateinischer Sprache. Erst im Jahre 1630 schrieb der
Superintendent Major in Jena den Sängerknaben vor, statt lateinischer
deutsche Lieder zu singen, „damit auch der gemeine Mann sich bessere

Dirne

Nach einem Gemälde von Frans Hals

Studenten beim Ballspiel im Ballhaus

17. Jahrhundert

Die Trunkenheit

pfer von Daniel Hopfer

*Der fahrende Scholast als Musikant
in einem Burggarten*

Monogrammist W. H. 15. Jahrhundert

und mitsingen könne"[64]). Damals wie heute nannte man solche Schüler-
chöre Kurrende, die Teilnehmer Kurrendschüler oder Kurrendaner. Auch
Luther war bekanntlich solch ein Sängerknabe, ein ‚Parthekenhengst‘, wie
diese Jungen in Eisenach geschimpft wurden. Dort nahm ihn eine fromme
Frau, des wohlhabenden Patriziers Cottas Hausehre, in ihr Haus und ließ
es ihm zu einem zweiten Elternhaus werden[65]). Burkhart Zink, der Augsburger Kaufmann und Chronist im fünfzehnten Jahrhundert, mußte es
sich gleichfalls in seiner Jugend sauer werden lassen. Als vierjähriges Kind
verlor er seine Mutter. Drei Jahre später „da nam mein Vater ain ander
Weib. . . . Die war ain junge stoltze Frau, die war uns Kinden nit günstig
und hett uns hert und tet uns übel; aber sie war unserm Vater lieb und
geviel im wol, als (wie) noch oft und dick (viel) alten Mannen junge Weib
wol gevallen. Dem sei als im ist! Darnach als man zalt 1407 Jar, do war
ich ain Jüngling bei ailf Jaren, schied ich aus Memingen von Vater und
von allen meinen Freunden und gieng mit ainem Schueler; ich war auch
ain Schueler und war bei 4 Jarn in die Schuel gangen". Die beiden jungen
Burschen schlugen sich bettelnd bis nach Laibach durch. In dem großen
Dorf Rieg bei Reifnitz unfern von Laibach, war Zinks Vatersbruder Pfarrer.
Bei dem blieb er sieben Jahre, die Schule besuchend. Als der nach dieser
Zeit nach Wien auf die Universität ziehen sollte, um dort Theologie zu
studieren, lief Burkhart davon nach Memmingen, seinem Geburtsort.
Dort hatten sich die väterlichen Verhältnisse derart zum Schlechten ge-
wendet, daß seines Bleibens nicht lange war. Versuche, ein Handwerk zu
erlernen, schlugen dem bald achtzehnjährigen fehl. ‚Also hub ich mich auf
und nam mein Schuelbuech und bat mein Schwester und iren Man umb ain
Zerung" . . . In Biberach ‚kam ich von stundan zu ainem frummen Man;
war gar reich und war ain Schuester gewesen, aber er trieb das Hantwerk
nit.‘ Der nahm den jungen Mann um Gotteswillen zu sich, doch sollte er
sich das Brod selber schaffen, natürlich durch Betteln. Zink schämte sich
aber, kaufte für sein letztes Geld Brod, das er in Stücke schnitt, die er
nach und nach dem Schuster als erbettelte vorwies. Als sein Geld zu Ende
war, folgte er einem Schüler nach Ehingen, wo er notgedrungen das
Betteln erlernte, das er dann noch in einer ganzen Reihe von Städten mit
Erfolg betrieb[66]). Burkhart Zink hatte das Glück rechtzeitig in einen bürgerlichen Beruf hinüberwechseln zu können. Reich an Güter und an Ansehn
beschloß er im gesegneten Alter von 81 Jahren sein Leben.
Nicht allzuvielen der fahrenden Schüler ging es so gut wie dem Augsburger

Zink, und ein Jahrhundert später dem Schweizer Seilermeister, Buchdrucker und Rektor Thomas Platter. Wie er als ‚Schütz‘ seines Vetters Paulus Summermatter vom Kanton Wallis aus bis nach Breslau im Osten und Schlettstadt im Westen umhergezogen, nachdem er dem Pfaffen seines Dorfes entlaufen, der ihn ‚schier gar nütz hart und aber iämerlich schlug‘, kann durch die häufige Veröffentlichung seiner Selbstbiographie als bekannt vorausgesetzt werden. Es sei nur auf die von ihm ungeschminkt erzählte Grausamkeit der Bacchanten gegen ihre kleinen Helfer hingewiesen, da sich dieses Sklavenhaltertum später in ähnlichen Formen wiederholen sollte. Die großen, ausgewachsenen Bacchanten hatten gute Beine und machten große Tagesmärsche. Die armen Schützen mußten mit, keuchend und weinend. Wollte es nicht mehr gehen, so zwickten sie die Bacchanten in die bloßen Beine, die oft nicht einmal in zerrissenen Schuhen steckten. Vor dem Hofhund im Dorfe drückte sich der Bacchant, aber der Schütz mußte in das Dorf. Schläge trieben ihm jede Angst vor den scharfen Zähnen aus. Was eine Bäuerin dem hungernden Bürschchen gab, mußte er unangetastet dem Herren bringen, der nie genug aufsammeln konnte. Oft häuften sich die Nahrungsmittel so an, daß sie schimmelten. Dann erst erhielt der Schütze das fast ungenießbar gewordene. Zwar tat er sich manchmal heimlich gütlich an dem, was er von einer mitleidigen Seele zugesteckt bekommen hatte. Oder eine gutmütige Bürgerin nahm ihn ins Haus, setzte ihn, wenn er fror an den warmen Ofen, wickelte ihm die erstarrten Füße in warme Tücher oder Pelze und gab ihm eine gute Suppe und Fleisch zu essen. Aber die Bacchanten verstanden sich darauf, derartige ‚Unarten‘ dem Schützen abzugewöhnen. Sie zwangen ihn den Mund mit warmem Wasser auszuspülen, das in ein Gefäß gespuckt werden mußte. Zeigten sich darin Fettspuren, dann rissen sie dem Knaben die Kleider vom Leibe, warfen ihm einen Mantel über den Kopf, um seine Schreie zu dämpfen und schlugen erbarmungslos auf ihn ein. Manch hungernder Schütz suchte da lieber die Brosamen aus den Dielenspalten zusammen oder jagte dem Hunde das Futter ab. Wer am besten von den Schützen stehlen konnte, frech in die Rauchkammern stieg, das Geflügel von der Weide oder den Ställen holte, genoß das größte Ansehn unter seinesgleichen. Am frühen Morgen ging die Arbeit für den faulenzenden Herren los, um mit Betteln und Singen bis tief in die Dunkelheit, ja oft bis Mitternacht zu währen. Wie ihre Nahrung so war auch ihre Unterkunft. Glücklich wenn sie sich im Winter auf einem warmen Herde oder in einer finsteren Ofenecke bergen konnten, oder im Regen und Sturm ein Erdloch, ein Scheunendach erreichten. Bei derartigem Leben, das Körperpflege nicht einmal ahnen ließ, starrten die Kleinen und ihre Herren natürlich von Ungeziefer. „Die Schuler und Bacchanten, io auch zu Zyten der gmein Man sind so voll Lüsen, daß nit glaubar ist. Ich hette schuer (schier), als oft man gewolt hette, dry Lüs miteinandren us dem Busen zogen"[57]. Ungeziefer wiesen auch alle Räume auf, in denen man die Bacchanten und ihren Anhang von amtswegen in den Städten unterbrachte. In Breslau, wo „die Schuler hand (haben) ein bsundrigen Spital und eignen Doktor", da gab es für den armen kranken Thomas Platter gute Wartung und gute Betten, „aber groß Lüs drin, wie ziliger (kleiner) Hanfsamen". In Dresden „war eine nicht eben gute Schule und auf der Schule in den Habitatzen (Unterkunftsräumen) alles voll Läuse, daß wir sie nachts im Stroh unter uns hörten krabbeln"[68]. Und in dieses Haus mußte der kleine kranke Thomas in einem Winter dreimal Zuflucht suchen.

Seinen Herren zu entkommen und sich vor ihnen in Sicherheit zu bringen, gelang nur selten einem der Schützen. Die Bacchanten waren so verwegen, daß sie wohl gar das Haus zu stürmen wagten, in dem einer dieser Unglücklichen bei mitleidigen Leuten Unterkunft gefunden hatte[69].

Mit zunehmendem Alter wurden aus den Schützen Bacchanten, ebenso rücksichtslos, verderbt an Leib und Seele wie ihre Lehrmeister von einst, bis sie auch wie diese auf dem Rabenstein oder hinter einem Zaun ihr verfehltes Leben beschlossen.

War es aber einem fahrenden Scholaren gelungen, sich aus dem Landstreichertum zu lösen, auf einer hohen Schule festen Fuß zu fassen, dann war er meistens geborgen. Seine Armut zwang ihn zur stäten Arbeit, denn nur dann konnte er auf Unterstützung rechnen, wenn er sich der Gunst seiner Lehrer erfreute. Die Gebühren für die Immatrikulation wurden ihm erst gestundet, dann ganz erlassen, das Essen und die Wohnung in den Bursen brauchte er nicht in barem Gelde zu entrichten, doch wurden sie ihm nicht geschenkt. Er hatte sie sich durch niedere Dienstleistungen, wie als Hausknecht, Koch und Kellner zu verdienen, — kurz als Famulus. So in Rostock[70].

Wenn auch die sozialen Gegensätze in der ferneren Vergangenheit nicht so abgrundtief waren wie in der Gegenwart, so kann ihr Vorhandensein nicht wegdisputiert werden, wie dies versucht worden ist[71]. Schon damals drängte sich eine kapitalistische Anschauung vor, die einen dicken Trennungsstrich zwischen arm und reich zog, auch im Studententum[72].

Ein Scholarenhandbuch des ausgehenden fünfzehnten Jahrhunderts, das bereits erwähnte ‚Manuale scholarium‘, kämpft gegen das Studentenproletariat. „Die Universität kann nur Bemittelte gebrauchen (Pecuniosos requirit universitas)“, wird darin klipp und klar gesagt. Ein Student, der Fortschritte machen wolle, müsse frei von Nebenarbeit sein (studium liberos requirit). Er könne nicht familieren, von einzelnen Fällen vielleicht abgesehn [73].

Wenn sich daher die gutgestellten Schüler von den armen abschlossen und sie tunlichst fern von sich hielten, so blieben sich dennoch Kommilitonen, denn die Zugehörigkeit zur Alma mater bildete ein gemeinsames, unzerreißbares Band. Wenn es die Notwendigkeit heischte, waren sie eins in der korporativen Selbständigkeit einer privilegierten Genossenschaft. Die tiefe Spaltung der Studentenschaft nach sozialen, politischen und rassentheoretischen Gesichtspunkten ist eine Errungenschaft der Neuzeit, an der die Lehrerschaft wie die Studenten gleichen Anteil haben. Ebenso zum Verderb der deutschen Wissenschaft wie des deutschen Studententums und der deutschen Kultur!

Zu den drückendsten Arm und Reich gemeinsamen Fesseln des Bursenlebens gehörte die Vorschrift der fast klösterlichen Kleidung. Der putzsüchtigen Jugend, die stolz auf ihre Stellung als akademische Bürger war, konnte es nicht behagen, sich in den uniformen, unscheinbaren Studentenrock hüllen zu müssen, der sich recht schäbig neben der buntgestickten Seidentracht des jungen Patriziers ausnahm [74]. In Heidelberg war die vorgeschriebene Tracht ein talarartiger Rock aus braunem oder schwarzem Zeug, der durch einen Gürtel zusammengehalten wurde. Mit langen, mäßig weiten Ärmeln umschloß er den ganzen Körper. Mit ihm hing, wie aus einem Stück gefertigt, eine Kaputze zusammen, die man über den Kopf ziehen konnte, die breite Lappen zum Schutze der Ohren bot und in eine Spitze über dem Schädel auslief [75]. In Altdorf bestand die Studententracht in roten Mänteln, die bis zum Jahre 1795 Professoren und Kandidaten bei festlichen Gelegenheiten trugen. So gut solches Mäntelchen in einer Zeit der farbenfrohen Männerkleidung zu dem „skolastisch verknöcherten Studienbetrieb“ der Bursen passen mochte, so wenig sagte es den Schülern zu, und mit Begeisterung warfen sie diese Tracht von sich, als die Stunde der Bursen geschlagen hatte. Sie kränkelten seit dem fünfzehnten Jahrhundert und verblichen für die Allgemeinheit der Studentenschaft mit dem sechzehnten, das den genossenschaftlichen Zuschnitt des Studentenlebens endgültig ablehnte.

„Die Einzelpersönlichkeit wurde auch hier zum Merkmal der modernen Zeit, und wie sich von der camerata der Kamerad löste, vom vrouvenzimmer die Frau, so auch von der bursa der Bursch. In Jena war nur für arme Stipendiaten das Internat des Kollegienhauses eine billige Zuflucht"[76]). Der Bursche war frei geworden. Er hatte das klösterliche Gehaben des Burschenlebens mit der Weltlichkeit vertauscht. Aufatmend legte er nunmehr auch weltliche Kleidung an. Aber sofort stürzte sich eine Meute sittenrichterlicher Fanatiker, die da stets nur das Alte für wünschenswert halten, auf die ‚schändliche, überflüssige, übermäßige, unförmige und unflätige' Kleidung los.

Schon in den städtischen Schulen, den Vorschulen der Universitäten, waren frühzeitig Klagen über die ‚unzüchtige' Kleidung der Schüler laut geworden, über ‚die große Umwandlung, so in der Tracht der Schüler' eingetreten war und ‚auf böse Sitten und Verwilderung leichtlich schließen ließ'.

Bisher war auch den Schülern ‚der ehrlich Schulrock', die Schalaune, vorgeschrieben gewesen, doch schon eine Schulordnung von 1580 enthielt die verschärfte Verfügung: „Es sollen die Knaben nicht wie die Landsknechte, sondern ehrbar bekleidet sein, und nicht zerhackte oder bunte, sondern solche Kleider tragen, die bei frommen und ehrbaren Leuten, jedem nach seinem Stande ehrbar und gebräuchlich seien. Es soll daher keinem gestattet werden zerschnittene Pluderhosen, Federhüte, große, weite Sackärmel, zerschnittene Schuhe und dergleichen zutragen. Sie sollen auch keine Dolche oder Plötze tragen, und wenn sie Wehren mit sich in die Schule bringen, mögen die Präceptoren diese von ihnen abfordern." Es wurde ihnen demnach alles das verboten, was man auch den Universitätsstudenten immer wieder zu untersagen für notwendig hielt. Allein diese und ähnliche Kleiderordnungen wurden ebensowenig befolgt wie alle die vielen früheren und späteren für alle möglichen Stände in Stadt und Land. Daher war die Folge des eben genannten Erlasses, daß die Visitatoren zu melden hatten: „Der mehrere Teil der Schüler ziehe in kurtzen, gewurckten, prunkten Mänteln, großen, weiten Reuberärmeln, gebubden Beinkleid und anderem, so mehr reuberisch dann schülerisch" einher. Im Jahre 1482 sah sich der Rektor Andreas Frießnar in Leipzig zu einer Verfügung genötigt, in der er die „zuvor unerhörte Üppigkeit und das liederliche Wesen in der Kleidung und Geberden", besonders auch unzüchtige Körperentblößungen — die kurze geschlitzte Schenkelhose, vorn mit dem großen, bauschigen oder kapselförmigen Latz, hinten prall anliegend — dann das Tragen von Schwertern, Messern, Degen und anderen Waffen verbot. Der Erfolg dieser Verordnung bestand in „besorgliche und erschröckliche Aufläufe", durch die der Rektor und andere Mitglieder der Hochschule in Lebensgefahr gerieten. Auch in Heidelberg spielte sich das ganze Chaos einer immer nach Neuem drängenden Mode in den Kleidererlassen der Hochschule wieder[77]). Ebenso eiferte man in Wien und an anderen Universitäten gegen die sich immer weiter von der ursprünglichen Schülerkleidung entfernenden Tracht.

Einen harten Stoß versetzte der althergebrachten Schülertracht die um das Jahr 1553 oder 1554 aufgekommene Pluderhose, die aus alter Zeit nur den großen, möglichst auffälligen Latz weiterkonservierte, sonst aber eine völlige Neuheit darstellte. Von diesen Kleider-Ungetümen sang man bereits im Jahre 1555:

> Welcher nun will wissen
> was doch erfunden sei:
> Die Kriegsleut sind geflissen
> auf solche Buberei,
> sie lassen Hosen machen
> mit einem Überzug
> Der hangt bis auf die Knochen
> Dran han sie nicht genug.
>
> Ein Latz muß sein daneben
> wol eines Kalbskopffs groß
> Karteken drunter schweben
> Seiden on alls moß;
> kein geld wird da gesparet
> und sollt er betteln gon,
> damit wird offenbaret,
> wer ihn wird geben den lon.

„Wie die Reformation, so war auch die Pludertracht eine demokratische Bewegung. Sie ging von unten nach oben; nach den Landsknechten verschlang sie das Bürgertum, riß die Studenten mit sich fort, die ja immer geneigt waren, alle Modeneuerungen eifrigst zu fördern, und zog den Adel und die Höfe mit in ihre Kreise"[78]). Die neue Tracht regte natürlich die Geistlichkeit gewaltiglich auf. Und daß sogar die Jugend schon in die neue Tracht gesteckt wurde, brachte sie noch mehr in Harnisch. „Wir ziehen auch vnsere kinder bald von der wiegen an, ehe sie hinter den ohren trucken worden sein, so Junckerisch auff, mit zupluderten Teuffelshosen, mit kurtzen bübischen kleidern, mit Seiden und Sammet"[79]). Die Brandenburgische Visitations- und Consistorialordnung von 1573 gebot den Schulmeistern, darauf zu achten, daß die Jungend Füllerei und Unzucht meide, sowie die Kleider „nicht zerschnitten" trage. Der oben zitierte Doktor Andreas Musculus, Generalsuperintendent der Mark Brandenburg, zugleich Professor der heiligen Schrift an der Universität Frankfurt an der Oder, sollte ein unerhörtes Ärgernis durch die Pluderhosen zu verzeichnen haben. Predigte in dem gedachten Frankfurt an einem schönen Sonntag des Jahres 1555 der Diakonus der Oberkirche, Licentiat Melchior Dreger, vor einer andächtigen Zuhörerschar gar auferbaulich von der Sündhaftigkeit aller jener, die sich im bloßen Schenkel zeigen, den die neue Pluderhose, wie es die Mode will, frei läßt, zum Ärgernis der Frauen und Jungfrauen, die rot werden, wenn man sie bei einem Blick auf diese Blöße ertappt.

Als sich am darauffolgenden Sonntag die Gemeinde versammelt, weiten sich aller Augen in stummen Entsetzen, denn an einem Kirchenpfeiler, gerade der Kanzel gegenüber, hat eine ruchlose Hand, man munkelt die eines Studenten, eines der verschrieenen Kleidungsstücke aufgehängt und festgenagelt. Dem entsetzten Hern Licentiaten verschlug es die Rede. Aber am folgenden Sonntag bestieg Herr Doktor Musculus selbst die Kanzel und donnerte über die andächtige Gemeinde „Vom zuluderten / zucht vnd Ehrerwegenen pludrichten Hosenteuffel". Diese Predigt wies acht Sünden des „vnuorschembten hosenteuffels, wieder den gemeinen nutz vnd wolfart Deutscher Nation" in flammenden Worten nach. Bald lag sie auch gedruckt vor, und heute noch, wo man allerdings nur noch für das Gegenteil von Stoffüberfluß bei der Kleidung schwärmt, ist sie gar lehrreich und lustiglich zu lesen.

Luthers erster Biograph Johann Mathesius, Pfarrer in Jochimstal in Böhmen, predigte im Jahre 1559: „Leichtfertigkeit in Trachten und Kleidern ist eine Anzeigung eines leichtfertigen Gemütes. Es ist wahrlich ein böses Zeichen, wenn die Schüler, Studenten, Baccalaurien ihre Filzhüte, Binden, Troller, Paußärmel und Pluderhosen, verbrämte Kleider und ausgestickte und zerschnittene Ärmel tragen, zu voraus die von Almosen studieren und leben, oder weiland von Almosen sind ernährt worden. Es stehet doch ja nicht wohl, wenn sich die junge Mannschaft so weibisch und in geputzten Kleidern pflegt zu zieren"[80]).

In Wittenberg ereiferte man sich 1546: „Die Studenten in allen Fakultäten

sollen nicht zerschnitzelte, noch kurze Kleider tragen, sondern ihre Kleider
sollen ehrlich und einer ziemlichen Länge sein, denn es zumals eine große
Leichtfertigkeit und Misstand ist, so die Jugend in kurzen Kleidern vor
ehrlichen und züchtigen Frauen erscheint"[81]). Im Jahre 1562 wurde diese
Verordnung wiederholt.

In Jena mochte man einsehn, daß derartige Befehle bei den Studenten un-
gehört verhallten, deshalb richtete man sie nur an die Stipendiaten, gegen
die Machtmittel zu Gebote standen. Ihnen untersagte man das Tragen von
„Pluderhosen, gar (sehr) kurze Kleider und zottige Hosen".

Wenn auch alle die Verordnungen des fünfzehnten und sechzehnten Jahrhunderts über Tragen und Unterlassen gewisser Kleidungsstücke Folianten
füllen können, genützt haben sie alle nichts. Deshalb unterdrückte auch
Heidelberg im Jahre 1532 wohlweislich das Verbot an die dortigen Schneider, verpönte Kleider für die Studenten anzufertigen[82]). Hervorzuheben ist,
daß sich die Aufsichtsbehörden oft bemüßigt sahen, nicht den Schülern allein,
sondern auch den — Lehrern ihre unpassende Tracht vorzuhalten. Im Jahre
1565 schrieb der ungeschminkte Joachim Westphal in seinem Hoffarts-
teufel: die Lehrer an den hohen Schulen kleiden sich „reuterisch kurz,
zerhackt, zerlumpt, gehen äffisch und unbedeckt für männiglich einher, wie
die groben Leute. Man würde sie eher für Reutersknaben, Handwerksburschen, Tanzjunker, Bieramseln, denn für Schulregenten ansehn". Die Studenten richteten sich nach ihren Lehrern, und „so findet man", wie Westphal
fortsetzt, nirgends „so seltsame, närrische, ungeheuere, fremde, üppige,
leichtfertige, freche, prächtige, unverschämte Kleidung".

Im Jahre 1596 erging in Braunschweig eine „neue Ordnung": „Es sei den
Lehrern nicht zu gestatten, ,hohe breitrandige Hüte, weite, ausgefüllte
Bäuche, lange dicke Ranzen, zugefaltene weite Reuberärmel, allerlei bunte
leichtfarbige Strümpfe und sonstige unehrbare Kleidung zu tragen"[83]).
In Nordhausen sollten sich die Lehrer ungebührlicher Kleidung enthalten,
„da man einhergeht mit aufgeschlagenen Hüten, kurzen Kappen, Dolchen
an der Seite, zerhackten Hosen, reiterischen Pumphosen, weiten Ärmeln,
oder sonst in Kleidern steckt, als wolle man zerfallen, mit offenem Wams,
garstigen Schuhen, wie ein Bauer hinter dem Heuwagen hergeht".

Mit dem sechzehnten Jahrhundert kommen neben den Stadtschulen, in
denen die elementaren Künste und die lateinische Sprache das Hauptstück
des Unterrichtes ausmachen[84]), jene Anstalten auf, in deren Lehrplan von
den Humanisten auch das Griechische und Hebräische eingeführt würde.

Ein fahrender Kleriker
und sein Liebchen

Handzeichnung aus dem
13. Jahrhundert

Schülern! Hensla halt auff!
Conerla! nur was auffn Obsmarck einkauff.

Bettelnde Schüler mit ihren Körben

Schülerelend. Nürnberg 1669

Nachtkurrende in Nürnberg

18. Jahrhundert

*Fahrende Schüler bei einem Lobgesang
auf die Schlemmerei*

Holzschnitt um 1500

Wer ein apffl schelt vnd den nicht isst,   Hat küllen wein vnd schenckt nit ein,
Ein Jungfram halst vnd die nit küst.   Der sol ein Münch im Closter sein

Aus Rollos: Vita Corneliana. 1610

Goliarden bei Spiel und Trunk

Handzeichnungen aus der Benediktbeuerner Handschrift
der Carmina Burana aus dem 13. Jahrhundert

Ihre Gründer und Lehrer nannten diese Schulen stolz Gymnasien. Bekanntlich wurde dieser Name in Preußen erst im Jahre 1802 amtlich eingeführt. Die Schüler dieser Gymnasien fühlten sich, wie sich das ja fortgeerbt hat, schon als Studenten, denen sie geflissentlich all das nachahmten, was in ihren Augen standesgemäß, nach dem Urteil anders gearteter Zeitgenossen aber wenig lobenswert war.

Wie sich angehende Hochschüler nach der Ansicht ihrer Lehrer verhalten sollten, führen die Schulregeln, „Leges scholasticae", vom 5. September 1608 des ‚Fürstlichen Gymnasiums Rutheneum' in Gera aus. Sie waren in lateinischer Sprache auf hölzerne Tafel geschrieben und hingen in eigenen Behältern in der Aula unter dem Bilde des Schulstifters. Die bezeichnendsten Stellen dieser Vorschriften lauten:

Cap. 1. De pietate in Deum.

Zum Gottesdienst in der Kirche sollen sich die Schüler an Sonn- und Festtagen vor- oder nachmittags mit ihren Gesangsbüchern zeitig und vor dem letzten Glockenschlag in den unteren Schulräumen versammeln. Dann sollen sie nach ihrer Platzordnung zu zweien (bini) in die Kirche hinaufsteigen. Beim Gemeindegesang sollen sie auf den an den Pulten einmal eingenommenen Plätzen ruhig bleiben und nicht an die Gitter (clatatrae fenestrae) herantreten, die die Plätze der Gymnasiasten abschließen. Bei der Predigt sollen sie die Hauptgedanken und hervorragende Aussprüche aufschreiben. Der Vesper am Sonnabend sollen sie beiwohnen und bei keiner Gebetstunde am Montag früh fehlen. Vor der Abendmahlsfeier sollen sie ihre Lehrer fragen, worin sie gefehlt haben, sie um Verzeihung bitten, und Besserung versprechen. (Man sieht ordentlich die grinsenden Jungen, wenn sie aus der Stube des Lehrers treten, dessen Verzeihung sie eben erbeten und erhalten haben!)

Cap. 2 handelt von der Achtung für Eltern, Lehrern und Wohltätern, wozu die Geistlichen, Gönner und Freunde der Anstalt gezählt werden.

Cap. 3. Die Schüler sollen nicht schwatzen, lügen, fluchen, die Schulgeheimnisse nicht ausplaudern, Ironie, Prahlerei, Streit, Selbstsucht und Sticheleien gänzlich meiden. An den Vergehen anderer sollen sie sich niemals beteiligen, sie nicht verschweigen, sondern alles den Lehrern melden, was gegen die Würde und das Blühen der Anstalt zu sein scheint. — Vor Zänkereien und Schlägereien haben sie sich zu hüten. Das Belegen mit Spitznamen wird mit Karzer und Stockhieben bestraft. Tafel, Fenster, Öfen, Bänke, Pulte, kurz alles Inventar der Schule darf nicht zerstochen, zerbrochen, zerschnitten werden.

Die Wände sind nicht zu beschreiben oder zu bemalen.

Unter einander sollen sie nichts verkaufen, verschenken, vertauschen. Jeder soll seine Kleider, Bücher und was sonst noch ihm gehört, für sich behalten.

Das 4. Cap. handelt von der Aufführung convictu privato, d. h. in Wirtshäusern und Wohnungen. Es wird ihnen Mäßigkeit anempfohlen, die Mutter der Weisheit und des Fleißes. Lüste und Leidenschaften, die Feinde der Frömmigkeit, die jede Tugend niederhalten, sollen sie fliehen und verabscheuen bei Strafe des Ausschlusses von der Anstalt. Saufgelage und Zusammenkünfte zu hause und draußen, bei Tag und bei Nacht, und Trunkenheit sollen sie meiden bei Strafe des Karzers und der öffentlichen Rüge. Von Zoten, Schandliedern und Schandbildern sollen sie Augen und Sinn abwenden und fernhalten.

Cap. 5 läßt sich über die Bescheidenheit bei öffentlichen Zusammenkünften außerhalb der Schule aus. Darin heißt es u. a., daß die Schüler in ihrer nüchternen und bescheidenen Schulkleidung erscheinen sollen. Übermäßiger Haarputz ist ihnen verboten. Mit lottrigen Kleidern, liederlichem Schuhwerk, ungekämmt und verlaust (capite impexo et pediculosa), mit ungewaschenen Händen und schmutzigem Gesicht dürfen sie nicht auf die Straße kommen. Gang, Bewegung, Haltung sollen nichts Geschwollenes, Geziertes und Herausforderndes zeigen. Degen, Dolche und andere Waffen zu tragen ist ihnen untersagt. Ebenso Karten- und Würfelspiel bei Stock und Karzer. Ferner das Fischen, Vogelstellen, dann zur Sommerzeit das Baden und Schwimmen in Flüssen und Teichen wegen Gefahr des Leibes und der Seele, auf dem Eise das Huscheln und Fahren, das Schneeballen. Erlaubt sind Ballschlagen, Laufen, Tanzen, Fechten und anderes dieser Art. Sie haben nur mit Ihresgleichen umzugehn, nicht mit solchen Leuten, „quia Musis alieni sunt", wie Handwerker, Diener, Soldaten, faulen Schlemmern und Wüstlingen, durch deren Umgang sie nicht besser sondern nur schlechter werden können. Zu Hochzeiten haben sie nur mit Genehmigung des Rektors Zutritt.

Cap. VI handelt vom Schulbesuch. Im Winter wird von 7—10, im Sommer von 6—9 Uhr Schule gehalten. Nach dem Mittagessen haben sie Punkt 12 Uhr wieder anzutreten. Wer zu spät kommt, soll mit der Rute, dem Stock, mit Zischen und Gelächter empfangen werden. Sind die Lerngeräte nicht bereit, dann Strafe mit Worten und Schlägen.

Cap. VII beschäftigt sich mit dem Lerneifer. Schüler haben untereinander und mit den Lehrern nur lateinisch zu sprechen. „Merker" sind aufgestellt.

Mit dem VIII. Kapitel von der Aufnahme und Entlassung der Zöglinge schließen die Schulregeln[85]).

Diese Regeln, so verknöchert sie unserer Zeit erscheinen mögen, sind schon von jenem neuen Geist des Fortschrittes diktiert, den die Befreiung vom Bursenzwang und der geistlichen Aufsicht gezeigt hatte.

„Wer wollte sich wundern, wenn fürs erste alle diejenigen, die so lange Fesseln getragen, ihrer Bande befreit, im wilden Taumel dahinstürzten, wenn die Befreiung zur Maßlosigkeit führte, die Freiheit oft zur Frechheit und Roheit wurde? Die ganze Zeit war eine Zeit der Gärung und Zerstörung, auf allen Seiten Auflösung der Jahrhunderte hindurch erstarrten Verhältnisse. Neuer Glaube und neues Wissen, ein eifriges Regen und Bewegen auf allen Gebieten des Menschendaseins", sagt Bruno Gebhardt.

Ob aber der neue Geist und die Lockerung der obrigkeitlichen Aufsicht allein an dem Sittenverfall, der sich jetzt plötzlich eingestellt haben soll, die Schuld haben, kann füglich bezweifelt werden. Unsere Nachrichten fließen nur aus dieser Zeit reichlicher als aus dem Mittelalter. „Insbesondere dürfte der Kirchenspaltung nicht entfernt die Schuld an der angeblichen Verschlechterung der Sitten beizumessen sein, die ihr von katholischen Schriftstellern gern zugeschrieben zu werden pflegt. Daß im Gefolge von Luthers Auftreten, durch die Erschütterung der bis dahin als heilig verehrten Autoritäten, Viele ihren moralischen Halt verloren und deshalb auf sittliche Abwege gerieten, unterliegt keinem Zweifel. Allein solche Wirkungen können sich naturgemäß — und so auch auf den Universitäten — nur in der ersten Zeit gezeigt haben. Nachdem einmal das in der Tat oft schlechte Beispiel der ausgelaufenen Mönche und Nonnen aufgehört hatte, nachdem die Klöster und Kirchengüter in den ruhigen Besitz der Fürsten und Stadtgemeinden übergegangen und größtenteils geordnete Verhältnisse zurückgekehrt waren, müssen wieder die alten (und neue) Ursachen für die Wildheit der studentischen Sitten verantwortlich gemacht werden"[86]).

Die Sitten und die Sittlichkeit des Studenten von einst sind heute im allgemeinen noch recht wenig bekannt und deshalb vielfach verkannt, selbst von Leuten, die es eigentlich besser wissen müßten. Die goldene alte Zeit, das ewig neu wiederkehrende Kunststück der Schönfärberin Erinnerung, schafft rosig-unwahre Bilder, aus denen nur das Eine klar hervorgeht, daß der Wechsel der Zeiten nicht naturnotwendig einen Abstieg bedeuten muß, und daß, wenn dieser hervorgehoben wird, weniger ein Wechsel der Moral zum Schlechteren eingetreten ist, als eine Änderung der Moralbegriffe. Wenn daher Arnold Ruge in seinem Buche „Kritische Betrachtung und Darstellung des deutschen Studentenlebens"[87]) sagt: „Die Poesie im Verkehre mit dem Weibe ist zum guten Teil verschwunden. Aus dem feinen, geistig-sinnlichen Genuß ist sinnliche Brutalität geworden. Einst war die Studentenliebe etwas Heiliges und etwas Typisches". Küssen ist keine Sünde „hat man in dem goldenen Zeitalter der Universitäten aus frischem Herzen gesungen und es darnach gehalten", so ist das nichts als beweislose Romantik. Wann war denn eigentlich das goldene Zeitalter der Hochschulen, wann das der lieben, sanften und heiligen Studenten? In einzelnen Exemplaren mögen solch zarte und zahme Mondschein-Jünglinge zum Gaudium ihrer natürlicher gearteten Kollegen aufgetreten sein. Als Massenerscheinungen waren sie gottlob einfach unmöglich.

Zur selben Zeit da die unverhülltesten Studenten- und Sauflieder erklangen, dichtete der Naumburger Jurist Sacer als Student in Greifswald (1659) die meisten seiner geistlichen Lieder, darunter das bekannte „Gott fähret auf gen Himmel".

Zu den neuen Ursachen, denen man einst, als den damaligen Gelehrten die „goldene Zeit" entschwunden schien, den Sittenverfall zuschrieb, gehörte vornehmlich die fast plötzlich eingetretene Freizügigkeit. Die auf lange Zeit hinaus ungewohnte Bewegungsfreiheit verführte zu einer Ungebundenheit, die sich lachend, oft höhnisch grinsend über alle Schranken hinwegsetzte, und sich wie eine schwere Krankheit viele viele Generationen hindurch bis an die Schwelle der Gegenwart forterbte. Die Universität Leipzig erklärte wiederholt, das nunmehrige freie, unbeaufsichtigte Leben der Studenten in Bürgerhäusern führe zu Raufereien, Empörungen und Totschlag[88]). Luther rügt an den Wittenberger Studenten, daß bei ihnen die Trunksucht „nun gar mit Wolkenbruch und Sintflut eingerissen" sei und „Alles überschwemmt" habe.

Was eben früher im Geheimen vollführt wurde, brauchte jetzt nicht mehr das Tageslicht zu scheuen. So war es auch mit dem offenen Verkehr mit der Weiblichkeit.

Im Januar 1544 schrieb Luther an den Kurfürsten Johann Friedrich: „Wir haben einen großen Haufen junges Volk aus allerlei Landen, so ist das „Meydervolk" (Mädchenvolk) kühne worden, laufen den Gesellen nach in ihre Stüblin, Kammer . . . und ich höre, daß viele Eltern sollen ihre Kinder heimfordern und noch fordern und sagen: wenn sie ihre Kinder zu uns schicken ins Studium, so hängen wir ihnen Weiber an den Hals." „Wir leben in Sodoma und Babylon" seufzt er über die sturmfreien Buden Wittenbergs in einem Brief an den Fürsten Georg von Anhalt.

In der „Ernsten Vermahn- und Warnschrift an die Studenten zu Wittenberg", die er am 13. Mai 1543 an die Kirche in Wittenberg anschlagen ließ, heißt es: „Ihr wollet ja gewißlich gläuben, daß der böse Feind solche Huren hierher sendet, die da grätzig, schäbig, garstig, stinkend und französisch (d. h. mit Franzosen [Lues] behaftet) sind, wie sich leider täglich in der Erfahrung befindet, daß doch ein guter Gesell den andern warne, denn eine solche französichte Hure 10, 20, 30, 300 guter Leute Kinder verderben kann". „Wer nicht ohne Huren leben will, der mag hinziehen, wo er hin will: hie ist eine christliche Kirch und Schule, da man lernen soll Gottes Wort Tugend und Zucht. Wer ein Hurentreiber sein will, der kanns wohl anderswo tun. Unser gnädiger Herr hat diese Universität nicht gestiftet für Hurenjäger und Hurenhäuser, da wisset euch nach zu richten!"[89])

Melanchthon sagte 1537 in einer Ansprache von Wittenberg: „Wie in dieser Zeit die Zucht darniederliegt, die Frechheit herrscht, so ergreift mich ein tiefer Schmerz. Niemals war die Jugend so aufsässig gegen das Gesetz. Sie will nur nach eigenem Willen leben, dem Fremden sich nicht fügen. Gegen das Wort Gottes und die Gesetze ist sie taub". Vier Jahre später mahnt er die Jugend: „Es ist nicht Gottes Wille daß ihr hier zusammenkommt wie ein trunkener Haufe zu den Bacchanalien oder wie Kentauren zum Schmaus". Eine Verordnung des Kurfürsten Christian I. von 1587 richtete sich gegen „die unruhigen und mutwilligen" Studenten Wittenbergs, die „bei nächtlicher Weil auf den Gassen nicht allein hin und wieder schweifen, sondern auch alle diejenigen, die ihnen begegnen, darniederschlagen", „fürnehmlich auch mit Spießen, Stangen, langen oder kurzen Röhren, auch Sturmhauben sich bei Nacht sehen lassen", und dabei mit Stürmung der Häuser, viehischem Geschrei und sonsten allerhand Mutwillens und Frevels sich unterstehn, auch darunter der Toten in den Gräbern nicht schonen"[90]). Vier Jahre darauf wurden die Universitätshörer aufs Neue ermahnt abzustehn von „Häuser-Stürmen, Wegelagern, nächtlichen Überfällen, Fensterauswerfen, Rottieren". Ebenso wenig wie diese Verordnungen wurden die gegen die Bewaffnung mit Schwert, Messer, Dolch, Bleikugeln, Wurfkreuz, Barten, Hammer und Büchsen weiter beachtet[91]).

Wie dort, am grünen Holze unter den Augen der Reformatoren, ging es auch an anderen Hochschulen zu. Der Vortrag „Von den verschiedenen Trinkersorten" (1515) sagt in dem wortschöpferischen Polterton jener Zeit, daß die meisten Erfurter Studenten zu den „metzenknechten, nachtraben, pflastertretern, krantznarren, tantzkompun, winkeltauben und pruntzern" gehören, die, wenn sie betrunken sind, im Bordell ‚ad octo lapides‘ (zu den acht Steinen) gefunden werden [92]).

Sabinus, Rektor der Königsberger Universität, Melanchthons Schwiegersohn, findet 1553, daß alle Sitte und Zucht unter den Studenten geschwunden seien. Von Frankfurt a/Oder behauptet Musculus: „Sodom und Gomorrha, selbst der Venusberg, sind Kinderspiel gegen die jetzt umlaufende Unzucht. Wenn unsere Großeltern die jetzige Welt sehen sollten, sonderlich die Jugend, sie würden die Augen verhüllen oder uns anspeien müssen. Wir alle schreien und klagen darüber, daß die Jugend nie ärger und boshafter gewesen seit die Welt gestanden, als eben jetzunder, und nicht wohl ärger werden kann". Der Frankfurter Stadtrat ergänzte diesen Stoßseufzer des gelehrten Verfassers von ‚Der Hosenteufel‘ durch die Angabe von allerlei Tatsachen: „Der Mutwille bei den Studenten ist groß; man erfährt alle Tage was Neues. Es werden die Fenster eingeworfen, die Jungfrauen in der Kirche herumgedreht (— wohl auf den Kopf gestellt —), unzähliger Unfug wird verübt. Drei Dienstleute sind auf der Gasse vergewaltigt, die Windlichter ausgeschlagen, ehrliche Leute gefoppt und unzähliger Unfug getrieben, besonders zur Zeit der Fastnacht, wo sie mit blanken Gewehren und geladenen Büchsen umherschweifen und neuerdings einem Bürger vier große Löcher in den Kopf gestochen haben" [93]).

Ein geradezu vernichtendes Urteil über die deutschen Universitäten seiner Zeit sprach der schweizerische Theologe Rudolf Walther im Jahre 1568 aus. Er hatte auf einer Reise mehrere von ihnen besucht und berichtet nun über seine Erfahrungen: „Die deutschen Hochschulen befinden sich jetzt in einem solchen Zustand, daß außer dem Dünkel und der Nachlässigkeit der Professoren und der frechen Sittenlosigkeit, die da herrscht, nichts Beachtenswertes an ihnen ist. Doch wird Heidelberg vor anderen gepriesen . . . .".

Trotzdem war es in der schönen Stadt am Neckar wie überall mit den Sitten der Studenten recht übel bestellt [94]). Hier ging es nicht besser, aber auch nicht schlimmer zu als an anderen Universitäten. Z. B. in Rostock, wo „an Stelle des vorigen sittlichen Ernstes und der jugendlichen Schamhaftigkeit freche Leichfertigkeit und zügellose Lüderlichkeit Platz gegriffen hatte"[95]. Dann in Helmstedt, wo die Moral der Studenten noch viel tiefer stand als in Mecklenburg[96], in Marburg, dessen Rektor Eobanus Hessus von der Frechheit und Zügellosigkeit der Hochschüler erzählt, in Gießen[97], da „fressen, saufen, huren und Bubenspiel üben, schändliche, leichtfertige, lotterbübische Reden treiben, des nachts auf den Gassen jauchzen und schreien, mit bloßen Wehren tumultieren, Fenster stürmen, andere Leute molestieren und beunruhigen"[98] Studentengepflogenheiten waren.

Die Universität von Altdorf bei Nürnberg, gegründet 1575, 1809 mit Erlangen vereinigt, ist durch einen seiner wildesten Hörer unsterblich geworden. Von 1599—1600 zählte der spätere Friedländer, der Böhme Albrecht von Waldstein, zu den Altdorfer Studenten. Sein Auftreten zeigt scharf alles das, was sich ein adeliger Student an einer Universität erlauben durfte. Wenige Monate nach seiner Ankunft stand er schon an der Spitze eines zusammengerotteten Haufens, der tobend vor das Haus des Professors Jakob Schopper zog, die Fenster einwarf, die Türen und Laden zerhieb. Auf Befehl des Nürnberger Rates ließ der akademische Senat, wie laut auch Professor Gentilis widersprach und lärmte, Waldstein und drei andere am Auflauf besonders beteiligte Studenten in Haft nehmen. Ob sich hierbei die Szene abspielte, von der im 7. Auftritt von Wallensteins Lager gesprochen wird, bleibe dahingestellt. Bald wieder aus dem Hausarrest entlassen, kam Waldstein noch in demselben Monat Dezember von Neuem in Anklage. Es hieß, er habe bei der Ermordung eines jungen Bürgersohnes durch die Studenten Hans Hartmann von Steinau „die Sache sich wohl befohlen sein lassen". Um die akademischen Behörden, die den Vorfall einer Untersuchung gar nicht wert erachteten, zur Pflicht zu rufen, bedurfte es einer ernsten Mahnung und eines scharfen Verweises durch den Nürnberger Rat. Als der Pfleger der Universität in den Wohnungen der Studenten Haussuchungen nach dem Mörder halten wollte, fand er gewaltsamen Widerstand. Die gesamte Bürgerschaft mußte zu den Waffen gerufen werden. Zur Wiederherstellung der Ruhe ordnete der Nürnberger Rat eine eigene Gesandtschaft ab, der er bewaffnete Mannschaft beigab. Als einer der Rädelsführer wurde Waldstein ergriffen und vor die Behörde gebracht. Er hatte sich „alles Mutwillens und mancherlei Unruhe beflissen", und sich „allerlei Schweres" zuschulden kommen lassen. Er hatte die Wachen geschmäht und beleidigt. Einen Studenten in den Fuß ge-

stochen. Seinen Diener „so unmenschlich gezeichnet“, daß dieser nach
Nürnberg in ärztliche Pflege geschickt werden mußte. Er hatte ihn näm-
lich mit Händen und Füßen an die Stubentüre gebunden und eine ganze
Stunde lang mit Riemen gepeitscht, „weil er nicht mit ihm neben den
Schlitten hergeloffen sei“. Endlich gab es noch Klagen über seine und
seiner Spießgesellen unerhörte Gottlosigkeit, „daß sie auch der heiligen
Dreifaltigkeit mit Spotten und Schimpfieren nicht verschonet“.

Die Strafe war mehr als gelinde. Er erhielt nur eine mäßige Geldstrafe und
kurzen Stubenarrest, während seine Kumpane nach Nürnberg ins Gefängnis
abgeführt wurden. Das scheint aber dem Nürnberger Rat denn doch wider
den Strich gegangen zu sein, denn bald darauf kam dessen Befehl an Waldstein, „sich von Alttorf hinweg zu thun und sein gelegenheitt anderer ortten
zu suchen“ [99]). Damit war sein Aufenthalt in Altdorf erledigt, dort „ein Andenken unbezähmbarer Heftigkeit hinterlassend“.

Der eben erwähnte Italiener Scipio Gentilis ist die sonderbare Blüte eines
deutschen Hochschullehrers. Erst Jurist in Heidelberg, wurde der Gewohn-
heitssäufer nach Altdorf berufen. In der Trunkenheit wetteiferte er mit den
ungebärdigsten Schüler an Ungebundenheit. Unter wüstem Lärmen, Fluchen
und Schreien trieb er sich in tiefer Nacht umher, und schlug alles kurz
und klein, was ihm vor den Degen kam. In Nürnberg auf der Trinkstube
benahm er sich so gemein, daß Wirtin und Wirt ihm wiederholt bezeugten,
keinen unflätigeren Gast jemals bei sich gehabt zu haben. Oft in Raufereien
verwickelt, stieß er einmal einem Bürger den Degen ins Gesicht. Alles das
hinderte aber nicht, daß dieser vorbildliche Jugendbildner im Jahre 1597
zum Rektor der Altdorfer Universität und ein Jahr darauf zum Prorektor
gewählt wurde. Wenn er bei einem Verfahren gegen Studenten genötigt
war, ein strengeres Urteil zu fällen, bat den Verurteilten, ihm nichts
nachzutragen, denn er handle nur unter dem Druck seiner Vorgesetzten [100]).

An Typen wie dieser Italiener war übrigens kein Mangel. Von ihnen und
ihren Angehörigen werden allerlei tolle Sachen überliefert.

Die Tochter des Professors und Generalsuperintendenten Christoph Cornerus
(Körner) war eine gewöhnliche Straßendirne. Sein Sohn, ein Magister,
schlug den sechsundsiebzigjährigen Vater, trat ihm mörderisch an den Hals
und zerrte ihn bei den Haaren herum. Der Notzüchtigung seines eigenen
zehnjährigen Töchterleins bezichtigt, wurde der wohl Wahnsinnige auf
Befehl des Kurfürsten Georg im Jahre 1594 enthauptet [101]).

Die Protokolle des Ehegerichtes von Tübingen aus den Jahren 1580—1620 weisen die ärgsten Skandale in der dortigen Professorenwelt nach[102]). Da vermerken sie mannstolle, ausschweifende Frauen von Professoren, deren Gatten als Saufbolde schlimmster Art verschrien sind. Die junge Tochter des Theologieprofessors Gerlach wird im Jahre 1602 durch die vom Rat entsandte Hebamme untersucht und in anderen Umständen befunden. „Die Mutter wegen ihrer Tochter befragt antwortet: sie glaube es nicht, könne es aber doch eigentlich nicht wissen"[103]).

Anno 1613 heißt es: „Dr. Harpprechts Tochter hat ihre Jungfernschaft verloren und ist Kindes geschwängert worden, soll poenam carceris ausstehn, oder M. Burkhards Tochter 35 Thaler erlegen, und wird ermahnt, seine Tochter in besserer Disciplin zu halten. Da er sich beschwert, er sei nicht in culpa, werden ihm 10 Thlr. erlassen"[104]). Die Leichtlebigkeit scheint sich in der Familie dieser Harpprecht vererbt zu haben, denn es werden „1658 einige Stipendiaten wegen ihres häufigen Wandels zu den drei unzüchtigen Töchtern des D. Harpprecht exkludiert"[105]).

Sehr bezeichnend war der Ehehandel im Hause des Professors Dr. Magirus. Er spielte sich von 1622—1624 ab. Beide Ehegatten klagten sich des Ehebruchs an. Der der Frau wird erwiesen und die Ehe geschieden. Der gelehrte Gatte ging recht angedunkelt aus der Angelegenheit hervor.

Frau Magirus wird von ihrem Gatten die Treppe hinabgeworfen und von ihrem Schwiegersohn M. Johannes Andler blutig geschlagen. Vor Gericht kommt es dabei an den Tag, daß dieser biedere Theologe seine Braut geschwängert hatte[106]).

Von Tübingen heißt es zum Jahre 1591:
„Der Herzog hat durch seine Visitatoren in glaubwürdige Erfahrung gebracht, daß Dr. |Hambergers und Crusii Hausfrauen, so Schwestern seyn, sich nicht geziemlich halten, sondern, wenn sie erzürnt, Gott lästern, übel fluchen, daneben der Trunkenheit nachhangen, sonderlich des Crusii Weib die Predigt göttlichen Worts unfleißig besucht, oftmals außer der Stadt gen Lustnau und Derendingen ziehe und sich unter solchen ziemlich verdächtig mache".

Der Gottesgelahrte Nothers in Straßburg i. E. wurde 1630 wegen Ehebruch vom Lehrstuhl verjagt[107]).

Zur selben Zeit wurde ein Weib vor |den Senat geladen, das sich damit abgab, „Kinder abzutreiben". Durch die Ladung ist festgestellt, daß Studenten die Dienste dieser Frau in Anspruch genommen haben müssen.

In den Universitätskreisen von Leipzig war der Verkehr mit öffentlichen

Dirnen besonders verbreitet, nicht nur unter den Studenten, sondern auch unter den Professoren, die, solange sie in den Kollegienhäusern wohnten, zum Zölibat verurteilt waren.

Als im Jahre 1502 nach der Eröffnung der Universität Wittenberg Herzog Georg aus Besorgnis für seine Landesuniversität sämtliche Dozenten zu einem Gutachten über ihren gegenwärtigen Zustand aufforderte, wurden auch Klagen über das unzüchtige Leben laut, das manche Universitätslehrer führten: sie haben „Weiber und Kinder, von denen sie doch nicht Väter heißen wollen". Über einen Magister Curia wird geklagt, es sei allen Doktoren, Magistern und Studenten bekannt, was für ein unzüchtiges Leben er führe. „Er läßt seine Buhlschaft offenbarlich alle Tage und wann es ihn gelüste, zu ihm gehn und speist sie über seinem Tische, daß es seine Gesellen alle sehen".

In der ‚Reformation' der Universität, die der Herzog darauf erließ, wurde angeordnet: „Es soll auch kein Doktor, Magister oder jemand anders von der Universität öffentlich seine Konkubinen, bei sich haben oder über den Tisch setzen, noch auch ohne alles Scheuen offenbarlich aus- und eingehen lassen". Der Rektor solle ein Mandat erlassen, daß jede Übertretung mit zehn Gulden bestraft werden würde. Das blieb jedoch ohne jede Wirkung. In einem Berichte, den ein Universitätsmitglied neun Jahre später dem Herzog erstattete, heißt es, der Artikel über die Konkubinen sei niemals gehalten worden. „Und wiewohl etzlich in dem Falle sträflich, ist nie kein Execution geschehen, denn es will keiner der Katzen die Schellen anhängen"[108]).

Auch Professorensöhne haben mehrfach dazu beigetragen, die Skandalchronik der deutschen Universitäten zu bereichern. In Tübingen machte Dr. Hambergers Sohn viel von sich reden. Am 12. Januar 1592 zettelte er einen Tumult an, bei dem ein Schmied in der Notwehr einen Studenten erschlug. „Es sey eine communis vox in der ganzen Stadt, der junge Hamberger sey ein magicus, schlage straks einen an den Hals"[109]). Bald darauf wird der Senatsbeschluß gefaßt, Hamberger ‚ganz wegzuschaffen, weil er nicht zu Hause bleibe, die Leute auf der Straße angreife, und sich mit ihnen haue". Das nützt aber gar nichts, denn noch fünf Jahre später, am 20. November 1597, gibt es ein Untersuchungsprotokoll gegen ‚Student Hamberger und Consorten, welche bis nach Mitternacht in der ganzen Stadt umherzogen, das ‚Lied von den sieben Nonnen' und andere schandlose Lieder vor der Professoren Häuser sangen, in die Steine hieben, und als der Pedell und die Wächter sie abmahnten, ihn fragten: „ob ihnen die Haut beiße, wöllen die Klingen mit ihnen theilen". Der junge Hamberger wird in seines Vaters Haus gebannt bis auf Widerruf von Seite des Senats, der erst am 22. Mai des folgenden Jahres bewilligt wird[110]).

Dann heißt es: „Vier Studenten, unter denen wieder Hamberger, werden angeklagt, in des Henkers Haus gegangen zu sein und mit ihm 22 Maß Wein getrunken zu haben, hierauf sein Schwert zu sehen, und einen Strick von ihm zu erhalten gewünscht zu haben. Beschluß am 13. Februar: sie auf einige Wochen „weil sie greulich delinquiert" ins Carcer zu legen; namentlich aber den Hamberger zu bedrohen, daß er der schwarzen Kunst entsage, widrigenfalls man mit weiterer Strafe gegen ihn vorgehen werde".

Professor Crusius klagt selbst seinen Sohn beim Senat an, daß er gar ungehorsam sei und die Bücher versetzt habe. Beschluß: ihn zu zitieren, ihm „einen guten Filz zu geben und ihn darauf ins Loch zu legen". Ähnliche Strafen werden auch später wiederholt gegen diesen Musterknaben verhängt.

Im Jahre 1597 wird beschlossen, den Sohn des Professor Cellius ‚zu arretieren, und einen Schneider, den er hart geschlagen, kurieren zu lassen'. Dieses hoffnungsvolle Bürschlein wird im Dezember 1600 öffentlich ausgewiesen. Er hatte eine Dirne angestiftet, einem Studenten, auf den er eifersüchtig war, den Hals abzuschneiden. Im Februar 1584 hatte der Tübinger Senat an den Herzog geschrieben, „der Jörg von Ehningen sey pestis studiosorum und verführe sie alle, wie der Obervogt selbst" — sein eigener Vater — „zugestehe"[111]).

Dies alles nur in Tübingen allein. Daß es anderwärts nicht besser zuging, mag daraus erhellen, daß in Jena 1579 der Sohn eines Professors, ein Student, wegen gemeinen Diebstahls, enthauptet wurde[112]). Doch selbst dieses war nichts Alleinstehendes.

Der diebische Student Castritius, kein Professorensohn, wurde im Anfang des siebzehnten Jahrhunderts in Rostock nicht an den gemeinen, sondern aus Respekt vor der Universität an einen ganz besonders köstlichen Galgen gehenkt, was in ganz Deutschland einen Sturm von Protesten hervorrief[113]). Durch Henkershand starb 1567 auch in Leipzig ein Student, der einen Apotheker beraubt und ermordet hatte. Seine drei Spießgesellen entflohen. Einer von ihnen wurde später verhaftet, aber weil er eines vornehmen doctoris Sohn war, nur auf 90 Jahre relegiert.

Ein sittengeschichtlich überaus interessanter Vorfall spielte sich in Erfurt im Jahre 1510 ab. Dort sollte ein Student, der in Griffstadt einen Kelch gestohlen hatte, gerädert werden. Der Dieb balgte sich auf dem Rabenstein mit dem Scharfrichter und fiel mit ihm vom Gemäuer herunter. Als der Nachrichter ihn endlich überwältigt und ihm die Hände mit seinem Geldgürtel, weil Stricke nicht zur Hand waren, an die Leiter gefesselt hatte, stieg er wieder zum Rabenstein empor, um Stricke zu holen. Da machten sich die zuschauenden Studenten über den Delinquenten her und führten den Kameraden mitsamt der Leiter hinweg. Des Henkers Gürtel war ihnen gute Beute, ebenso die darin befindlichen drei Gulden, die der Magistrat im Voraus für die Hinrichtung des Studenten gezahlt hatte. Das umherstehende Volk begleitete den Streich mit lautem Heysa und Halloh unter großem Gelächter[114]).

Vielleicht kann es als Entschuldigung für Entgleisungen von Lehrerkindern gelten, daß sie auf Vererbung zurückzuführen sind, denn auch die Väter dieser Studenten werden es nicht viel anders getrieben haben, wie ihre Söhne. Die Sittenzerrüttung an den Hochschulen war eben allgemein und tiefgehend.

Herzog Christoph von Württemberg, dem die Tübinger Universität „der Augapfel reiner Lehre" war, lernte 1565 das Treiben auf dieser ‚Mutter und Pflegerin christlicher Zucht' aus eigener Anschauung kennen. Er schrieb: „Es ist eine hohe Notdurft, daß bedacht werde, wie 'dem Schulsenat mit Ernst auferlegt werde, daß sie ob ihren 'Statuten und Ordnungen besser halten, und nicht also ein dissolut Wesen den Studiosen gestattet und zugegeben werde. Wir befinden unter anderem, daß das gräuliche Gotteslästern so gar gemein unter ihnen und dermaßen ist, daß welcher baß fluchen kann, sich einen Ruhm haben will: item das Saufen, Unzucht mit den Weibern, wie wir es denn im verschiedenen August mit eigenen Augen gesehen. Das nächtliche Gassenlaufen mit Jauchzen, Schreien, Fluchen, Toben mit Rechen, Wannen und großen Wehren (Waffen) ist sehr gemein und dieweil sämtliches in unserem Allhiersein geschieht, geschieht es noch viel mehr in unserem Abwesensein. So geschieht auch solch Gassenlaufen nicht zu geringer Beschwerde manches frommen Biederweibes, Magd und Jungfrauen, welche von den Studenten ungebührlicher Weise angefallen, Unzucht ihnen zugemutet, auch etwa mit Gewalt hinweg und in die Häuser gerissen werden, wie denn nicht lange das einer solchs widerfahren, das alles ungestraft von Rektor und Senat hingeht"[115]). Aber wenn auch die

Albrecht Dürer: An der Quelle

Albertina, Wien

Aus Ciceros Officia. Augsburg 1533

ANNO M·D·LV·

Erfurter Studentenaufruhr

Titelholzschnitt eines Buches von Eobanus Hensus

Studenten im Frauenhaus

16. Jahrhundert

TVRPE SENEX MILES, MAGÉ TVRPE SENILIS AMATOR

Vorlage für ein
Stammbuchbild
Kupfer von de Bry

Musik und Trunk, die
Bundesgenossen der Ver
führung

Wider den
Huren Teuffel/
vnd allerley Vnzucht.

Warnung vnd Bericht auß Gött=
licher Schrifft:
Hurer vnd Ehebrecher wirdt Gott richten/
Hebreo. 13.

Gestellt vnd zusamen gezogen/
durch
Andreas Hoppenrod.

Mit einer Vorrede M. Cyriaci Spangenbergs.

Getruckt zu Franckfurt am Mayn/1565.

Behörden gehorsamst schärfere Töne anzuschlagen sich bemühten, half das doch so viel wie nichts. Bald darauf ergeht denn aufs neue ein herzoglicher Erlaß, in dem es heißt:

„Da befinden wir aber, ist uns auch selbst, als wir jüngst mit den hochgeborenen Fürsten unseren freundlichen lieben Vettern Herzog Ludwig Pfalzgrafen und Landgrafen Wilhelm zu Hessen zu Tübingen gewesen, mit der Tat begegnet, daß dermaßen durch die ganze Nacht ein Mordgeschrei, Toben und Wüten auf den Gassen fast durch die ganze Stadt gewesen, daß wir selbst keinen ruhigen Schlaf haben, viel weniger in der Nacht und unserem Schlosse wissen mögen, was für Brand und Mörderei in unserer Stadt durch solch leichtfertige gottlose Leute angerichtet worden"[116]). In demselben Jahre erklärten mehrere Bürger dem Rektor, sie seien in ihren Häusern vor den Studenten nicht sicher. „Es werde nicht gut tun, bis sie derselben einen einmal zu tode schlügen".

Im Jahre 1577 beschwerte sich der Untervogt von Tübingen beim Senat, daß das Verhalten der Studenten bei Nacht so ungebührlich sei, daß sich kein Bürger mehr zum Wächter wolle bestellen lassen und zu besorgen sei, daß wo man nicht bei Zeiten dies abstelle, ein arger Jammer und Not daraus hervorgehe: „In Summa, sei ein gottloses Wesen wie in Sodom und Gomorrha!"

Da besorgte der Herzog einmal wegen der „strafmäßigen Handlungen und Widersetzlichkeit" der Studenten „einen gemeinen Aufstand", d. h. allgemeinen Aufstand der Bürgerschaft.

Über diese strafmäßigen Handlungen und Widersetzlichkeiten während des sechzehnten Jahrhunderts trug der Tübinger Professor der Staatswissenschaften, Dr. Robert von Mohl (1799—1874) alles ihm erreichbare in einem Büchlein zusammen: „Sitten und Betragen der Tübinger Studirenden während des 16ten Jahrhunderts", das hier schon wiederholt als Hauptquelle angeführt werden mußte. Da das Buch bereits selten geworden ist, seien aus ihm einige besonders krasse und bezeichnende Fälle wiedergegeben, die Mohl den Senats-Protokollen beziehungsweise dem Privilegien- und Statutenbuch der Universität entnommen hat.

Die nun folgenden Angaben sprechen an sich eine zu deutliche Sprache, um Kommentare zu bedürfen. Am 7. Dezember 1532 störten Vitus Lung und Genossen eine Weingärtners Hochzeit, woraus großes Lärmen und ein Gefecht auf dem Spitalkirchhof entstand. Eine Woche später wurden sie ‚uti jus' gestraft. Am 4. Juli 1557 beschließt der Senat, Jörg von Hanau auf 8 und M. Kalt auf 10 Tage bei Wasser und Brod ins Karzer zu legen, weil „sie wöllen einander die Finger abschneiten und darumb spielen“. Sonnabend nach St. Sebastian 1564 senden die Nonnen von Silchen eine Bittschrift an den Senat, in der sie bitten, sie gegen die häufigen und zudringlichen Besuche der Studenten zu schützen, andernfalls sie sich an den Herzog wenden würden. Am 20. Februar 1576 werden die Studenten Varnbühler, Essig, Bromberg u. s. w. wegen wiederholter bewaffneter Angriffe auf die Scharwache mit Karzerstrafen belegt. Am 10. Oktober 1576 verwundete der Student von Thalheimer einen Hafnergesellen durch Degenschläge über Kopf und Hand tötlich.

Der Senatsbeschluß vom 21. Januar 1577 beschäftigt sich damit, daß Ursula, des L. Peuckers Hure seit gestern wieder angekommen, „und zu besorgen sey, daß sie wieder practicire“. Beschluß: sie alsbald auszuschaffen, ihn aber vor den Senat zu rufen und sich Handtreue geben zu lassen, daß er der Person müßig gehen wolle. In der letzten Januarnacht wird ein Student, der in ein Wirtshaus einbrechen will, in der Notwehr von dem Wächter tötlich verwundet. Die Klagen über den Nachtlärm und allerlei nächtlichen Händeln nehmen kein Ende. (Nos. 115. 117. 119. 123. 124. 125. 138. 143. 157. 158. 161. 163 u. s. w.).

Am 20. April 1581 wird beschlossen, den M. Hofmann, der einen andern Studenten auf den Tod verwundet, in den Karzer zu legen und weitere Untersuchung anzustellen. Am 28. Februar 1583 entstand aus nichtigen Ursachen ein Studentenaufruhr, bei dem es beinahe zu großem Blutvergießen gekommen wäre. Er wurde durch eine fürstliche Kommission geschlichtet und endete mit der Relegation von einigen Studenten. Am 3. April war in der Nacht „eine gräuliche Unfuhr“, ferner während der Abendkirche „ein beständiges Schießen“. Endlich wurde ein Student von einem andern schwer verwundet. Am 21. Mai wird auf Senatsbeschluß der Sachse Reinhardt, ein unverbesserlicher Raufbold, mit einem Viaticum von 6 Talern nach Hause geschickt. Am 28. Februar 1586 wird dem Senat angezeigt, daß der Student Hügel einen andern Studenten so gestochen, daß die Gedärm bis auf den Boden gehangen. Beschluß: den Hügel in den Karzer zu legen. — Der Verwundete genas, und Hügel kam mit der Karzerstrafe durch. Am 5. August wird ein Protokoll aufgenommen über eine große Schlägerei zwischen Studierenden und Bürgern. Sie entstand dadurch, daß etliche „edelleut“ die Scharwache beleidigten, wohl angriffen, diese aber Mordio rief. Am 6. Juli 1589 wird ein Student verhaftet, der einen Stipendiaten hart verwundet hatte.

Ein studentischer Raufbold hat einen Bürger von Reutlingen und einen
von Tübingen verwundet. Er wird durch Senatsbeschluß vom 26. November 1590 zu Bezahlung der Kurkosten, zu Schmerzensgeld und zur Relegation verurteilt. Er wurde durch den Pedellen und den Stadtknecht zum
Tor hinausgeführt und mit einem Zehrgeld von 8 Gulden davongejagt.
Zwei Studenten, so eine schwangere Frau geschlagen und getreten,
werden in den Karzer gelegt, unbeschadet der Zivilklage. Am 7. Mai 1591
kommt der Mediziner Calixtus auf 8 Tage in den Karzer und hat noch
4 Gulden zu zahlen, weil er den jungen v. Senfft auf der Gasse dreimal zu
Boden geschlagen und mit einem Stein verwundet hatte. Am 19. Mai 1592
wird ein Stipendiat wegen Unzucht in den Karzer gebracht. Leider läßt
sich aus dieser trockenen Angabe nicht ersehn, worum es sich in diesem
Falle eigentlich gehandelt hat. Am 25. Juni wurden nachts unter großem
Tumult neun Blöcke in den Brunnen am Markt geworfen.

Im November 1593 beschließt der Senat, den Studenten das Wildern zu
untersagen. „Beschluß vom 18. Dec. (1595), den Studenten Notnagel und
noch einen andern, welche Sonntags, als man aus der Predigt gehen wollen,
gotteslästerlich geflucht, und sich ungebührlich verhalten haben, 8 Tage
ins Karcer zu legen, und sie dann vor den Senat zu fordern zu einem Ver-
weise und zur Androhung der Exclusion". Am 9. Juni des kommenden
Jahres steht dieser Notnagel wieder vor dem Senat, der „ihm erklärt, daß
er incorrigibilis. Er habe auf dem Tanzhause Händel angefangen, daß man
ihn die Treppe hinab geworfen; ferner habe er hinterrücks nach einem
Studenten mit der bloßen Wehr gehauen, so daß er ihm, wäre nicht ein
anderer in den Streich gefallen, den Kopf abgeschlagen hätte; endlich
habe er so grausam Gott gelästert, daß man wohl befugt wäre, ihn peinlich
anzuklagen, habe namentlich einen ungewöhnlich bösen Fluch gethan:
Stern-Sakrament; in favorem patris sui wolle man ihn aber nur nach
Hause schicken". Notnagel las eine lateinische Entschuldigungsrede ab
und bat unter Tränen um Verzeihung.

Selbst den leibhaften Gottseibeiuns ließen geldgierige Studiosi nicht unge-
schoren. Ein armer Teufel namens Leipziger hatte an 200 fl. Schulden —
„namentlich setzte ihm der Messerschmid wegen 3½ fl." zu — deshalb
habe er sich dem Teufel verschreiben wollen. Aber nur für zwei Jahre.
Wäre er in dieser Zeit gestorben, „hätte er vorher ihm abgesagt und ihm
erklärt, er habe einen andern Helfer: Jesum!" Beschluß: ihn bis zum Christ-
tage — vom 11. Dezember an — im Karzer zu lassen, dann ein halbes

Jahr Hausarrest „außer um in alle Kirchen und in die Lektionen zu gehn“.
Aber der Teufelsbündler geht schon am 8. Januar des nächsten Jahres zu
der lohnenderen Beschäftigung über, in Wirtshäusern drei silberne Becher
und 3 Löffeln zu stehlen. Am 19. Februar 1597 wird dem Senat angezeigt,
Mag. Rambacher habe einen Famulus in Holzgerlingen schwer verwundet
und sei nach Reutlingen geflüchtet. Am 13. Mai 1598 wird eine Untersuchung von dem Senat darüber angestellt, daß die Inkarzerierten bei Nacht
aus dem Karzer gebrochen, in der Stadt mit großem Lärmen herumgezogen
seien und Dr. Varnbülern die Fenster eingeworfen haben. Es ergibt sich bei
der Untersuchung, daß ein inkarzerierter Student namens Traw einen
Messerschmied hatte holen lassen, der dann mit Nachschlüsseln den Karzer
öffnete, daß aber Traw während dieser Zeit in des Messerschmieds Haus
geschlichen, um dessen Frau zu notzüchten. Traw wurde sogleich wieder
in den Karzer geführt.

Erst Monate später ereilt diesen sauberen Burschen die Relegation, ,weil er
einer Magd einen Brief geschrieben, um sie zu verführen‘.

Leider fehlen solch ausführliche und zusammenhängende Auszüge aus den
Akten anderer Universitäten, doch das Eine ist sicher: Wie hier, überall
dasselbe Lied des bis zur Roheit gesteigerten Mutwillens und Übermuts.
Als Beispiele dessen, was die akademische Jungend unmittelbar nach dem
Dreißigjährigen Krieg unter akademischer Freiheit und Burschenleben verstand, einige Auszüge aus Helmstedter Protokollen, die sich den Tübingern
ebenbürtig anreihen: Da heißt es von 1650: Schlägerei zwischen zwei Studenten, von denen der erste den anderen lebensgefährlich verwundet. —
Ein gelehrter Gesell wird ohne Ursache erstochen. Straßentumult und Fen-
stereinwerfen. — Neun Studiosi haben unter sich ein Kränzchen gehabt,
wöchentlich zweimal bei sich herum zu schmausen. Des nachts haben sie
Tumult gemacht, die Nachtwächter angegriffen, sich bis aufs Hemd aus-
gezogen und schändliche Lieder gesungen. Ein Student fällt die Frau
Appuhn auf der Straße an, verwundet sie zweimal am Kopf. — Einem
Studenten werden vierzehn Wunden beigebracht, „worunter eine Haupt-
wunde“. —

Von 1659: Ein Student im Duell getötet. — Ein Student reist nach Braunschweig, um einem Prokurator in Wolfenbüttel zu Leibe zu gehn und verwundet ihn. — Nächtlicher Einbruch in eine Studentenbude, wo Beklagter
alles zerschlagen, die juniores stricto gladio aufgesucht; darauf Verhöhnung
des akademischen Verhaftsbefehls. Er erscheint improbe et proterve mit dem

Degen vor dem Prorektor, prügelt seine Wirtin, der er viel schuldet, jagt sie mit dem Degen aus dem Hause und entflieht. — Mehrere Relegationen wegen Hurerei —.

Aus den Marburger Annalen sind folgende Angaben: Ein Student wird 1598 wegen fortgesetzter scortatio zu 10 fl. verurteilt. — Ein Holsteiner wird wegen auf offener Straße „ausgeübter tötlicher Verwundung", ein zweiter verurteilt, weil er auf Zitation des Senates nicht erschienen. — Ein Student hat — alles 1598 — die Frau eines Nachtwächters im Magistratshaus im Gesicht so blutig geschlagen, daß sie wie tot zu Boden gefallen. — Ein Friese relegiert wegen vieler Gesetzübertretungen. — Ein Paderborner, weil er die Dienstmagd seines Wirtes geschwängert. — Ein anderer Paderborner gesteht dasselbe, ohne sich zu entschuldigen. Da er sich den Karzer verbittet, wird er mit 30 fl. gestraft. — Anno 1600: Ein Holsteiner hat einen Studenten verwundet. — Ein Student wird wegen nächtlichen Schwärmens, wegen Wahrsagerei und Lügens bestraft. — Einer wird tötlich verwundet und stirbt in Folge einer Schlägerei zwischen Studenten und Nachtwächtern. — Ein Student aus der Wetterau hat eine Magd geschwängert. Da er die Geldbuße nicht erlegen kann, erhält er eine vierwöchentliche Karzerstrafe. — Von 1601: Wegen Hurerei wird einer zu 30 fl. verurteilt. Da er sich aber auch nachher nicht bessert, erfolgt die Relegation auf zwei Jahre.

„Studiosi wollten auch ihre oblectamenta haben!" heißt es in einer Verteidigungsschrift eines Tübinger Präzeptors, der in einer Mädchenkammer erwischt worden war.

In Jena gab es dauernden Zank mit den Bürgern. Einmal gerieten die Studenten mit den Bäckern derart zusammen, daß der Rektor, der den Streit schlichten wollte, verwundet wurde. Dann bekriegten sie sich mit den Böttchergesellen, als diese ihren Innungsaufzug hielten. Sie wollten die alte Sitte der Schwerttänze den Handwerkern nicht erlauben. Frech und unwillkommen drängten sie sich bei den Hochzeiten ein, die auf dem Rathaus gefeiert wurden, dann suchten sie den Stadtsöhnen ihre Mädchen abspenstig zu machen [117]).

Das Studium war Nebensache. Als Zweck des Aufenthalts galt Skandalieren, Trinken, Spielen, Bürgermädchen verführen, „auf die bürgerlichen Bestien auf Jagd auszuziehn und sie zu hetzen und zu plagen", wie eine adelige Societas venatoria in Helmstedt als Zweck ihrer Verbindung ankündigte [118]). Vom Studentenfleiß sagt Geiler von Kaisersberg: „Die Studenten üben sich nach dem Mittagsmahl in solchen ehrlichen Künsten, in dem Ballenschlagen.

4

Fechten, Tanzen, Springen, und wird etwan unter hundert nicht einer funden, der in die Lektion ging"[119]).

Da heißt es ganz unverblümt: „die lectiones werden nicht fleißig besucht.
Mancher ist, der sagt, er wäre nicht Studierens halber in Jena"[120]).

„Es meinen oft die armen Eltern, ihre Söhne täten auf Universitäten
anders nichts als studieren, aber die meisten werden meisterhaft um ihr
Geld, das sie oft mit großer Mühe erscharrt, oder bei harter Arbeit, Hunger
und Unlust erspart, von den Kindern auf Universitäten betrogen. Denn die
wenigsten Studenten legen sich auf rechtschaffene Studia, sondern, sobald
sie aus den Schulen in die freie akademische Luft kommen, stinken sie
alsbald von lauter großer Einbildung, und mag wohl kein hoffärtiger Tier
gefunden werden als ein angehender Student. Da kommen die, so etwa
ein halbes oder ganzes Jahr vorher Akademici gewesen, und machen
Freundschaft mit diesen Neulingen, welches denselben wohl gefällt, daß
sie alles auf Schmausen spendieren, was ihnen die Eltern etwa zu Kleidern
oder Kollegien gesandt haben. Sie halten sich für sehr gelehrt, weil sie
etwa in den Fallaciis Syllogismorum ein wenig belaufen sind, oder eine
Chreiam oder kleine Oratiunculam, oder ein Carmen in diesem oder jenem
Genre machen können. Da legen sie alsbald prächtige Kleider zu, damit
man sie nicht mehr kenne. Die meisten werden des Debouchierens bei
sotaner Gelegenheit dergestalt gewohnt, daß sie es sich hernach nicht
wieder abgewöhnen können. Wenn dann diese aberwitzigen Burschen zu
den Ihrigen kommen und von akademischen Sachen viel Prahlens machen,
meinen ihre Eltern (von den Einfältigen rede ich, die selber nicht studiert
haben) was für wunderwackere Söhne sie erzogen haben. Andere Studenten
legen sich auf den Degen und schlagen sich alle Tage herum, daß die
Hunde das Blut lecken möchten.

Noch andere gehen aufs Courtesieren und verführen manche ehrliche Frau
und züchtige Tochter, wiewohl daneben nicht zu leugnen, daß auch viel
wackere Studenten von dem akademischen Frauenzimmer zur Unkeusch-
heit verleitet werden. Andere gehen in ihren Pracht- und Stutzkleidern
auf den Gassen stets spazieren, und diese können weder trinken noch einen
blanken Degen sehen, die Studia sind ihnen zu schwer, und zum Courtesieren sind sie auch nicht kapabel. Etliche wenige legen sich auf die
Studia aus allen Kräften, und diese sind insgemein armer Leute Kinder,
die wohl wissen, daß ihre Erbschaft wenig zu bedeuten, und daß sie sich
durch ihren Fleiß hinaufarbeiten müssen. Aus solchen werden hernach die

besten Leute, deren man in Regimentssachen nicht entbehren kann, sondern man muß sie Heroum filiis oxis vorziehen. Daher hört man, daß jetzt die Geschlechter der Schützen, Schulzen, Müllern, der Fabricii, Fabri, Sartorii, Vietorn, Piscatorn, Meyern, Bauern, Krügern, Steindeckern, Färbern, Webern usw. vor andern in hoher Achtung stehen, die doch meist entweder von einem Wildschützen oder von einem Dorfschützen oder von einem Müller, oder von einem Schmiede, Küfer, Fischer usw. entsprossen sind, und hernach ihren Namen behalten oder ein wenig mit Latein kandisiert haben"[121]).

In Wittenberg legt um die Mitte des 17. Jahrhunderts ein Student ein Selbstbekenntnis ab, das aber etwas frisiert erscheint, und dessen Zerknirschung eines kleinen Beigeschmacks von Heuchelei nicht entbehrt.

„Ich verbrachte meine Zeit" stöhnte der Sünder, „nach gewöhnlicher Pennalweise, ohne Gott, ohne Gebet in lauter wüstem heidnischem Geschrei. Zwar, was sag ich heidnisch? Wo ist bei den Heiden ein solch verteufelt Leben jemals geführt worden? Fressen, saufen, gassaten gehen, sich mit den Steinen balgen, Fenster einwerfen, Häuser stürmen, ehrliche Leute durchhecheln, neue Ankömmlinge vexieren, beschmausen und recht räuberischer Weise ihrer armen Eltern Schweiß und Blut helfen durch die Gurgel jagen, das war meine tägliche Arbeit; um das Studieren bekümmerte ich mich nicht, ich hatte genug andere Possen zu tun. Daneben aber wurde des Buhlens keineswegs vergessen, denn weil die Pennäle unverschämt waren und keine großen Komplimente gebrauchten, sondern fein gleich zugingen, waren sie bei den leichtfertigen Weibspersonen desto angenehmer und hatten viel freieren Zutritt und Paß bei ihnen als andere".

Das ist ganz der Ton, den junge Bettschwestern anschlugen, wenn sie alte Betschwestern geworden waren, und seufzten: Schön wars doch!

Die auf die Studenten angewiesene Bürgerschaft drückte bei allen Ausschreitungen, besonders in Jena, beide Augen zu. Deshalb ist es auch hier niemals so weit gekommen wie z. B. 1506 in Erfurt, wo Bürger und Stadtsöldner mit Kanonen gegen das Kollegiengebäude anrückten, dessen Insassen vertrieben und ihre Wut an der unersetzlich kostbaren Bibliothek ausließen, die sie zerstörten. Hessus hat darüber das Carmen „De pungna studentum Ephordiensium cum quibus dam coniuratis nebulonibus" gedichtet, dessen Titelholzschnitt den erbitterten Kampf der Studenten und Bürger zeigt. Pallas Athene sieht ihm vom Brunnen herab mit gemischten Gefühlen zu.

In Dillingen kamen so viele Totschläge vor, daß man das Degentragen untersagte [122]).

Der Degen saß bei den Studenten immer schon sehr lose in der Scheide, ganz gleich, ob es gegen Philister, Gnoten oder gegen Seinesgleichen ging. Die meisten Prügeleien bei den Saufgelagen endeten denn auch in Messer-stechereien oder Kämpfen mit Schwert oder Degen, bis auch hier feste Regeln Platz griffen und sich aus den wilden Raufereien die Paukereien, das Duell, entwickelte.

Französische Adelige, die sich in Freiburg aufhielten, brachten das Duell-wesen ,in Schwung'. Blutige Raufereien zwischen Franzosen und Deutschen gehörten seit den letzten Jahrzehnten des 16. Jahrhunderts zu den gewöhn-lichsten Ereignissen. Am 1. März 1593 fielen 15 Franzosen über einen wehrlosen Deutschen her, den sie tötlich verwundeten. Wenn auch die Franzosen das Duellieren in Schwung brachten, so ist damit keineswegs gesagt, daß sie es aufbrachten. Es erstand beinahe mit den Universitäten selbst, jedenfalls aber seit der Zeit, wo das Waffentragen, sei es offen oder versteckt, allgemein wurde.

In Deutschland werden im 15. und noch mehr im 16. Jahrhundert die Fechtübungen volkstümlich. Landgraf Ludwig von Hessen berief 1602 einen italienischen Fechtmeister mit einem Gehalt von 500 Talern an die Universität Gießen. Fechtmeister mit kaiserlichen Privilegien lassen sich auch anderwärts in größeren Städten nieder, und Bürgersöhne und Hand-werksgesellen nehmen bei ihnen Unterricht. Vielfach wohl nur aus sport-licher Neigung. Aber in einer rauf- und reiselustigen Zeit war es gut, mit Waffen umgehn zu können. Fechtgesellschaften bildeten sich, wie heute Sportvereine, und öffentliche Wettfechten, sogenannte „Fechtschulen", finden statt. Nun hatte es aber stets Zusammenstöße zwischen Scholaren und anderen Schichten gegeben, besonders natürlich mit jungem Volk, wie den Handwerksgesellen, und die Studenten fühlten sich schon um deswillen genötigt, nicht in ihrer körperlichen Ausbildung hinter diesen zurückzu-bleiben, und das wirkte um so mehr, als der Zug der Zeit auf Verbürger-lichung des Scholarentums geht. Kurz, die Scholaren erstreiten sich das Recht der Waffenführung. Da die Studenten Waffen trugen, wollten sie sie auch benutzen, und wo sich nur eine Gelegenheit bot, flogen sie aus der Scheide. Tholuk erwähnt ein Duellmandat schon von 1409, doch wird es sich dabei wohl nur um an sich harmlose Paukereien, sogenannte Rencontres gehandelt haben, die ohne weitere Zeremonien ausgefochten wurden. Allerdings kamen häufig Totschläge durch Waffen vor, selbst Meuchelmorde werden verzeichnet. In Folge der vielen Mordanschläge, die niemals ernstlich bestraft wurden, geriet z. B. die Freiburger Universität allmählich in Verruf. Geregelte Zweikämpfe kommen im sechzehnten Jahrhundert auf, wie die Verbote ausweisen. Der Stoßkomment wird um 1620 in Jena durch den Fechtmeister Wilhelm Kreußler (1597—1673) statt des bis dahin allgemeinen gebräuchlichen Hiebes eingeführt. Der Arm durfte dabei nicht gebogen, sondern mußte gestreckt gehalten werden.

Von Jena aus hat sich der Stoß bald über die anderen Hochschulen verbreitet, bis er im 18. Jahrhundert auf den meisten, in Jena, Erlangen, Würzburg und München erst gegen die Mitte des 19. wieder vom Hieb verdrängt wurde.

Zu allen Zeiten hat es an leidenschaftlichen Anklagen gegen das Studentenduell nicht gefehlt. Wenn man die Duellverordnungen durchgeht, so müßte man glauben, daß es den Behörden darum zu tun gewesen sei, die Zweikämpfe mit Stumpf und Stiel auszurotten. Man drohte den Kämpfern und ihren Helfern mit jahrelangem Zuchthaus, sogar mit Todesstrafen, den Gefallenen mit entehrendem Begräbnis, verhängt aber nichts weiter als Karzer, Geldbußen, in besonders schweren Fällen Relegation.

So wurde in Tübingen 1654 das Duell bei schwerer Strafe verboten, doch erst drei Jahre später entschloß man sich zu der ersten größeren Untersuchung in einer Duellsache, und schließlich bekamen die Duellanten acht Tage Karzer, dann noch 12 Taler Geldstrafe. Die Sekundanten hatten 6 Taler zu erlegen. Damit war der Fall erledigt.

Auch auf den katholischen Universitäten in Österreich und Böhmen machte sich Unordnung breit, die der auf den protestantischen Hochschulen im Reiche nichts nachgab.

Von den Wiener Studenten in der ersten Hälfte des fünfzehnten Jahrhunderts sagt Äneas Sylvius Piccolomini (1405—1464), damals Hofkanzler des Kaisers Ferdinand IV., später Papst Pius II.: „sie legen sich insgemein auf die Wollust und sind dem Fraß und der Völlerei sehr ergeben. Sie sind in keiner Ordnung zu halten, vagieren Tag und Nacht umher und trieben viel Unfug. Dazu wendete die freie Lebensart der Weiber ihren Geist von ernsthaften Dingen ab. Daher geschieht es, daß wenige Gelehrte in dieser Schule gezogen werden" [123]).

In einer Denkschrift von 1591 über die Wiener Universität erzählt ihr Kanzler, Bischof Melchior Khlesel, er sei selbst Zeuge gewesen, wie ein Professor der Medizin die These vorgetragen habe, es sei unmöglich, Keuschheit zu bewahren.

In der zweiten Hälfte des 15. Jahrhunderts waren in Wien die Studentenraufereien mit Bürgern oder Handwerkern, namentlich Gesellen, an der Tagesordnung[124]).

In Prag herrschten die Völlerei und ihre Schwester, die niedrigste Sinnlichkeit, unter den Studenten, so daß man das Kontubernium wegen der dort heimischen Trunksucht mehr „ein Konbibernium" nennen möchte. Die Prager studierende Jugend war leidenschaftlich für Hieronymus von Prag. Die Studenten unterstützten ihn in dem skandalösen Verfahren, das er mit der Kreuzbulle des Papstes Johann XXIII. vornahm, „als er sie an den entblößten Brüsten zweier liederlicher Dirnen aufgehängt im lärmenden Aufzug auf dem Schinderkarren zum Scheiterhaufen führen ließ" [125]).

Von Ingolstadt heißt es schon 1488, „die Kinder viel frommer Leute" würden „versäumt" und „verlassen an Zucht und Uebung zu guten Sitten, Lernung und anderen Sachen" und sie „kämen in große Gefährlichkeit".

„Die Universitäts-Akten von Ingolstadt berühren, wie anderwärts, meist nur die Schattenseiten des Studentenlebens, Skandale und Tumulte, Exzesse und Verbrechen, Verbal- und Realinjurien, Schuldklagen, Wirthshaus- und Bordellgeschichten, Raufereien, Schlägereien, nächtliche Ruhestörungen durch Schreien und Brüllen (8 „Zirker und Wachter" besorgten die „Befridung bei tag und nacht", die „Wachthut"), weshalb wiederholt gegenseitiges Zutrinken, nächtliches Herumschwärmen und Musizieren, Karten- und Würfelspiel, Waffentragen, Maskieren und Mummerei jeder Art, das Ausgehen nach dem Abendläuten auf die Straße mit Wehre oder ohne Licht, das Aussteigen, das Uebernachten außerhalb der Bursen verboten wurde. Auch die Kleiderordnung ward streng überwacht und im Sommer 1517 ein Student gestraft, weil er öffentlich — einen Strohhut (pileum stramineum) getragen".

Im Jahre 1514 standen einmal wegen des Überfalls eines Studenten auf einen Weinwirt eine Nacht hindurch die Bürger unter den Waffen.

Sogar unter der Jesuitenherrschaft, die für unnachsichtlich streng galt, fehlte es in Ingolstadt nicht an Ausschreitungen aller Art. Durch Zuchtlosigkeit zeichnete sich besonders das Collegium Georgianum aus, das allerdings nicht den Jesuiten unterstellt war. Da wird 1587 verordnet, daß Weibspersonen in Zukunft dieses Kollegium nicht mehr betreten dürfen, da Küchen und Küchenstuben zu Stelldicheinen benutzt würden. Alle Trinkgelage bei Tag oder Nacht seien zu unterlassen, und die Trunkenheit müsse bestraft werden. Im Jahre 1595 machte eine Verbindung, „Zum Brand" genannt, dadurch von sich reden, daß deren zehn Mitglieder eines Abends 126, ein anderesmal 135 Maß Wein vertilgten, hernach auf den Straßen derartigen Unfug verübten, daß die Nachtwächter den Dienst aufkündigten.

„In kurzer Zeit", sagt 1660 der Regensburger Rektor Raihing, „gehen — auf den Hochschulen — die besten Ingenien zu Grunde, und die wir mit großer Hoffnung ausgeschickt, kommen an Leib und Seele verdorben wieder zurück" [126]).

Und die Nürnberger konnten auf eine Einladung den Tübingern antworten: sie würden gern ihre Kinder in Tübingen studieren lassen, aber durch die an der dortigen Universität herrschenden Sittenlosigkeit sähen sie sich daran verhindert [127]).

Aber die Nürnberger hatten wenig Ursache, sich auf die Wohlerzogenheit ihrer Stadtjugend etwas einzubilden. In einer Verordnung von 1588 wurde den dortigen Schülern, „sonderlich das Zukhen (?, wohl Zücken), Raufen, Werfen, sowohl auch Dolche, Kugeln und andere Waffen bei ernstlicher Strafe verboten". „Insondernheit sollten die Pauperes, so das wöchentliche Schulalmosen genießen, alle Wirtshäuser und Schlupfekhen" meiden, sich aller Unzucht, Spielens, leichtfertiger Kleidung und anderer Ungebühr enthalten [128]).

Es war nur ein Windstoß, der sich, ohne Schaden anzurichten, bald wieder legte, wenn sich einmal eine Universitätsbehörde dazu aufraffte, schärfere Töne anzuschlagen. So wenn Tübingen und Jena [129]) das „Verdrehen" und „Abstoßen" beim Tanz, d. h. Umwerfen und Entblößen der Tänzerin, untersagten, oder Tübingen 1589 den Umgang mit verdächtigen Frauenzimmer und die Verführung von Bürgertöchtern verbot. Was diese letztgenannte naive Verfügung geholfen hat, dafür liefern die Geburtsregister aus jenem Zeitabschnitt viele und unwiderlegliche Beweise [130]).

Wenn auch nicht grade typisch, so doch sehr bemerkenswert ist das weinerliche Bekenntnis von Herrmann von Weinsberg, wie er als Student von Kommilitonen der Kölner Hochschule „eirstlich verfort (erstlich verführt) worden" und er seine „jonferschaft mit einer, genant Trein Hoestirne verloren" hat, da er „hart bei 20 jar alt war" [131]).

Diese kurze Bemerkung des jungen Kölner Patriziersohnes wirft ein grelles Licht auf das Kupplerinnen- und Dirnenwesen der Rheinmetropole, wo es nicht weniger heimisch war als in den anderen deutschen Universitätsstädten.

Vorausgeschickt sei, daß man in dieser Hinsicht überraschend tolerant war. Das Bordell galt das Mittelalter hindurch für eine unentbehrliche Anstalt,

deren gelegentlicher Besuch, ‚wenn ein Bedürfnis vorlag‘, einfach selbstverständlich war. Wird doch sogar in einem Katechismus von 1494 ausdrücklich gestattet: „die öffentlichen Frauenhäuser und Bordelle [sind] für
die ledigen Gesellen, die keine Weiber haben und nicht zur Keuschheit
verbunden sind“ [132]).

In allen Hochschulstädten hatte von alters her die Prostitution den richtigen
Nährboden gefunden, und ihre Hauptkunden stellten die „Zölibatäre“, die
halb oder ganz geistlichen Studenten. Ihre Anzahl war nicht gering, wenn
auch die Phantasie bei den Zahlen der alten Autoren, die für Prag im
Jahre 1350 30000 Hörer und 7000 für Wien angaben, die Statistik ersetzt
hat. Der Besuch der Universitäten von 1386—1540 stellt sich tatsächlich
im Durchschnitt wie folgt dar:

1.	Leipzig	504.	7.	Heidelberg	219.
2.	Erfurt	427.	8.	Tübingen	161.
3.	Wittenberg	420.	9.	Frankfurt a/O.	154.
4.	Köln	390.	10.	Marburg	140.
5.	Ingolstadt	296.	11.	Freiburg	137.
6.	Rostock	222.	12.	Greifswald	84 [133]).

Wie in Paris wohnten in Köln die Prostituierten in nächster Nähe der
Bursen. Wiederholt von dort verwiesen, kehrten sie immer wieder dahin
zurück [134]).

Was nützte es da, wenn schon in den Universitätsstatuten von 1392 allen
Magistern und Scholaren das ‚nächtliche Umherschweifen‘, die ‚Unzucht‘,
der häufige Besuch von Schenken „und anderen verbotenen Orten“ bei
Strafe untersagt war [135]).

Wenn sich die Erfurter Studenten gern „bey den zerryssenen frawen: do
di er (Ehre) auff glessern (gläsernen) steltzen gehet“ [136]), aufhielten, trotzdem ihnen der Bordellbesuch wie das Mitnehmen der Dirnen in die
Studentenhäuser verboten war, so machten sie es nicht anders wie ihre
Kollegen in Würzburg, Dillingen, München, Jena, Tübingen, Frankfurt a/O. usw.

In Heidelberg spielte locus publicus, hoc est prostibulum seu lupanar —
domus publica s. suspecta — eine große Rolle in den Verordnungen der
Universitätsbehörden [137]). Hier kostete das Kneipen, oder auch nur das
kurze Verweilen in einem der Freudenhäuser, 1 Gulden Strafe, wenn nicht
der Übeltäter gar als leno publicus behandelt werden mußte, wie es das
Statut von 1442 wollte.

Fahrende Dirne,
die Kumpanin des Fahrenden Schülers

Kupfer von Urs Graf, um 1485—1530

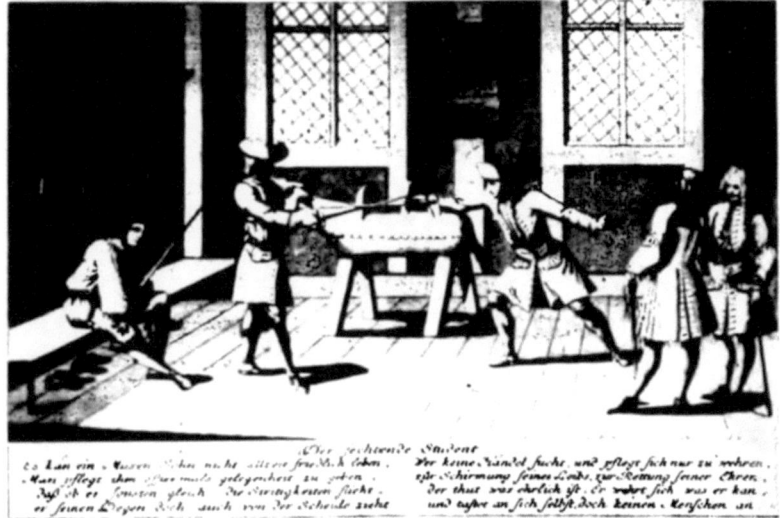

Der fechtende Student

Der raufende Student

Aus Dendrono, Natürl. Abschilderung des akadem. Lebens,
Nurnperg, etwa 1725

Der Fechtmeister

Augsburg 1699

fechten mit dem langen Schwert zu Anfang des 16. Jhdts.

Das Liebesleben des Studenten à la Mode

Nürnberger Bilderbogen

In Leipzig nahmen gleichfalls Studenten Mädchen mit in ihre Bursen, wie in die Bürgerhäuser, in denen sie wohnten. Als der Rat 1495 die dortige Meißner Burse einem neuen Konventor übergab, stellte er ihm die Bedingung, „daß er sie redlichen Magistris und Gesellen vermieten, auch die Bursa redlich halten solle und nicht gestatten, daß man unzüchtige Dirnen aus- und einführe". 1505 wird Hans Franke, „der Vater der Dirnen, die mit den Studenten hat zu tun gehabt", aufgefordert, binnen vierzehn Tagen mit seiner Tochter die Stadt zu räumen.

Besonders schlimm geht es im Fürstenkollegium zu: „Es ist ein Collegium zu Leipzig, genannt das Fürstencollegium. Es soll das Bubencollegium genannt werden; was da an Unzucht offenbarlich geschehen ist und noch geschieht, das ist Gott bekannt. Es werden nicht allein dadurch verführt die Studenten, sondern auch viel Magistri, so sie solch Unfuge sehen von den Collegiaten, so tun sies auch; wann der Abt Würfel auflegt, so spielen die Mönch". Es war auch in andern Kollegienhäusern nicht viel besser als im Fürstenkollegium. Namentlich um die Weihnachtszeit ging es toll her. Im Jahre 1518 wird einer vom Rate bestraft, weil er „eine Hure oder Spezial in seinem Hause geherberget, die in der Christnacht auf unser lieben Frauen Collegio gewest", und 1520 wird eine „Beischläferin" bestraft, die „an der Christnacht auf unser lieben Frauen Collegio ergriffen worden"[138]).

Von dem Grimm der Reformatoren über die Unzucht in Wittenberg ist schon gesprochen worden. Von dieser Universitätsstadt ging dann später ein Spruch durch alle deutschen Landen:

> Geht man zu Wittenberg durchs Tor,
> Begegnet einem ein Schwein, Student oder Hur[139])!

Wie es in der zweiten Hälfte des achtzehnten Jahrhunderts in Gießen zuging, erzählen Laukhards „Leben und Schicksale"[140]).

Laukhard meldet:

„Nur wenige Studenten in Gießen machen Knöpfe (d. h. scherwenzeln um Frauen herum), das wird überhaupt für petitmätrisch und unburschikos gehalten. Vielmehr gibt es oder gab es doch zu meiner Zeit einige, die das gute Frauenzimmer bei jeder Gelegenheit prostituierten. So zogen sie z. B. auf dem Walle, wenn sie spazieren gingen, hinter ihnen her und wiederholten laut ein Kapitel aus der Zotologie. Herr Handwerk, Oekonom der Universität, hatte eine ganz hübsche Tochter, Minchen, welche was ehrliches geneckt wurde. Die Studenten kamen des Abends vor ihr Haus und schrien:

„Minche, as de ham giehst, as de die Schwerenuth kriest!" Mit diesen Worten hatte sie ihr Vater einmal nach Hause geholt.

Noch eins! Die Tochter des Regierungsrates Reuß hatte sich mit einem Musensohn zu weit eingelassen. Zum Unglück erfuhren die Studenten, daß die Hebamme zu ihr gerufen sei. Flugs zogen sie vor das Haus und machten eine Katzenmusik, wobei die schändlichsten Lieder gesungen wurden. Der Rat beschwerte sich bei dem Rektor; aber der freute sich selbst über den schnurrigen Einfall seiner Bursche und ließ es gut sein".

„Zu den groben Unanständigkeiten, welche um diese Zeit in Gießen Mode wurden, gehört die Generalstallung und das wüste Gesicht. Jene wurden so veranstaltet, daß zwanzig, dreißig Studenten, nachdem sie in einem Bierhause ihren Bauch weidlich voll Bier geschlagen hatten, sich vor ein vornehmes Haus, worin Frauenzimmer waren, hinstellten und nach ordentlichem Kommando und unter einem Gepfeife wies bei Pferden gebräuchlich ist, sich auch viehmäßig, ich meine ohne alle Rücksicht auf Wohlanstand, erleichterten".

Bei der allgemein grassierenden Unzucht war natürlich ihre Folgeerscheinung, das starke Auftreten von Geschlechtskrankheiten unvermeidlich. Der Mangel jeglicher ärztlichen Kontrolle unter den Priesterinnen der käuflichen Liebe sorgte dafür, daß ein Seuchenherd in kürzester Zeit sein Gift auf einen unübersehbar großen Kreis übertrug.

Ungeheuer war die Zahl der Erkrankungen in den Universitätsstädten. Wie Professor Heyder 1626 sagte, ging der Student von der Hochschule „fast immer allzeit schattengelb, mager, halbäugig, hinkend, zahnlos, mit Narben und Hefften durch und durch zerpflücket". Wenig helfen die ernsten Worte der Geistlichkeit, die den Kreuzzug gegen diese Hölle auf Erden, gegen diesen Sündenpfuhl predigen, nichts die Belehrung der Ärzte, sagt Scheuer [141]. „Der andere Todengräber heist Unzucht und Geilheit", schreibt Dr. Abel, der Studenten Leib-Medicus, „die ist ja ein Feuer in den Beinen. Wie das Feuer am Stroh und Holz / so frist die geile Lust am Coerper / biß sie ihn gantz verzehret". „Man soll der Wollust und Geilheit nicht nach dem Angesicht sondern nach den Füßen sehen / so wird sich finden / daß sie / wie die Gespenste / einen Tollfuß nachschleppe / und einen unglückseligen Ausgang trage / ihre Stirne ist jungfräulich / das Gesäß gleich einem Otter-Schwantz / wer ihre endliche Wirkung betrachtet / der trifft das bewertheste Mittel wider diese Seuche".

Im Jenaer Visitationsbericht von 1669 heißt es: „Das Hurenleben hat bisher in etwas einreißen wollen, sollen auch etliche Studiosi unflätige Krankheiten davon getragen haben. Es mögen solche Dirnen sich in naheliegenden Oertern und Schenken aufhalten. Drei Studiosen seien durch öffentlichen Anschlag wegen Imprägnation zitiert, und darunter befinde sich auch ein ehemaliger Stipendiat"[142]).

Genau 30 Jahre später wird gemeldet: „daß so viele von den Studiosis, auch etliche Studentenjungen, an der gonorrhaea, scabie maligna, auch wohl an bubonibus, bisher laboriert, sei ohne Zweifel von den Huren, dergleichen sie zu Zwethen, Löbstedt, Lichtenhahn aufhielten". Bereits einige Jahre früher hatte derselbe Berichterstatter zu melden gehabt: „Hurenhändel gingen mehr als zuviel vor und wäre höchst zu beklagen, daß es fast öffentlich geschähe, und es für keine Schande und Sünde mehr wolle gehalten werden. Wären Weibspersonen hier, so die Pursche ohne Scheu und am hellen Tag an sich zögen".

Laukhard äußert sich zu diesem Thema:

„Bordelle gibt es in Gießen nicht; aber doch unzüchtige Menscher und folglich auch — wie leider jetzt (letztes Viertel des 18. Jahrhunderts) auf jeder Universität — venerische Krankheiten. Sein irriges Ehrgefühl hält manchen Studenten ab, sich einem geschickten Arzt zu entdecken, und er fällt Pfuschern in die Hände. Sonderbar ist es, daß der größte Teil der infizierten Studenten gerade Theologen, Schullehrer- und Predigersöhne, gewesene Waisenhäusler oder überhaupt solche sein sollen, die man zu Hause oder auf Pädagogien oder anderen eingeschränkten Schulanstalten zur Universität vorbereitet hat. Noch sonderbarer ist es, infizierte Stipendiaten, sobald sie entdeckt werden, des Stipendiums verlustig zu erklären. Zur Scham, sich einem geschickten Arzt anzuvertrauen, kommt hier ja noch Furcht vor Verlust hinzu, und das erschwert die Kur noch mehr. Er mag nun wollen oder nicht, er fällt Pfuschern in die Hände und verpflanzt als Halbgeheilter, über kurz oder lang, sein Gift weiter, ja er bringt es nach Gegenden, wohin es vorhin vielleicht noch nicht bekannt war, und macht auf diese Art seine wirkliche Sünde zur Erbsünde, wider die weder Taufe noch Exorzismus etwas vermögen. Wer kann hier genug warnen! Mehr als hundertmal hab ich es erlebt, daß unwissende Quacksalber oder voreilige Blödlinge aus einem kleinen Übel von der Art ein recht fürchterliches, ja unheilbares gemacht haben".

Einige Seiten später fährt dann Laukhard fort:

„Da in Gießen keine Bordelle sind, und doch die Bursche daselbst den

Stachel der Sinnlichkeit ebensogut fühlen wie an jedem anderen Ort, so ziehen die meisten nach Wetzlar, um das Vergnügen zu genießen, sich mit dem Auswurf des weiblichen Geschlechtes zu unterhalten. Freilich sind außer der Geldzersplitterung, die übrigen Folgen oft sehr traurig, denn die Wetzlarischen Nymphen sind größtenteils französisch und begaben ihre Liebhaber mit einer Galanterie, die alle anderen Vergnügen vergiftet, solange sie dauert.“

Ein italienischer Arzt war auf ein gutes Mittel gekommen, junge Leute vor den Folgen der Unzucht mit Dirnen zu bewahren. Er sandte jenen Leuten, die sich an ihn wandten, ein „Conterfeyt eines wackern schönen Menschen“, „dem die Frantzosen die Nase weggefressen hatten“, damit sie es betrachten, wenn sie „vom Huren-Teuffel angefochten“ würden [143]).

„Wollte GOtt! daß dieses alle Studenten bedächten, so behielte mancher seine Nase und bekäme eher eine angenehme Braut“ [144]).

Von Leipzig erzählt Laukhard: „Die hiesigen Studenten machen Küchenmädchen, Aufwärterinnen und Bürgerdirnen den Hof, und führen sich sogar mit Menschern aus den Parduzlöchern, mit Etceteras auf den Straßen und Promenaden herum. Das sind so die Frauenzimmer, womit unsere Herren Umgang haben“. Zu den Etceteras macht der Verfasser die Fußnote: „So heißen die Huren bei den Leipziger Studenten“ [145]).

Die Bordelle selbst nannten die Studenten „das fünfte Kollegium“ [146]).

Im Hallenser Studentenwörterbuch ist zu lesen: „Königliche Anstalten werden die gemeinnützigen oder vielmehr gemeinschädlichen Institute zur Befriedigung thierischer Wollust genannt. Den Namen königliche führen sie sehr uneigentlich, denn es ist keins dieser schmutzigen Löcher, die eine wahre Satyre auf allen, ich will nicht einmal sagen guten, Geschmack sind, priviligiert“ [147]).

Solche Freudenhäuser befinden sich schon in der Frühzeit der Hochschulen in den Universitätsstätten Dillingen, Frankfurt a./Main und an der Oder, Halle, Jena, Ingolstadt, Köln, Rostock, Straßburg und Wien.

Ein alter Autor hat herausgefunden, daß am Bordellbesuch der Studenten, wie der Jugend überhaupt, allein die Eltern schuld sind: „. . . wenn der Sohn alle Hurhäuser durchläuffet, bey allen bösen Gelagken vnd Burschen ligt, solches wirt jhm gestattet, die Eltern sehen zu, stärcken jn mit Geldt, zehrung vnd verlag darzu, ja vertheidigen jn zum offtermal. Ey er muß ja in seinen jungen jaren auch frölich seyn, kompt er in vnser alter, es wirt jm wol vergehen etc.

Darumb mag es niemand wunder nemmen, daß bey der jungen Welt so viel vnzucht vnd vntugend geschicht, weil es jhnen von den Eltern nicht wirdt gewehret. Aber sie werden einmal the wre Rechenschaft müssen dafür geben"[148]).

Neben den offiziellen Frauenhäusern fehlte es natürlich in den Universitätsstädten auch nicht an Winkelbordellen. Am 8. Juli 1583 befiehlt der Herzog dem Ober- und Untervogt in Tübingen, die Häuser visitieren zu lassen, in denen „ungepürende Däntz und Schlaftrünck" gehalten werden, damit das überhand nehmende Laster der Unzucht wieder ausgerottet werde. Er möge „die Vogel und Nest mit einand ufheben"[149]).

Sollte dies wirklich einmal geschehen sein, was sehr zu bezweifeln ist, so war der Erfolg dieser Maßnahme kein nachhaltiger, denn sechs Jahre später wird wieder eine Razzia auf die verdächtigen Häuser, „so zu Zechen und Hurerey Schlupfwinkel", angeordnet[150]).

Wieder drei Jahre darauf soll auf die „bösen Häuser und Schlupfbiegel", von denen drei namhaft gemacht werden, geachtet werden. In diesen ‚Schlupfbiegel' bargen sich Gelegenheitsdirnen, deren Zahl oft mit der der öffentlichen Weiber im Frauenhaus wetteiferte. In Tübingen scheint 1616 Frau Anagryphius eine großartige Tugendboldin gewesen zu sein und das Geschäft einer Dirne mit dem einer Kupplerin vereint ausgeübt zu haben. Sie beklagt sich, „der Rektor habe gesagt, Georg Blech habe im Hemde mit ihr getanzt. Rektor negiert: er habe nur gesagt, Blech sei im Hemde umhergelaufen, und ihre Tochter dabei gewesen". „Viele junge Leute zechen dort bis 1, 2 Uhr, tanzen und springen. Studenten gestehen, daß sie betrunken in eine Kammer geschafft worden, in der die Töchter und die Magd gelegen. Einer gibt an, die Frau habe von ihrer Magd verlangt, daß sie einen Hofmeister aus dem Kollegium bei ihr schlafen lasse und dafür 7 Dukaten geboten"[151]). Man machte mit solchem Gelichter meist kurzen Prozeß, wenn es anfing, lästig zu werden. „Am 14. September 1589 wird dem Senat gemeldet, daß eine Witwe von einer großen Freundschaft (des Koßen Weiblin) mit Studenten Unzucht treibe. Nach Anhören einiger Zeugen wird beschlossen, sie in ein Stüblein an eine Kettin (Kette) zu legen. Dann wird sie aus der Stadt gejagt"[152]).

In Jena machte die Polizei bis in das achtzehnte Jahrhundert mit auf dem Strich aufgegriffenen Weibern kein Federlesen. Sie wurden in den sogenannten Käsekorb am Johannistor gesteckt, dann körperlich gezüchtigt, und schließlich aus der Stadt gejagt. In die sie sich bei erst bester Gelegenheit wieder einschlichen.

Damit war aber nur der Schauplatz der Unzucht verlegt, nicht aufgehoben.
Da heißt es in einem Studentenliederbuch aus der Mitte des 18. Jahrhunderts:

> Auf Brüder lustig auf! last uns zum Dorffe gehn,
> Der Küzel jucket mich, ich muß es frey gestehen,
> Und wer ein gleiches fiehlt, der gehe meine Bahn,
> Vielleicht treffen wir ein frisches Wildpret an.
> Zu Dorffe ist und bleibt uns rechte Wollust eigen,
> Wann sich nur nach der Wahl des Landes Töchter zeigen,
> Da bringt man weil man lebt, so lanng man lieben kann
> In tausendfacher Lust die sechzehn Groschen an,
> Und hat dazu die Wahl: Charlotte und Lisette,
> Dann Vikchen, Lorigen, Blondine und Brunette,
> Friedrika, Hannigen, dann Carolina auch,
> Die wissen allerseits was auf dem Dorf der Brauch:
> Dorinde, Catharin, die Schönste unter allen,
> Muß nach erhaltnen Wink um sechzehn Groschen fallen [153].

Man hatte auf solche Winkelbordelle schon aus dem Grunde scharf aufzu-
passen, weil in ihnen Glückspiele gespielt werden konnten, was in den Wirtshäusern und den anerkannten Frauenhäusern streng untersagt war [154].
Schon in den ältesten Polizeigesetzen der Heidelberger Universität vom
19. Januar 1387 wird das Würfelspiel, das ludus taxilorum auch piramidum,
sub pena 1 floreni verboten. Dieses Verbot soll alljährlich nach dem Fest
von Christi Geburt in den Schulen verkündet werden, damit sich keiner
per ignoranciam entschuldigen könne. Das mußte immer wieder verboten
werden, denn das Würfeln war 1397 so allgemein geworden, daß man bei
einer Bestrafung nach dem Gesetze eine „turbacio" fürchtete und deshalb
eine allgemeine Amnestie eintreten ließ. Später kam zu den Würfeln noch
„ludus in cartis" hinzu. Dieses wird 1486 zuerst erwähnt [155].
In solcher Nachgiebigkeit, die lieber zur Begnadigung griff, statt bei größeren
Unordnungen fest zuzupacken und ihnen den Garaus zu machen, ehe sie
sich zu Gewohnheiten entwickelten, lag ein Hauptgrund der studentischen
Ungebundenheit. Die akademischen Behörden wachten eifersüchtig über
die Unantastbarkeit ihrer Gerichtsbarkeit. Sie beurteilten die Vergehen
akademischer Bürger sehr häufig derart, daß es schien, als ob sie sich
schützend vor den Übeltäter stellten. Über die Privatinteressen, die hierbei
im Spiele waren, wird noch zu sprechen sein, denn sie bilden ein so schwer-

wiegendes Moment in der Sittengeschichte der deutschen Hochschulen, daß sie ausführlicher behandelt werden müssen. Hier nur so viel, daß sie die Urteile in einer Weise beeinflußten, daß Kurfürst August von Sachsen einmal drohte, die Wittenberger Professoren einen nach den andern „beim Schopfe zu nehmen" und ein Fähnlein Söldner in die Stadt zu legen, wenn die Universität sich nicht zu einer strengeren Auffassung der Vergehn aufraffen würde [156]).

Als Ergänzung zu den bereits mitgeteilten Tübinger Urteilen hier einige weitere Beweise der akademischen Gerechtigkeitspflege von einst.

Das Universitätskonzil von Frankfurt a./Oder verurteilte 1506 den Studenten Clemens Walter aus Hessen, der einem Mädchen Gewalt angetan hatte, zu einem Poenalgulden und einer Entschädigung von fünf Gulden in Teilzahlung an die Geschändete [157]). Die Leipziger Universität antwortete auf eine Klage des Rates, daß Studenten versucht hätten, ein aus dem Kollegienkeller Bier holendes Bürgermädchen gewaltsam in das Kollegienhaus zu entführen und zu mißbrauchen, kühl genug, es sei ihr nicht bewußt, daß die Ausschreitungen, über die der Rat klage, von Studenten begangen worden seien. Wäre dies aber wirklich geschehn, so trage allein der Rat die Schuld daran, da er gestattet habe, Stuben in den Weinkellern einzurichten, „dorynne sich solliche büffen und unczuchtige dyrnen zcu samen fynden" [158]).

In Rostock war die übliche Strafe für sexuelle Ausschreitungen eine Rede Ciceros auswendig zu lernen und vor den versammelten Lehrern aufzusagen. „Empfindlicher, doch noch lange nicht nach Gebühr gestraft wird 1610 ein Nürnberger Student. Er besucht eine pfälzische Kirche und malt priapos hinein, wofür er mit sechs Talern gebüßt wird". Am häufigsten werden Karzerstrafen ausgesprochen. Wenn sie auch in der Regel für den Burschen nichts entehrendes hatten, war doch der Aufenthalt in einem dieser Gefängnisse nicht grade eine Annehmlichkeit zu nennen. Gab es auch Brüder Studio, die aus der Not eine Tugend zu machen wußten, allerlei Schleichwege fanden, sich vergnügte Stunden in den Karzerräumen zu schaffen, so blieb noch immer recht viel Zeit übrig, die sehr langsam verstrich, und die Ungemütlichkeit des Aufenthaltortes drückend zum Bewußtsein brachte. In Heidelberg faulten durch die Feuchtigkeit im Karzer dem Studenten Flaminius, der wegen Schulden und Fluchtverdacht einige Monate sitzen mußte, Kleider und Schuhe vom Körper ab.

Die Universität selbst trug Bedenken, das Lokal zu benutzen, da „wegen

der böszen dünste kainer lang ohne gefherliche krankheitten darinnen
pleiben mag (kann)", und mußte es erfahren, daß sich die Studenten lieber
religieren als einsperren lassen wollten. In dem greulichen Karzer von Altdorf, bezeichnender Weise Hundeloch genannt, schmachteten die Spießgesellen Waldsteins, während er selbst, der adelige Junker, sein Arrest in
seiner Behausung abmachen durfte. Er als Adeliger konnte sich damit
brüsten, daß die Behörden mehr Respekt vor ihm als er vor ihnen hatte.
Der Adel war eben damals und viel später noch auf den deutschen Hochschulen das verhätschelte Kind, dem man alles erlaubte. So war, wie aus
Kindlebens Studenten-Lexikon zu ersehn [159]), noch im ausgehenden
18. Jahrhundert nur den Edelleuten erlaubt, weiße Federn zu tragen,
„doch werden sie auf manchen Universitaeten von bürgerlichen Studenten
getragen" [160]). In Ingolstadt im 17. Jahrhundert schreiben sich „Fürsten,
Grafen und Herren", d. h. also der gesamte Adel das alleinige Recht zu,
Federn auf den Hüten zu tragen. Allerdings war dafür die Trägheit dieser
Herren dort so groß, daß die akademische Behörde die Kollegienhefte zur
Einsichtnahme einforderte [161]). Wie sehr dies zur Entrechtung wie zur
Entsittlichung der anderen Scholaren beitrug, braucht nicht ausgeführt zu
werden. Zu entsittlichen gab es aber leider in den kleineren Universitätsstädten, in denen der Student allein den Lebensunterhalt der Bürger
bestritt und daher völlig souverän war, nur wenig. Man fürchtete ihn,
haßte ihn, aber man brauchte ihn. Deshalb ertrug man von ihm auch das
Schwerste, besonders wenn er „einer vom Adel" war. So die Bürger und
die Universitätsbehörden, denen die Ehrfurcht vor dem Adel mit dem vor
der Wissenschaft höchstens parallel, wenn nicht vorging. Adelige Scholaren
hatten in früherer Zeit den Rang gleich nach den Doktoren, also vor den
Lizentiaten. Freilich mußte sich der Adel auch schon rein äußerlich durch
erhöhten Aufwand zeigen. In Montpellier war dies im Jahre 1424 durch
ein Statut geregelt, das genau bestimmte, was ein Edelmann verzehren
müsse, um als solcher behandelt zu werden [162]).
Von diesen adeligen Studenten, denen die Universität in den meisten Fällen
nur ein Vergnügungsort war, und dank der Liebenswürdigkeit der Lehrer
auch sein durfte, hieß es im fünfzehnten Jahrhundert:

> Wann ein student wurd geporn,
>
> So werden im vier baurn ußerkorn,
>
> Ein baur der in nehrt,
>
> Der ander, der im den markt kert,

Der drit, so fur in in d hell fert,

Und der viert, der im ain schöns weib beschert [163]).

In einer Zuschrift des Statthaltereirates in Stuttgart wird am 14. Februar 1523 dem Rektor und den Regenten in Tübingen scharf verwiesen, daß „etliche von Adel und . . .ʹ ander . . . . sich tag und nachts ganz ungepürlich und mit überflüssigem Trinken und Schreyen in den Häusern und uff den Gassen halten, und daß bisher wenig einsehen oder Straff daruff gevolgt sey". Worauf sehr ernst schärfere Zucht empfohlen wird, widrigenfalls Ober- und Untervogt von Tübingen den Befehl hätten, selbst „darein zu sehen" [164]).

Daß es für einen adeligen Burschen durchaus nicht so entwürdigend ist mit einem gewöhnlichen bürgerlichen zu verkehren, wie er sich denkt, wird einmal in einem für Studenten bestimmten Werke ausdrücklich betont. Da heißt es:

„Soll aber von einem von Adel geschätzet und gehalten werden, als schadete er sich selbst, wann er mit einem ehrlichen Studioso eine solche Fraternität und Verbündniß geschlossen hat?

Nein, keineswegs. Alldieweil solches Adelicher Ehr und Herrlichkeit kein Schimpf oder Uebelstand, sondern vielmehr ein Ruhm und Zierde ist . . . .

Wil jetzo geschweigen, daß die Studiosi eben mit denen, wo nicht mit grössern Privilegiis, als die von Adel, auff den Academien begnadet und begabet seyn. [Anth. Habita C. Ne fil. pro patr.] Und welches ein mehres, sie auch wol, sonderlich die sich ad Jurisprudentiam begeben, wol und stattlich nobilitiret und geadelt werden können."

Wo die Vorrechte für den Adel nicht auszureichen schienen, sich bei gewissen Studentengruppen Liebkind zu machen, dehnten die akademischen Behörden diese auch auf diejenigen Studenten aus, die bei den Professoren Kost und Wohnung genommen hatten, den sogenannten Professorenburschen, im Gegensatz zu den Bürgerburschen und Konviktoristen.

Zu allen diesen Faktoren, durch die die Verrohung des Studententums hervorgerufen wurde und naturnotwendig entstehen mußte, trat als einer der wichtigsten, ja ausschlaggebenden, der Pennalismus.

Die Gesellschaft der Vorzeit duldete keine Außenseiter, kein Bönhasentum. Sie kannte nur Körperschaften, deren einzelne Mitglieder eifrig über ihre Rechte wachten und gegen alle jene vorstießen, die, aus ihrem Stande, sich nicht ihren Satzungen fügten.

So war es auch an den Universitäten.

Die Studenten bildeten mit den Professoren Angehörige der „universitas",
zu denen übrigens auch solche Gewerbetreibende zählten, die in dauernder
Verbindung mit der Universität standen. Auch sie, wie die Hofmeister, die
Diener der Scholaren, waren cives academici. Sie wurden von der Univer-
sitätsobrigkeit genau wie die Studenten auf die Statuten vereidigt, die sie
einzuhalten hatten, wofür sie deren Privilegien genossen. So gab es Gast-
wirte und ihr Personal, Buchdrucker, Buchbinder u. a. m., die sich stolz
akademische Bürger nennen durften, im Gegensatz zu den Philistern.
Über diese hier nur kurz ein paar Worte.

„Philister heißt in der Sprache der Studenten alles, was nicht Student ist;
insonderheit werden Bürger, welche Studenten im Hause wohnen haben,
so genannt. Pferdephilister = Pferdeverleiher. Sobald der Bursche die Universität verläßt und Kandidat wird, sobald wird er auch Philister. Man leitet
dieses Wort, welches sich zunächst aus Jena, dem Vaterlande der Renommisten,
herschreibt, daher: In Jena (so erzählt man) in einem vor der Stadt belege-
nen Wirtshause, wo sich Bürger und Studenten des Trinkens und der Belustigung wegen zu versammeln pflegen, sind ehemals zwey Studenten
erschlagen worden. Der Verdacht wegen dieser Mordthat fiel auf die Bürger,
wovon viele gefänglich eingezogen aber nicht verurtheilt wurden, weil man
den Täter nicht herausbringen konnte. Der Superintendent des Orts hielt
den Erschlagenen eine Leichen- oder Gedächtnispredigt, wobey sehr viele
Studenten zugegen waren; er bediente sich in dieser Predigt, indem er die
unbekannten Mörder anredete, unter andern des Ausdrucks: Philister, über
dir, Simson! welches sogleich unter den Musensöhnen ein wohlgefälliges
Gemurmele erregte, und als sie haufenweis aus der Kirche kamen, riefen
sie den Bürgern zu: Pereant die Philister tief! welche Benennung nachher
obrigkeitlicher Verbote ohngeachtet, zur Gewohnheit geworden ist"[165]).

Ein Student, der nicht ausdrücklich in die akademische Korporation aufgenommen worden war, durfte von keinem Lehrer zum Unterricht zugelassen,
in keiner Burse, ja selbst in keinem Unterkunfthaus Einlaß finden.

Erst nach erfolgter Inskription durch den Rektor konnte er sich in die Fa-
kultätsmatrikel aufnehmen lassen. Die dadurch erwirkte Universitätszuge-
hörigkeit wurde aber erst als wirklich vollzogen angesehn, wenn mit dem
Kandidaten der eigentümliche Einführungsbrauch in das Studententum, die
Deposition, vorgenommen worden war.

Der Ausdruck Deposition kommt am frühesten in den Erfurter Statuten
von 1447 vor[166]).

Die erste Erwähnung einer Deposition in Heidelberg findet sich im Jahre
1454[167]). Er lautet depositio beani, also etwa die Zurechtstutzung des Beanus,
des Fuchs oder Gelbschnabels. Von diesem Beanus ging das Achrosticon um
Banus Est Animal Nescius Vitam Studiosorum, deshalb mußten ihm
„ein Tier des Feldes, dem zur gebührlichen Vorbereitung für die öffentlichen Vorlesungen die Hörner abgenommen werden"[168]).

Die Deposition kam auf den mittelalterlichen Hochschulen auf. Ein Zwiegespräch in dem ‚Manuale scholarium' von 1480 beschreibt sie, doch hat
sie sich mit der Zeit, bis zum sechzehnten Jahrhundert stark „vervoll-
kommt".

Sie ist nichts besonders Studentisches.

Die Seeleute warfen angesichts gewisser Untiefen und Klippen die Schiffs-
jungen, die hier zum erstenmale vorübersegelten, an Stricken gefesselt ins
Meer und ließen sie so oft untertauchen, daß sie schließlich halb ertrunken
wieder an Bord gehißt wurden. Die noch jetzt gebräuchliche lustige Äquator-
taufe erinnert dunkel an diese Sitte.

Die Münzer jagten ihre Neulinge in Narrenkleidern durch die Stadt
und strichen sie wöchentlich zweimal eine bestimmte Zeit hindurch mit
Ruten.

Sie erinnert auch an die Gesellenweihe der Handwerker und an das Hänseln
der Fuhrleute, dann aber besonders an die Lehrlinghänselei der Hanseaten
in Bergen, die an Grausamkeit, doch auch an grotesken Humor der Deposition ebenbürtig war[169]). Die Deposition, wenn, auch aus dem Ausland
gekommen[170]), scheint erst in Deutschland, und dies im fünfzehnten Jahrhundert, festere Gestalt angenommen zu haben. Später, um die Wende des
fünfzehnten zum sechzehnten Jahrhundert wurde sie eine offizielle, im
Beisein des Dekans der philosophischen Fakultät vorzunehmenden Zeremonie der Universität. Sie galt in Leipzig bis in das 18. Jahrhundert hinein
als ein Teil der Immatrikulationshandlung[171]).

„Und da D. Martinus samt etlichen vortrefflichen Gelehrten auf einer Deposition war, absolvierte er drei Knaben und sprach: „Diese Zeremonie
wird darum also gebraucht, auf daß ihr gedemütigt werdet, nicht hoffärtig
und vermessen seid, noch euch zum Bösen gewöhnet. Denn solche Laster
sind wunderliche, ungeheure Tiere, die da Hörner haben, die einem Studenten nicht gebühren und übel anstehn. Darum demütigt euch und
lernet leiden und Geduld haben, denn ihr werdet euer Leben lang deponieret
werden. In großen Ämtern werden euch einmal die Bürger, Bauern, die

vom Adel und eure Weiber deponieren und wohl plagen. Wenn euch nun
solches widerfahren wird, so werdet nicht kleinmütig, verzagt und unge-
duldig, dieselbigen lasset euch nicht überwinden; sondern seid getrost und
leidet solch Kreuz mit Geduld, ohne Murmelung; gedenkt daran, daß ihr
zu Wittenberg geweiht seid zum Leiden, und könnt sagen, wenns nun
kömmt: Wohlan, ich habe zu Wittenberg erstlich angefangen deponiert zu
werden, das muß mein Lebenlang währen. Also ist diese unsere Deposition
nur eine Figur und Bild menschlichen Lebens, in allerlei Unglück, Plagen
und Züchtigung. Goß ihnen Wein aufs Haupt und absolvierte sie vom Bean
und Bacchanten"[172]).

Luther hat damit die Deposition beendet, deren symbolisch bedeutsamen
Kern der Handlung er hervorhebt, und nicht, wie man es auffassen könnte,
mit dem Weinguß die Zeremonie vollzogen.

Aus dem im 15. Jahrhundert nur geduldeten, höchstens notdürftig über-
wachten Brauch der Bursen, mit dem Endzweck, den Neulingen in Gestalt
der Depositionsgebühr etwas Geld zugunsten des Bursenvorstehers abzu-
zwacken[173]), ist eine ernsthafte Handlung geworden, aus der sich nun ein
überall für unerläßlich gehaltener Brauch entwickelt hatte, der ständig durch
neue, immer burlesker und brutalere Zutaten ergänzt worden war.

So wurde die Deposition zu allerlei „unzüchtigem, barbarischem Gespreu,
Wort, Werk und Possen", die „verlief in buhlerische und andere grobe An-
reizung". So ward, wie der Kölner Rat sich ausdrückte, ein „lautes Bac-
chantenwerk', entstanden, „aus dem einzig und allein alles Übel: Saufen,
Fressen, Geldversplitterung, Neid, Haß, auch vor diesem Mord und Totschlag verursacht wurde".

Mir scheint es ganz besonders bezeichnend, daß Hans Urrich Krafft in seinen „Reisen und Gefangenschaft", geschrieben um 1616, das Wort deponieren für hart schlagen anwendet[174]).

Ob und in wie weit dieses strenge Urteil gerechtfertigt sei, mag dahingestellt
bleiben. Denn „Vor allen Dingen ist dabei (der Deposition) der jugendliche
Humor auch noch in Rechnung zu ziehen, der manches im Studentenleben
noch heute als harmlos erscheinen läßt, worüber das ernste Philisterium
mit solenner Hofmarschallsmiene sein graues Haupt schüttelt", wie
v. Buchwald sagt[175]).

Wieviel davon, was nun folgt, auf studentischen jugendlichen Humor zu
setzen sei, wie viel in eine ganz andere Rubrik, mag der Leser nun selbst
entscheiden.

LUDICRA DUM SIMULANT SPECTACULA,
SERIA TRACTANT.

Was die alten in dem scherz lachend haben vorgestellt
Dessen wurckung krafft und ernst hat man mit verstand

Pergite nunc Sorsum Domini Penenda BEANIS
Quæ sint. en vobis hæc dabit alma dies.

Et aliendra tibi referabo, doceboq. crines
Ornandi pulchra qua ratione fient

Vom Deponieren
17. Jahrhundert

Depositor Legata Beanjmi tetob! Nunquam
atq; statu nostri suman zsq; memor!
Umb; abr. me intermininationem zueig gedruckt
voll Herr Depositoric Reichs artis Ehstoken
zehen

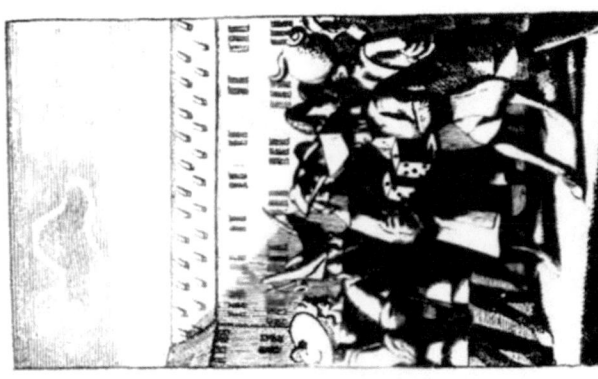

Non opus hoc tractandtos: Alm plena pereith
Disce sma artes, da bona lucra dabunt.
doll; peider sollen nicht os; auten wir in wiren
dem, du turch zugnem nich auf bohert zweifer
muniert

Cornua deruto moriendum at vamg Bruno:
Ne nova circ res sant: manet Brune cave!
Mit dem Bach antz geiff alls; zezum thin Shabab
Drum euch die horn zer mor; auch endlich schlag
gerab

Depositionsgebräuche
im 17. Jahrhundert

*Vom Deponieren
im
17. Jahrhundert*

Karl von Raumer beschreibt das Depositionsverfahren nach Fryksells
‚Dissertatio de origine initiationis novitiorum in academiis' von 1755: Deposition, auch Beania von beanus, bec jaune, Gelbschnabel, hieß die
seltsame Ceremonie, durch welche die Neulinge unter die Studenten aufgenommen wurden. Man ließ sie Kleider von mehrerlei Zeug und verschiedenen Farben anziehen, schwärzte ihnen das Gesicht; an ihre Hüte,
deren Krempen heruntergebügelt waren, befestigte man lange Ohren und
Hörner, steckte ihnen in die Mundwinkel lange Schweinszähne, welche sie
bei Strafe von Stockschlägen mit dem Munde festhalten mußten; über die
Schultern wurde ein langer schwarzer Mantel gehängt. Also, scheußlicher
und lächerlicher verkleidet, als die, welche von der Inquisition zum Scheiterhaufen geführt wurden, trieb der Depositor sie nun aus dem Depositions-
zimmer mit einem Stock vor sich her, wie eine Heerde Ochsen oder Esel,
in einen Saal, wo die Zuschauer sie erwarteten. Er hieß sie da in einen
Kreis sich stellen, in dessen Mitte er stand, schnitt ihnen Gesichter, machte
stumme Reverenzen, verspottete sie über ihren seltsamen Aufzug und hielt
dann eine Anrede an sie von den Lastern und Fehlern der Jugend und von
der Nothwendigkeit, durch Studien gebessert und geschliffen zu werden.
Darauf mußten sie verschiedene Fragen beantworten. Aber die Schweinszähne im Mund hinderten sie am deutlichen Sprechen, so daß sie mehr
wie Schweine grunzten, weshalb der Depositor sie auch Schweine nannte,
ihnen einen Schlag auf die Schultern und einen Verweis gab. Diese Zähne,
sagte er, bedeuten Unmäßigkeit im Essen und Trinken, wodurch der Verstand verfinstert werde. Er zog aus einem Sack eine hölzerne Zange, mit
welcher er ihren Hals zusammendrückte und sie so lange schüttelte, bis die
Zähne auf die Erde fielen. Wenn sie gelehrig und fleißig seien, sagte er,
so werden sie den Hang zur Unmäßigkeit ebenso verlieren, wie diese
Schweinszähne. Dann riß er ihnen die langen Ohren ab, womit er ihnen
zu verstehen gab, sie müßten fleißig studiren, wollten sie nicht den Eseln
ähnlich bleiben. Weiterhin nahm er ihnen die Hörner, welche brutale
Rohheit bedeuteten, und holte darauf aus einem Sack Hobel, Axt und
Bohrer. Jeder Bean mußte sich zuerst auf den Bauch, dann auf den Rücken
und auf beide Seiten legen; in jeder Stellung wurde ihm der ganze Leib
behobelt, behauen und gebohrt mit den Worten: so werde Kunst und
Wissenschaft seinen Geist glätten und formieren. Schließlich füllte der
Depositor ein großes Gefäß mit Wasser, das er den Novizen auf den Kopf
goß und sie dann seifte, mit einem groben Lumpen unsanft abtrocknete,

kämmte ect. Die Posse schloß mit einer Ermahnung an die gehobelte, ge-
striegelte und gewaschene Gesellschaft: sie mögen ein neues Leben anfangen, die alten Gewohnheiten ablegen u. s. w. Nun gings zu dem Dekan
der philosophischen Fakultät, der sie nach einer kurzen Prüfung und Anrede gleichfalls weihte, indem er ihnen Salz (sapientiae symbolum) in den
Mund gab und Wein (mundities) auf den Kopf goß"[176]).

Dies in großen Zügen das Programm einer Depositionsfeier, die, je nach dem
Ort, saftige Zutaten verbrämten. So wurden ihnen dort die Ohren mit
Riesenlöffeln gereinigt, die Haare geschnitten, die Finger und die Nägel
glatt gefeilt, ein Mundwasser gereicht — Kräuter, am Abtritt gewachsen,
haben es gewürzt — [177]), wie Pillen und Salben ähnlicher Herkunft. Hier
wäscht ihn eine Wunderseife aus Kohle und Wagenschmiere das mit einem
Kohlenbart beschmierte Gesicht. Der Depositor, der „die Nase eines Rhi-
nozeros oder eines Jagdhundes" hat, weiß sehr wohl die Herausgabe der
Mutterpfennige für Bier und Wein zu erlisten. Er empfiehlt seinem Zögling mit treuherzigen Worten und väterlichem Rat, für alle Fälle sein
Testament zu machen und es so einzurichten, daß jedem der Anwesenden
etwas unter dem Namen eines Vermächtnisses nach der Deposition zufällt.
Der Beanus glaubt auf den Scherz einzugehn und verteilt seine Güter. Zu
seinem Schrecken muß er später merken, daß er zu halten hat, was er versprochen. Hätte der Beanus einen gewitzigten Ratgeber gehabt, so hätte
dieser ihm empfohlen, Unmögliches oder Unschickliches zu vermachen[178]).
Dabei singt die Zuhörer- und Zuschauerschaft mit rauhen Kehlen schaden-
froh das Beanuslied:

> Beanus iste sordidus,
> Spectandus altis cornibus,
> Ut sit novus Scholasticus
> Providerit se sumtibus.
>
> Signum fricamus horridum,
> Crassum dolamus rusticum,
> Curvum quod est deflectimus,
> Altum quod est deponimus[179]).

Weitere Strophen lauten nach Beyer:

> Mos est cibum Magnatibus,
> Condire morionibus:

Nos dum jocamur crassius
Bonis studemus moribus.

Ubi malignus nodus est,
Quaerendus asper clavus est.
Ut haec dometur bestis,
Addenda verbis verbera.

Lignum furcamus horridum,
Crassum dolamus rusticum,
Cuevum quod est, hoc flectimus,
Altum quod est, deponimus.

Ut hunc novum ceu militem
Novum referre in ordinem
Queamus, eque stipite
Formare doctum Pallade.

Contraria contrariis
Curanda mala pharmacis:
Ferox asellus esurit
Lactuca labris convenit.

Es sei noch die versificirte Darstellung der Strassburger Deposition angeführt, wie sie sich in dem seltenen Büchlein „Ritus depositionis“ von
1664 unter Beigabe von zwanzig Bildern findet. Das Ganze, dem auch zwei
lateinische und eine deutsche Depositionsrede beigefügt sind, trägt auf dem
Titelblatt das Motto:

Ludicra dum simulant spectacula, seria tractant;
Was die Alten in dem Scherz lachend haben vorgespielet
Dessen Würkung, Krafft und Ernst hat man erst im End gefühlet.

2. Bild. Einzug der Bacchanten im Gänsemarsch. An der Spitze der Depositor
mit einer Larve vor dem Gesicht, die Bacchanten haben Hüte mit Hör-
nern auf:

„Kommt Bachanten! Trett herbey! — Merkt was abzulegen sey!
Euch will ich auf Euer — Fest Deponieren auf das Best“.

3. Bild. Abschneiden der Haare mit der Scheere:

„Weil du kanst mancher Haar, du Zottelbock, entpähren,
Drumm muß zur Ehrbarkeit ich deinen Kopf bescheeren“.

4. Bild. Anwendung des aurisalpium (Ohrlöffel):

„Vor Narrenthädigung laß dein Gehör geschlossen,
Ich saubre dies zur Lehr und nicht zu schlimmen Possen".

5. Bild. Ausziehen des Bacchantenzahnes mit der Zange:

„Laß den Bachantenzahn der Lästrung dir ausziehn,
Verleumbdung solsstu stets wie selbst die Hölle fliehen".

6. Bild. Die Nagelfeile:

„Ich feygle dir die Hand, um damit anzudeuten,
Daß du, was redlich ist, mit ihnen sollst arbeiten".

7. Bild: Anmalen des Bartes:

„Ich mahl dir einen Bart, daß du hinfort geartet
Solt seyn nicht wie ein Kind, das noch ganz ungebartet".

8. Bild: Behauen mit der Axt:

„Auch die Bachantenaxt muß Euch mit Ernst behauen,
Was unbehauen bleibt, schickt sich zu keinem Nauen".

9. Bild. Hobeln der Rückseite mit dem Schrupphobel (die Bacchanten liegen
dabei auf dem Bauch langhingestreckt):

„Schickt euch zum Hobelbank, ihr lieben Halbstudenten,
Die Laster müssen weg, die eure Jugend schänden.

10. Bild. Der Schlichthobel:

„Schlichthobel thu dein Best! was sich noch nicht läßt fügen
Zum Bau der Erbarkeit, das hoble nach genügen".

11. Bild. Der Bohrer:

„Bey diesem Bohren denckt, daß ihr, wann ihr nicht thoren
Wolt bleiben immerdar, müßt dicke Brettlein bohren".

12. Bild. Singprobe:

„Lern Jüngling dein Gemüth nach dieser Harmonie
Zurichten, welches nicht geht aus auf ein la, my".

13. Bild. Abschlagen der Hörner mit dem Beil:

„Mit dem Bachantengeist solls jezund seyn Schabab,
Drum euch die Hörner man auch endlich schlaget ab".

14. Bild. Die Bacchanten liegen mit dem Gesicht auf der Erde; der Depositor fordert diejenigen, die meinen, nun Studenten zu sein, auf, sich zu
erheben; wer es tut, wird mit dem Plumpsack verprügelt:

„Wer ein Bachant noch ist, der bleib nur immer liegen!
Wer ein Student will seyn, der mag herfür sich fügen".

15. Bild: Einstecken der Bacchanten in einen großen Sack:

> „Wie hilffts doch mehr als wohl zu eines Manns Genesen,
> Wan er im Schülersack ist eingesteckt gewesen".

16. Bild. Die ausgestreckten Bacchanten werden mit dem Zirkel gemessen:

> „So ihr was nehmet für, so möcht ihr vor wohl sehen,
> Daß ihrs recht cirkelt aus, sonst ists um euch geschehen".

17. Bild. Spielen mit den großen Würfeln:

> „Diss spielen solle nichts, des Nutzens wirstu innen,
> Den du durch eygne Müh auß Büchern wirst gewinnen".

18. Bild. Ausmessen der Bacchanten mit der Meßruthe:

> „Dies schicket sich zur Kirch, das zum Regentenhauß,
> Aus dem wirt ein Standart; mit diesem wird nichts aus".

19. Bild. Die Bacchanten beschenken den Depositor:

> „Um daß ihr meiner möcht im besten auch gedenkhen,
> Will, Herr Depositor, ich euch zur letz dis schenkhen".

20. Bild. Die Bacchanten knien vor dem Depositor, der ihnen Salz und Wein reicht:

> „Nehmt hin der Weisheit Saltz! Nehmt hin den Wein der Freude!
> Euch, ihr Studenten ihr, mehr' Gott an allen beyden".

Bei der Deposition war jede Folterqual erlaubt, sofern durch sie kein Blut floß. Doch auch dieses kam vor und wurde übersehn.

Bartholomäus Sastrow, ein deutscher Bürger des 16. Jahrhunderts, erzählt von seinen Depositionsabenteuern: „Auf den Rat meines Bruders schickten mich meine Eltern nach Rostock in die Schule von Arnold Barenius und Heinrich Lingens, mit dem er in Wittenberg gut Freund gewesen war. Er schrieb ihm auch, daß ich in Greifswald bereits Studiosus gewesen sei. Aber als die Burschen erfuhren, daß ich inzwischen in Stralsund wieder die Schule besucht habe, begann ein unaufhörliches Schnauben und Rufen, als ich das Auditorium betrat. Der Depositor riß mir den Mantel herunter. Ich hatte grade ein großes Tintenfaß in der Hand, das goß ich ihm dafür ins Gesicht. Nun hatte der Depositor einen langen grauen Mantel an, der war mit schwarzen Schnüren besetzt, wie es damals Sitte war. Diesen Mantel begoß ich jetzt von oben bis unten mit Tinte. Aber der Depositor hats mir redlich wiedererstattet. Denn wollte ich Frieden haben, mußte ich wohl oder übel von neuem deponiert werden. Dabei bekam ich manchen harten Schlag. Und als es ans Bartscheeren ging, schnitt der Depositor mir mit

dem hölzernen Rasiermesser ein Stück aus der Oberlippe. Das heilte sehr
langsam"[180]).

Meist schlossen die Depositionsfeierlichkeiten Orgien in den Freudenhäusern
ab, deren Kosten der Pennal zu tragen hatte[181]).

Waren die fürchterlichen und unwürdigen Qualen der Deposition vorüber, so war aus dem Beanus der Fuchs, der Pennal, geworden, und neue
Foltern begannen, die sich auf ein bis eineinhalb Jahre erstreckten.

Der Schüler ‚kommt aus dem Vaterhaus, schüchtern und ungelenk, in eine
Welt wilder Gesellen. Mürbe gemacht durch Beschimpfungen, Verhöh-
nungen, Vergewaltigungen fällt er seiner Landsmannschaft zum Opfer.
Nun unterliegt er der Tyrannei der älteren Studenten, der Schoristen, der
Scherer‘, „weil sie den jungen Studenten‘ die Haare abschoren, und sonst
auch wacker schoren".

„Er ist gezwungen sich seiner Landsmannschaft anzuschließen. Ihre Mitglieder erniedrigen ihn vom Kameraden zum willenlosen Sklaven. Ein un-
ehrenhaftes System der Knechtung und der körperlichen Züchtigung stößt
ihn zu den gemeinsten Diensthandlungen herab. Seine neuen Kleider, die
er aus dem Vaterhause mitgebracht, hat er gleich am ersten Tage hergeben
müssen. Nun läuft er zerlumpt, verwahrlost, unsauber, im durchlöcherten
Rock, in zerrissenen Hosen und ausgetretenen Pantoffeln. Der Schorist
kommandiert, vexiert, tribuliert, schikaniert, malträtiert. Der Pennal putzt
ihm die Stiefel, tut Botengänge, trägt ihm den Raufdegen und die Spiel-
karten nach, muß Geld schaffen, wenn er seine eigenen Mutterpfennige
hergegeben hat, spült die Gläser, schenkt ein, schleppt den Betrunkenen
nach Hause. Wird mit Fußtritten belohnt, blutig geschlagen und gestoßen.
Blöde hockt er unter der Bank. Seine Namen sind Rapschnabel, Feix,
Mutterkalb, Säugling, Hausunke, Quasimodegenitus"[182]). Dann Haushahn,
Halfpape, d. h. Halbpfaffe, also halber Studente, Schieber, weil er drängelt,
aus der Pennälerzeit sich zu drücken, Spulwurm, weil er angeblich allerlei
Unreinigkeiten im Leibe hat, die man ihm auch durch Eintrichterung
von ekelhaften Tränken und Speisen zu vertreiben vorgab. Namentlich der
Schwedentrank war hierfür gebräuchlich. Er bestand aus Wurst, Brod, zer-
schnittenen Nesseln, gestoßenen Ziegelsteinen, Tinte, Nußschalen, Senf,
Butter, Salz, Kot und ähnlichen Zutaten, nach deren Genuß der Trinkende
nicht selten Blut brechen mußte, was aber der Heiterkeit der Zuschauer
keinen Eintrag tat. Weiter nannte man die Pennäle Raupen, weil sie noch
nicht ausgekrochen waren, Imperfecti, Ölberger, endlich Füchse, was viel-

leicht mit dem Namen Feix zusammenhängt. Es gibt allerdings noch andere
Erklärungen der Bezeichnung Fux, Fuchs, die aber alle mächtig bei den
Haaren herbeigezogen sind[183]).

Doch nicht genug an diesen Schmeichelnamen. Ebenso wie diese sind die
löblichen Eigenschaften des Pennal. Er ist geschwätzig, naseweis, bissig, ge-
fräßig, trunksüchtig, raffgierig, geizig, störrisch (loquax, dicax, mordax,
vorax, bibax, rapax, tenax, scapax), so daß alle Vocabeln auf ax bei ihm
zutreffen[184]).

Er wird zum Zutreiber und Gelegenheitsmacher seines Herrn. In den Hör-
sälen, sogar in der Kirche hatte er mit seinen Leidensgefährten besondere
Plätze. Selbst auf der Straße wie während des Gottesdienstes erhielt er
Stockschläge, Backenstreiche, Nasenstüber, Fußtritte. Bei den Saufgelagen
hatte er die ekelhaftesten und niedrigsten Hantierungen zu leisten.

Manch einer der Füchse ist den Torturen seines Schoristen erlegen, körperlich und seelisch zu Grunde gegangen. Im Jahre 1615 quälten Jenenser
Bursche einen armen Jungen, daß er in seiner Not zum Fenster hinaus-
sprang und den Hals brach. Die Schuldigen büßten nur mit einer geringen
Geldstrafe[185]).

Ein Jahr, sechs Monate, sechs Wochen, sechs Stunden, sechs Minuten währte
diese Tortur. Dann mußte der Fuchs sich bei jedem einzelnen Mitglied der
Nation, der Verbindung, der sein bisheriger Quälgeist angehörte, und der
er beizutreten hatte, „die Absolution" erbitten. Er erhielt diese auf dem von
ihm auszurichtenden Pennalschmaus, seinem Abschiedsessen vom Pennal-
stand. Hier wurden ihm nur noch die Haare abgebrannt, dann konnte er
selbst an Anderen vergelten, was er selbst erduldet hatte.

Von dem heillosen Unfug, der sonst noch auf diesen und ähnlichen Schmäu-
sen getrieben wurde, wird noch zu reden sein. Jetzt noch einiges über die
Schoristen, „diese Schandflecken des deutschen Studententums", wie sie
Huber nennt.

In einer akademischen Rede zeichnet sie um 1607 Professor Wolfgang
Heyder in seiner gewohnten drastischen Weise:

„Kommst du ohngefähr in seine Stuben, ich frage dich, was wirst du für
Hausrath finden, was wirst du finden? Erstlich zwar keine Bücherlein
(denn was hat dieser hitzige oder tolle Soldatenhahn mit den kalten und
verzagten Studien zu thun?), oder etliche wenige unter die Bänke und in
die Winkel verwegentlich geworfene, die von Staub verwüstet, von Motten
zerfressen und von Mäusen fast aufgezehrt. Schauest du hin und her, du

wirst sehen an der Wand abhangen etliche Dolche, etliche Sticher, darunter
ein Theil nicht um drei Heller zu lösen sein, damit, wenn es Noth thut,
er solche den Rektoren einhändigen könne. Über dieses etliche Büchsen,
die er bisweilen in dem Losament oder in den Vorstädten zwischen Häusern
mit Schindeln gedecket und Scheuern mit Getreide bereichert, los zu platzen
sich gar nicht scheuet. Du wirst sehen Panzer oder eiserne Händschuhen,
damit der Riese nicht ungewappnet auf dem Kampfplatz erscheine; auch
Wämbster, die inwendig mit Baumwollen, Werg, Haar oder Fischbeinen
dick ausgefüllt und wohl vermachet sein, damit, wenn es zur Faust gerathen,
solche den Stich dulden können. Du wirst sehen etliche Humpen und eine
große Anzahl Gläser, welche der neuen Gäste erwarten. Du wirst sehen
Karten, Bretspiel, Würfel und mehr Instrumente, das Geld samt der Jugend
zu verderben. Das öffentliche Collegium besuchet er entweder niemals, oder
gar zu langsam; er höret keine Lektionen, damit er nicht in den Auditorien
wie ein Hund im Bade angetroffen werde. Nach Mittage schläfet entweder
das faule Murmelthier, oder sitzet in gemeinen Trinkzechen und rüstet sich
also zu den annahenden Nachts-Scharmützeln, daß man auch zumal, wie
tapfer und frisch er sich halten werde, abmerken kann. Wenn es nun auf
den Gassen, auch in den Gemachen still worden, beides die Menschen in
die Ruhe sich begeben, und die Vögelein unter den Zweigen das Singen
verlassen, und die Bestien in ihren Höhlen schlafen, alsdann erhebet er
sich mit großem Krachen der Pfosten und Thüren, bricht los wo er gestecket, gewappnet und von seinem Jungen begleitet. Dannzumal hast du
ein wunderlich Schrecken- und Trauerspiel zu hören, das rültzen, das
grültzen, das rauschen, das schreien, das wüthen, das Steinhauen und
werfen, und viel mehr Stücke, welche, so jemand aus den einäugigen
Riesen thäte, würde ganz Sicilia zusammenlaufen und den Schwärmer in
ewiges Elend verbannen . .

Nachdem er nun in Akademien geschwänzet, gewühlet und gebahret, wird
er heim, wiewohl ungern, berufen, es sei denn Sache, daß er allbereit, wie
gemeiniglich zu geschehen pfleget, wegen seiner heroischen Tugend als
ein pestilenzisches Glied mit Verweisung ist abgeschnitten und von der
Gesellschaft der Studenten verworfen worden. Er scheidet von dannen, fast
allezeit schattengelb, mager, halbäugig, hinkend, zahnlos, mit Narben und
Heften durch und durch zerflicket. Und dieses sein die Belohnungen des
ehrbaren und engelischen Lebens.

Wenn er zu den Pforten des Vaterlandes eingegangen, ist er nicht so kühn, vor das Gesicht der Eltern und Vormunden zu kommen, sondern nachdem er aus einem Löwen zum Hasen worden, suchet für Angst finstere Ecken, erblicket endlich Vorbitter, die Mutter, die Schwestern, die Schwäger, die Verwandten, und durch solche Bitten und Flehen erlanget er mit schwerer Not, daß er in des Vaters Wohnung, so er die auf Universitäten nicht (auch) in sich gefressen und gesoffen, darf kriechen, schnarchen und verborgen liegen. Er hat kein Herz in etlichen Monden auf öffentlichen Gassen und Straßen zu treten, Ursach weil er von jedermänniglichen verspeiet und zerlästert wird. Nächst diesem wird er gezwungen, eine andere Lebensart zu wählen . . . ."[186]).

Aus dieser und anderen Reden Heyders führt Schöttgen in seiner „Historie des ehedem auf Universitäten gebräuchlich gewesenen Pennalwesens"[187]) noch die Schilderung des Tagewerks eines Schoristen an: „Das öffentliche Kollegium besuchte er entweder niemals oder gar zu langsam: er höret keine Lektionen. Bisweilen lauschet er vor der Türe, keineswegs, daß er Notwendiges lernen wollte, sondern damit er etliche Sprüchlein auffassen und darnach unter seinen Rottburschen und Zechbrüdern erzählen, der Professoren Stimme, Reden und Geberden nachäffen und zum Gelächter befördern möchte. Bisweilen spazieret er haußen auf dem Saal und redet mit seinen Gesellen von Narrenpossen. — Früh schläft das zarte Brüderlein bis um neun, darnach aber, wo etwa Zeit bis zum Mittagsmahl übrig, bringet er solche zu, die Haare zu kämmen, zu krümmen, zu putzen, zu reiben, nach Läusen zu stellen, oder doch die Sauf-Pfinnen und Schwären in dem Gesicht auszudrücken. Wenn er sich zu Tische gesetzet, frisset der Unmensch wenig (denn der gestrige und rasende Rausch will es nirgends gestatten, und, weil alle Sinne bestürzet, die Natur nicht leiden), scherzet auch ein wenig (denn was kann für Höflichkeit in diesem säuischen Leib und Seele wohnen?). Unterdessen aber schüttet er von sich einen vollen Wust von tölpischen Stockereyen, von garstigen Unflätereien und zwar dergestalt, daß, sobald er seine übelriechende Goschen öffnet, alle Knaben und Mägdlein davonlaufen, damit sie nicht von dem Atem des pestilenzhaftigen Siechen angesteckt werden. — Nach Mittag schläfet entweder das faule Murmeltier und Meerkalb, oder wandelt mit seinem Jungen umher in dem nächsten Weydich, oder sitzet in gemeinen Trinkzechen und rüstet sich also zu den annahenden Nachts-Scharmützeln, daß man auch dazumal, wie tapfer und frisch er sich halten werde, abmerken kann. Derhalben, wenn er nun sein Kloak mit Wein und Bier sehr wohl befeuchtet, und es

auf den Gassen, auch in den Gemächern still worden, alsdann erhebet er
mit großem Krachen der Pfosten und Türen, bricht los, wo er nur gestecket,
gewappnet, und von seinem Jungen begleitet. Da hat man ein wunderlich
Schrecken- und Trauer-Spiel von Rültzen, Grültzen, Rauschen, Schreien,
Wüten, Steinhauen und Werfen, und noch viel mehr Stücke. — Wenn es
ihm den Tag über in der Bulschaft unglücklich ergangen; wenn zwischen
ihm und seinen Saufbrüdern ein Zank entstanden; wenn er an die Pflastersteine anstößet; wenn einer dem andern antwortet, so flucht er sieben hundert tausend Sakramenter. Wenn er einen Feind merket, so springet er mit
Füßen an die Tore, wirft mit Steinen in die Fenster, und schüttet allerhand
Schmähungen und Lästerungen aus . . . . . Wenn ihnen Prediger begegnen,
so gingen sie ihnen aus dem Wege und suchten eine andere Gasse. Wenn
man mit einer Leiche an einem Ort vorbeizog, woselbst geschmauset ward,
haben sie mit Trompeten ein Feldstückchen lassen aufblasen. Wenn Professoren und andere wackere Leute auf Hochzeiten und Ehrengelagen beisammen gewesen, haben sie sich ungebeten eingefunden mit Schreien, Saufen und
anderen Unhöflichkeiten die Leute beschwert, auch ihren Jungen allerhand
Mutwillen gestattet. Die Bürger nannten sie Bechen. — Was die Kleidung
derer Schoristen anbelangt, so war sie gut soldatisch, jedoch nach der damaligen Mode. Sonst gingen die Studenten in Mänteln, fein ehrbar, wie
man damals sagte. Allein das kam ab, und ich halte, der damalige Dreißig-
jährige Krieg habe zur Veränderung der alten Mode ein Vieles beigetragen.
Sie trugen alle einen Degen an der Seite, Feder auf dem Hute, Stiefel und
Sporen, Koller und Feldzeichen — (d. h. Schärpen in gewissen Farben, die
bekanntlich noch im Dreißigjährigen Krieg die Uniformen vertraten). —
In der Hand trugen sie Stäbe und Spitzhämmer, hinter den Ohren einen
gekräuselten Zopf, und am Leibe ein zerschnittenes Wams . . . .‟ [188]). Daß
solche Bursche zu allem fähig waren, ergibt sich von selbst. „Daß alle möglichen Tumulte, ja sogar Mordtaten bei diesem Unwesen vorkamen, belegt
Schöttgen noch ausführlich‟. Statt Tumulte hätte Huber Verbrechen setzen
können, die sich nun häufen.

„Noch ist das Ehrgefühl so weit nicht entwickelt‟, sagt Tholuck, der Geschichtsschreiber des Rationalismus, „das bürgerlich entehrende Laster des
Diebstahls zu meiden‟. Ne sitis fures, lautet die erste lex in den Witten-
bergischen leges 1596. Dort wird 1550 ein Student propter furtum ausgeschlossen. In Tübingen stiehlt 1596 ein Student aus Leipzig in Wirtshäusern drei silberne Becher und Löffel. Als Landgraf Moritz 1601 die

studiosi nobiliores zu einer Kindtauffeier eingeladen hat, drängt sich ein
Lübecker ein und stiehlt eine silberne Schüssel. In Straßburg wird 1658
Georg Gichtel angeklagt, einen Mantel gestohlen zu haben: Die Heidel-
berger Annalen berichten 1608: „der schlesische Student Hanisch gesteht,
daß er einem Bäcker den Flachs gestohlen und bei Hans Hases Hausfrau
verkauft. Auch der Wirtin zum Ochsen zwei Leibtücher aus der Kammer
entwendet, da er gelegen, auch eine Pelzhaube mit blauem Tuch".
Doch das alles sind nur Kleinigkeiten.
Die Marburger Annalen von 1619 heben lobend hervor, daß in diesem
Jahre kein Totschlag verübt worden sei[189]).
Johann Winckelmann, Professor der Theologie, predigte 1599 in Marburg
beim Begräbnis eines Studenten, der eines nachts von einem andern erstochen worden war: Ein Student soll nicht „fressen, saufen, huren und Bubenspiel üben, schändliche, leichtfertige, lotterbübische Reden führen, des
nachts auf den Gassen jauchzen und schreien, mit bloßen Waffen auf den
Gassen tumultieren, Fenster stürmen, andere Leute molestieren und ver-
unruhigen. Das ist eine solche Lust und Fröhlichkeit, daraus großer Unlust
entstehet: Zorn, Zank, Hader, Hauen, Balgen, Mord, Totschlag, Gefängnis,
Flucht, Krankheit".
Man hatte sich schließlich daran gewöhnen müssen in dem Schoristen und
seinen direkten Nachkommen die Quintessenz aller üblen studentischen
— burschikosen — Eigenschaften zu sehn. Er war ein Rüpel ohne jede
Erziehung, aller Herzensbildung bar. Jeglicher Völlerei ergeben, aus-
schweifend in Liebe und Trunk, von keinerlei Achtung vor der Wissenschaft bedrückt. Er vergeudet Gesundheit, Verstand, Jugendkraft, selbst die
geringen Kenntnisse, die er von der heimatlichen Schule an die Universität
gebracht hatte, ebenso wie das Geld, eigenes oder entliehenes.
Bei solch geilen Auswüchsen in den mit einander Schritt haltenden Pennalismus und Schorismus, die den Studentenkörper zu zerstören drohten,
konnte es nicht ausbleiben, daß sich Universitätsbehörden zu irgend einem
Vorgehn gegen den Pennalismus aufzuraffen suchten. Es blieb dabei aber
meist nur bei Worten, wenn auch mitunter sehr scharfen. So heißt es einmal: „Durch diese schlimme Krankheit — des Pennalismus — dieser und
anderer Akademien wird wie durch pestartigen Brand und Krebs diese
Anstalt aufgerieben und schwindet zusammen. Wiewohl wir wiederholt beschlossen haben, durch die allerschwersten Strafen ihre Urheber wie faule
Leichname vom gesunden und unversehrten akademischen Körper abzu-

schneiden, unsere ernstesten Erlasse durch Gesetze gefestigt und durch
Strafen ausgerüstet haben, hat dennoch die eisenfeste, ja stahlharte Bosheit
bisher nicht unterdrückt werden können, daß sie nicht alle Augenblicke
gleichsam wie eine Flut herausbräche". Man erinnerte die Studenten an
ihren Eid, den sie auf die Universitätsgesetze geleistet haben, verbot ihnen,
sich um die Nationen zu kümmern, drohte ihnen die Relegation cum in-
famia für alle Zeiten.

Insbesonders waren Jena und Rostock in Kampfesworten an der Spitze, da
auch bei ihnen der Pennalismus am ärgsten tobte. Noch aber war die Zeit
nicht urteilsreif, wie Beyer sagt, dem ich hier folge. Wenn die Kunde von
dem wüsten Studentenleben wirklich einmal in weitere Kreise hinausdrang,
gedachte der Vater mit Lächeln seiner Jugend, wie er es auch nicht anders
getrieben. Die Zeit war eben dazu geneigt, ziemliche Roheiten gelassen zu
ertragen, als müßten sie so sein. Ihre Nerven waren stark.

Wie Professor Heyder unerschrocken der studentischen Barbarei zu Leibe
ging, trat auch wohl einmal ein Pastor auf, der in seiner Predigt ankündigte, daß er am nächsten Sonntag den Schoristen ihr Unwesen vorhalten
würde. Dann fehlte es nicht an Drohungen, direkten und versteckten, der
Studenten. Aber die Predigt wurde dennoch gehalten. Sie deckte rückhalt-
los alle Schädlichkeiten und Gefahren auf, nahm auch die stets vorgeschütz-
ten guten Zwecke der Nationen vor, „Hegung der Freundschaft, Unterstützung der Armen, Pflege der Kranken, Ausgleichung der Händel, Erziehung der Jugend", und zeigte schlagend, daß das Gute längst vergessen
und überall vom Bösen verdrängt war. Die Hergenommenen waren ihm,
wie er auf der Kanzel offen aussprach, Säurüssel, Vollfresser, Schlingochsen,
Gassenräuber, Geilspatzen. „So oft ich mich diesen Guckucken, die ihren
eigenen Namen immerdar, wiewohl über anderen im Schnabel führen, erinnere, kann ich mir keine Scythen, Goten, Tartaren, Mohren, denn sie
sind Menschen, keine Wölfe, Bären, Basilisken, denn sie sind Tiere, keine
Asmodi, Beelzebub, Satan, Belial, Behemoth, Leviathan, denn sie sind
Teufel oder des Teufels Figuren, vorbilden, sondern weit häßlichere, gar-
stigere und abscheulichere Dinger, daß auch in der Armut deutscher Zungen kein Wort zu finden, so die Bosheit genugsam ausspreche".

Solch ehrliches Poltern hatte zunächst natürlich nur die Wirkung, daß in
einer der nächsten Nächte ein fürchterliches Geschrei sich vor dem Hause
des Geistlichen erhob, Flüche und Verwünschungen losgebrüllt wurden und
seine Fensterscheiben in Stücke brachen. Ja es kam vor, daß ein derartiger

Stammbuchbilder aus dem 17. Jahrhundert

Landesbibliothek in Weimar

Komm an mein Herze

Wenn der Boden zu heiß wird

Alea, Vina, Venus, virofa Vacuna, iuventæ
Numina sunt, fugite ô Iuvenes: latet anguis in herba.

Angel. P.

Cornelius bin ich genant,
Allen studenten Wollbekant.

Straßburg.

14

Cornelius, der verbummelte Student

Aus Pugillus Facetiarum Iconographicarum von Joh. v. d. Heyden,

Straßburg 1608

Im Frauenhaus

Holzschnitt aus dem 16. Jahrhundert

Der gelehrte Büchernarr

Holzschnitt aus Brants „Narrenschiff"

Basel 1495

Gelehrter (links)
mit einem Scholaren

16. Jahrhundert

Fensterparade

Augsburger Holzschnitt von 1541

Pastor beschimpft und in Gegenwart von Frau und Kindern verprügelt wurde. Furchtloses Auftreten machte aber häufig dennoch Eindruck, zumal wenn es einem größeren Kreis durch den Druck der Anklage-Predigt bekannt gemacht worden war. Hier und da rüttelte dies auch die Behörden aus ihrer Lethargie auf und zwang sie, stärkere Saiten aufzuziehn. Verbote allerschärfster Art ergingen, Strafen von unerhörter Härte wurden angedroht, um schließlich alles so zu belassen, wie es ursprünglich gewesen; denn den Studenten blieb stets das letzte Wort. Wollten die Behörden anders wie sie, dann rüsteten sie sich zum Abzug nach einer anderen Universität, und darob gab es Heulen und Zähneklappern bei den Behörden, den Bürgern, nicht zuletzt bei den Professoren.

So kann es schließlich nicht Wunder nehmen, wenn der Student einen Freibrief für alle erdenklichen Äußerungen des Übermuts und der Torheit zu haben glaubte.

Bei solchen Gepflogenheiten entbehrt es nicht eines gewissen, wenn auch unfreiwilligen Humors, wenn Quistorp aus Rostock klagt, daß man die Studenten nicht zu Lehrern von Mägdlein brauchen könne, — „weil sie dieselben verführten"[190]). Jedenfalls ist aber damit die starke Hinneigung der Studenten zum weiblichen Geschlecht dargetan.

Der wiederholt erwähnte Professor Heyder hatte 1590 in einer seiner akademischen Reden auch einmal die Vorzüge Jenas gegenüber anderen Hochschulen hervorgehoben und unter diesen der Heiratslust der Jenenser Burschen besonders lobend gedacht. Seit der Errichtung der Jenenser Akademie, sagte er, seien von hier die Jungfrauen in alle Gegenden des deutschen Vaterlandes als glückliche Hausmütter gezogen[191]). Doch auch Tübingen wird das gleiche Lob erteilt. Ein alter Stammbuchvers lautet nämlich:

> Wer von Tübingen kommt ohne Weib,
>
> Von Wittenberg mit gesundem Leib,
>
> Von Helmstedt ohne Wunden,
>
> Von Jena ohne Schrunden,
>
> Von Marburg ungefallen,
>
> Hat nicht studiert auf allen.

oder:

> Von Rostock ungeschlagen,
>
> Der mög von Glück wol sagen.

Aus Tübingen wird vielfach von Ehemännern unter den Studenten berichtet. Am 15. November 1556 ergeht ein Senatsbeschluß wegen des Studiosus

Thalheimer, der im Karzer gewesen, aber auf Fürbitte seiner Frau wieder freigelassen wurde, daß er keine schriftliche Urfehde abzulegen brauche[192]). Bald darauf beschließt der Senat, einen Studenten, „der großen Nachtlärm mache, sich häufig betrinke und keine Vorlesungen besuche, zwar in Betracht seiner braven Frau und Kinder nicht härter zu bestrafen, doch aber ihm von dem Senate eine ernste Ermahnung zur Besserung zu erteilen[193]).

Dem Universitätsverwandten Johannes Küpferlein wird 1558 eine vierwöchentliche Karzerstrafe auferlegt, weil er sein Weib übel geschlagen, überhaupt ein schlechtes Leben geführt und keine Vorlesungen besucht hatte. Im Januar des folgenden Jahres hat man diesen Ehemann wegen Unverbesserlichkeit von der Universität entfernt[194]). Am 26. Januar 1597 wird ein Student auf die Klage eines Mädchens hin verhaftet und vor den Senat gebracht. Er hat das Mädchen geschwängert und gibt zu, ihr die Ehe versprochen zu haben. Er erbietet sich, einen Boten an seinen Vater zu schicken, daß dieser ihm die Ehe erlaube. Dies wird ihm vom Senat bewilligt, er aber bis zum Austrag der Sache in den Karzer gesteckt. Am 6. Februar wird angezeigt, er habe itzt geheiratet, worauf ihn 30 fl. Geldstrafe und 14 Tage Karzer, seiner Frau 20 fl. und ein vierwöchentlicher Hausarrest auferlegt werden.

Die Strafen erfolgten wahrscheinlich auf Grund der Tübingischen Statuten von 1575, in denen es heißt: „Nachdem es sich etzlichemal zugetragen, daß junge Studenten sich ohne Vorwissen ihrer Eltern verehelicht", so wird dieses verboten. Niemand soll sich auch in heimliche, von Gott ernstlich verbotene Eheverlöbniss einlassen, bei Strafe vor das (städtische) Ehegericht geschickt zu werden[195]).

Ehren Johann Balthasar Schupp ermahnt deshalb seinen nach Gießen abgehenden Sohn Anton Meno anno 1657: „Hüte dich auch, daß du nicht etwan ein Quarr suchest, ehe du ein Pfarr habest, oder eine Kuh kauffest, ehe du einen Stall habest"[196]).

Auch in Göttingen befanden sich fast ständig verheiratete Studenten, Ausländer, die mit ihren Frauen reisten und hier einige Zeit Studien halber zubrachten, oder Deutsche, die schon ihr Studium hinter sich hatten und hier promovieren wollten. Eine Ehe schließen, durfte jedoch in Göttingen kein Student. Er verlor dadurch das bisherige „forum", weil man mit Recht annehmen konnte, daß derjenige, der sich in der Universitätsstadt verheiratete, nicht mehr weiter studieren wollte[197]).

Geraume Zeit später hieß es noch im § 12 der akademischen Gesetze der Universität Göttingen: „In Ansehung der Eheverlöbnisse der Studierenden findet dasjenige, was in der Ehe-Verlobungs-Konsulution vom 16. Januar 1733 als gemeines Landrecht bestimmt ist, seine volle Anwendung; und sind folglich alle Verlöbnisse, welche von akademischen Bürgern ohne ihrer Eltern und Vormünder Einwilligung geschlossen worden, wenn sie auch eidlich geschehen, und der Beischlaf hiezu gekommen wäre, so ungültig, daß darauf keine Klage auf Vollziehung der Ehe in den Gerichten angenommen wird. Wie es aber wegen der den Geschwängerten allenfalls zustehenden Satisfaction und Alimentations-Klage gegen Studierende zu halten sey, ist durch eine besondere Verordnung festgesetzt, welche in den Beylagen dieser Gesetze befindlich ist, und in vorkommenden Fällen genau befolgt werden soll. Wer übrigens der Unzucht geständig ist, oder derselben überführt wird, muß die in den Landesgesetzen vorgeschriebenen Hurenbrüche zahlen"[198]).

Der Senat der Universität Freiburg i/B. beschloß 1752, daß „wenn sich ein Student hinfür verheirate, solches aber ohne spezielle Erlaubnis geschehe, derselbe ipse facto von dem Forum der Universität ausgeschlossen sei"[199]). So hielten es die meisten deutschen Hochschulen bis zum Ende des 18. Jahrhunderts. Nur Jena ging noch einen Schritt weiter als die anderen Universitäten, und ließ seinen Zorn bei einer Studentenehe nur an der ‚Frau Studentin' aus.

Da besagte ein Oberkonsistorialreskript vom 13. Juli 1773, daß „künftig keine jenaische Weibsperson, weß Standes sie auch sei, bei Vermeidung empfindlicher Leibes- und nach Befinden anderer harter Strafe sich mit einem Studenten in eheliche Verbindung einlassen solle". Diese Leibesstrafe konnte nur in Auspeitschung bestehn.

Aber auch die studierende Jugend war mit Selbsthilfe zur Hand, wenn sie einen der Ihren in die Hand eines ihr nicht genehmen Weibes gefallen sah. So stürmte sie 1776 in Jena das Haus einer Dirne, und zwang sie, schriftliche Eheversprechen eines Studenten zu vernichten[200]).

Aber nicht allein die Behörden, sondern der gesunde Menschenverstand verurteilte in scharfen Worten die Studentenheiraten.

Helmstedter Protokolle berichten mehrfach von Schwängerungen, „in deren Gefolge die Studenten die Ehe eingehen müssen"[201]), wodurch die Mädchen zur „Frau Studentin" geworden waren. Das bestätigt auch um 1690 Happelius in seinem „Academischen Roman" mit den Worten: „Auf den deutschen Universitäten war es nichts ungemeines, daß vornehmer Leute Kinder sich in die Academischen Jungfern verliebten, selbige schwängern und alsdann zur Ehe nehmen müssen, wordurch ihr Glück größten Theils Schiffbruch leidet".

Der Pickelhäring in Schochs ‚Comödia vom Studentenleben' ruft den Jungfern zu: ,,Trauet bey Leibe jo keinem Studenten, wenn er gleich schwüre, daß ihm die Augen bluteten!" [202]) Das alte Sprichwort ‚Sorg für Pflug und Egg, dann dich zu deiner Grete leg', ändert Reinwald wie Schuppius dahin ab, ,,daß es wider die Klugheit sey, eine Kuh zu kaufen oder kaufen zu wollen, und noch keinen Stall dazu zu wissen"[203]). Schmeizel rechnet es unter die ,,unglücklichen Zufälle" eines Studenten, wenn er ,,so weit sich verleiten läßt, daß er die Thorheit begeht, sich mit dieser oder jener Gretha verkuppeln oder gar sich am Halse trauen zu lassen", mithin ,,sein völliges Glücke in der Welt gleichsam mit Füßen von sich stößet"[204]) Carl Heun warnt 1794 in seinen ,,Vertrauten Briefen"[205]) einer ‚bestimmten' Geliebten sein Herz und seine Hand auf ewig zu schenken. ,,Die traurigen Folgen einer solchen Unbesonnenheit äußern sich bis in das späteste Alter".

Im Jahre 1702 stellte Johann Nagel in einer Dissertation die Frage: ,,ultrum studiosus theologiae quamdiu in academiis aut alibi vivit, neque publico admotus et officie matrimonium utiliter contrahere possit seu", ob ein Studiosus Theologiae mit Nutzen heyraten könne[206]). Das Büchlein scheint weite Verbreitung gefunden zu haben, da es 1711 und 1729 neu aufgelegt werden mußte. Mit einer ähnlichen Schrift erschien 1709 der ,,Dreckapotheker" C. F. Paullini auf dem Plan. Er ist zwar der Meinung, daß es für den Studenten besser sei, sich zu verheiraten als zu brennen, kann aber nicht umhin, darauf hinzuweisen, daß durch die Ehe die Studenten vom Studium abgezogen werden können, ,,indem sie ihre Gedanken auf die Hauß-Sorgen kehren müssen", was natürlich vom Übel sei[207]). Und in dieser Tonart geht es weiter, so lange es dem Studiosus möglich war, sich seine Scharmante ohne weitere Schwierigkeiten antrauen zu lassen.

Nach allen diesen Erfahrungen ist es denn auch nicht verwunderlich, wenn ein Vater unter den Mitteln, den auf die Universität ziehenden Sohn zum Wohlverhalten zu zwingen, auch das aufnimmt, mit dem künftigen akademischen Bürger einen Vertrag abzuschließen, in dem alles das schriftlich vereinbart wird, was der Vater von ihm begehrt[208]). In den Briefstellern des 16. Jahrhunderts sind sogar zahlreiche Formulare vorhanden, nach denen Väter ihre Söhne ermahnen können, ein besseres Leben zu führen.

Wie sehr solch einem Vater das Wohlverhalten des Sohnes am Herzen lag, zeugt das nachstehende Schreiben, das aber keinem Briefsteller folgte.

„Instruktion vor meinen geliebten Sohn Eberhardum Wolfen, wie mit Gottes mildthätigem Beistand er sich in seinem jetzo vorhabenden 2jährigen Außenbleiben verhalten soll. — 1) „Alle Morgen, nachdem er aus dem Bett aufgestanden, sich gekämmt, gewaschen und angezogen haben wird, soll vor seinem Schöpfer, Erlöser und Heiligmacher er auf die Knie gebührlich niederfallen und sein Gebet in flammender wahrer Andacht und tiefster Demuth ernstlich verrichten, zugleich auch jedes Tags ohnfehlbar und ohn-vergeßlich diejenige Precation mitsprechen, welche a. 1629 ich gefasset und ihm gen Marburg mitgegeben, dazu auch meinen an sich schlechten und ringfügigen, in Christo Jesu aber kräftigen Segen gelegt habe". — 2) „Nach vollbrachtem Frühgebet soll er allemal einen Psalmen Davids lesen oder ihm vorlesen lassen, damit er den Psalter, welchen er in seiner zarteren Jugend ganz auswendig gekonnt, in stetiger starker Gedächtnis behalte". — 3) „Nach dem Psalmen soll er 1 oder 2 Kapitel aus der Bibel selbst lesen oder ihm vorlesen lassen". — 4) „Solches alles soll er thun nicht nur, wenn er Morgens aufsteht, sondern auch, ehe er Abends zu Bett geht". 5) „Noch darzu soll er des Tags sich jeweils einschließen, auf die Knie niederfallen oder sonst seine Andacht üben und emsig zu Gott im Himmel rufen etwa auf diejenige Weise, welche ich ihm am nächstverwichenen Sonntag Quasimo-dogeniti auch vorgeschrieben habe". 6) „Alle theologischen disputationes publicas soll er durchblättern, folgends besuchen und aushören: wenn aber deren in einem Monat mehr als eine gehalten würde, mag er die Besuchung unterlassen und in einem Monat mit einer theologischen Disputation content seyn, damit ihm nicht gar zu viel Zeit von studio juris entzogen werde". 7) „Sonntags soll er zwo und in der Woche eine Predigt hören, sonderlich aber je zuweilen am Sonntag wie auch Samstags gegen Abend in schönen Gebetbüchern, Postillen oder anderen theologischen Traktaten sich erblät-tern und, in denselbigen Stunden die schon angefangene zweite Lektion locorum theologicorum Hafenrefferei vollends hinausbringen". 8) „Und ist mir sonderlich angelegen, daß er zum wenigsten alle Quartal den Tisch des Herrn andächtig besuche, sodann, daß er sich gewöhne, die Sonn- und Feiertage fleißig zu halten und allgemein zur Übung der Gottseligkeit (es geschehe nun durch Beten, Singen, Lesen, Hören oder Gesprächhalten) an-zuwenden, sonst strafet Gott gemeiniglich, daß je eine Verhinderung der andern auf den Socken folgt, und man die Woche über fast niemals recht

fertig werden kann". — 9) „Alle vormittägige Stunden in der ganzen Woche,
den einigen Sonntag ausgenommen, wie auch dreier Täge Nachmittags-
stunden soll er nach gehaltenem Gebet und Lesung in der Bibel in solo
juris studio ganz zubringen". — 26) „Noch ein halb Jahr lang soll er täglich 1 Stund auf den Dantzboden und folgendes Jahr auf einen Fechtboden
gehen; wäre aber zu Jena kein Dantzmeister, so soll er das Fechten zwar
sobald ohne Prämittirung des Dantzens, jedoch etwa worerst in einem Viertheil
Jahr nach seiner Ankunft antreten. Stracks anfangs nach seiner Ankunft in
Jena soll er nicht geschehen, darmit er sich vorhin recht einrüste, den droben
gesetzten eilften Punkten dieser Instruktion desto besser erreiche und nicht
allzusehr in Bekanntschaft gerate". — 27) „In solchen exercitio des Fech-
tens soll wegen seiner Jugend ihm eine gar leichte Wehr gegeben werden
und H. Kolb zum wenigsten die ersten 3 Monate eben auch dieselbe Stunde
den Fechtboden mit und neben meinem Sohne meis sumtibus besuchen".
Darmstadt 8. April 1630[209]).

*   .   *   .   *

Zu den immer wiederkehrenden Klagen in den Ermahnungsbriefen gehörten
von alters her die über die vom Studentenleben früherer Zeit nahezu unzer-
trennlichen Saufexzesse. Wie von den Bursen das Wort Bursche abgeleitet
wird, so auch aus Bursianer das Bürstenbinder, im Sinne des noch gebräuchlichen Trinkens wie ein „Birstenbinder", wie Fischart sagt.
Wie es in den Bursen mit dem Trunk zuging, ist schon gesagt worden.
Die Sehnsucht der Goliarden stand nach Wein und Weib. Diese beiden
waren ihre Gottheiten, denen ihre Leier unentwegt erklang. Selbst die
kleinen Schützen auf der Landstraße fieberten nach dem Trunk, ihr Elend
zu betäuben. „Manchmal gingen wir im Sommer nach dem Nachtmahl in
die Bierhäuser Bier erbetteln. Da gaben uns die vollen Polaken-Bauern Bier,
daß ich oft ohne es zu wissen so voll bin worden, daß ich nicht habe wieder
zu der Schule können kommen, wenn ich schon um einen Steinwurf weit
von der Schule war", erzählt Thomas Platter[216]).
In Tübingen war ‚das wüsteste Pokulieren ganz außerordentlich im
Schwang'. Jakob Andreä, Propst und Universitätskanzler dort, klagt 1568
und 1569 über das alltägliche „wüst, epikurisch, viehisch Leben mit
Fressen und Saufen". Trunkenheit werde „geinlich weder bei hohen noch
niederen Standesleuten" für eine Schande gehalten. „Die mit gutem

Exempel und ernstlicher Strafe es abschaffen sollten, tun und treiben es am heftigsten".

In Jena erließen bereits 1556 die fürstlichen Gründer der Hochschule eine Polizeiordnung gegen das „Vollsaufen und Volltrinken"[211]) — man beachte den feinen Unterschied! Von da ab wimmeln die Universitätsgesetze aller Hochschulen von Verordnungen und Ermahnungen, alle mit dem gleichen Ergebnis, absolut nichts zu nützen.

Wenn es in Tübingen heißt: Kein Bürger oder Universitätsverwandter soll bei strenger Strafe heimliche Trinkstuben für Studenten halten; Wirte sollen, bei Strafe, solche nicht einrichten; Zechschulden sind die Eltern zu zahlen nicht schuldig[212]), so stand das auf dem Papier, sonst nichts.

Wenn aber wirklich für kurze Zeit dem Gesetz nachgelebt werden mußte, dann wußte man sich auch zu helfen. Da zogen die Studiosi in hellen Haufen nach Rottenberg und anderen Bierdörfern, um sich von dort Kiele zu Federn und Papier zu holen! „Sie gingen nach Montrouge, aber mit Rothenberg bei Tübingen, dahin die Studenten wöchlich um guten Wein walfarten, Papir zu holen, welches sie gleich so wolfeil ankommt, als wenn die Nürnberger Bierbrawer jährlichs Höfen (wohl Hopfen) in Thüringen holen", spottet schon Johannes Fischart[213]).

Aber in den Universitätsstädten bot sich ohnehin meist immer eine Gelegenheit, der Trinklust bis zum Übermaß zu frönen. Vornehmlich in den Kosthäusern, und nicht nur in denen, die heimlicherweise ‚Schlaftrünke' ausschenkten. So tranken einmal in Tübingen bei einer Witwe Megelin sechzehn Studenten fünfzig Maß Wein beim Mittagbrod. Dann trichterten sie einem gewissen Königsbach, während sie ihn auf einem Schiebkarren nach Hause fuhren, unterwegs noch Wein in den Rachen.

Von den Jenenser Trinkbräuchen wird uns berichtet, ‚daß dort Disputationen zu Ehren des Bacchus gehalten wurden, wobei die Zuhörer kleinere Becher bekamen, der Opponent einen Humpen hatte, womit er in dreifachem Schluck das jus objectionis darstellte, der Respondent durch dreimaliges Trinken diesen nassen Syllogismus annahm, der Präses das Übrige austrank'[214]).

Einer der wütendsten Teufel, die jene Welt von damals bevölkerten, der Saufteufel, hatte auch von den Studenten Besitz ergriffen. Mathäus Friderich aus Görlitz, Pfarrherr in Görenz und dann in Schönberg bei Görlitz, war der Biograph dieses nassen Satans, denn er schrieb den 1552 bei Georg Hantzsch in Leipzig erschienenen ‚Sauffteufel'.

Er sammelte in seinem schmalen aber inhaltreichen Büchlein alle Ursachen ‚das Sauffen zu meiden‘, und er findet deren sieben, und aus allen
geht als ceterum censeo hervor: Du sollst nicht saufen! „Obs etliche Pfarherr thun, da erger dich nicht an, sie werden rechenschafft drumb geben
müssen. Dir aber ist nicht befohlen von GOtt, das du thun solt, was dein
Pfarherr thut, sonder das du hören vnd thun solt, was er dir aus GOttes
wort vor saget. So wird auch Christus am Jüngsten gericht nicht fragen,
Ob du gethan hast, was dein Pfarher gethan hat, sondern ob du gethan
hast, was du von jm in der Predigt gehöret hast“.

Die Pfarrer waren eben auch Studenten gewesen:

> und was er als dieser gepflegt und getan,
>
> nicht will ers als Pfarrer entbehren . . . .

Zu einem Studentengelage in der zweiten Hälfte des dreißigjährigen Krieges
führt uns Moscherosch in seinem „Philander von Sittewald“. Als Modelle
haben Bursche der Universität Straßburg gedient.

In „Höllenkinder“, dem 6. der Gesichte, hört der Held einen Geist, der
ihn durch die Stätten des Elends führt, rufen: „. . . komme herbei und
schaue, in welchem Zustand meistens eure Studenten heutiges Tages leben,
und ob deren noch einige können errettet werden!“ Und sieh, ich sah ein
großes Zimmer, eine Kunkelstube (Spinnstube), ein Bierhaus, ein Pasteten-
haus, eine Weinstube, ein Ballhaus, ein Hurenhaus u. s. w. Ich kann nicht
sagen, was es eigentlich gewesen ist, denn ich sah alle diese Dinge darin:
Huren und Buben, Herren und Bärenhäuter, Rüpel und Studenten. Ich
fragte, was für eine Gesellschaft das wäre? und der Geist sagte mir mit
zwei Worten: „Das ist euer Studentenleben!“ Der Geist eifert nun über
die unziemliche Kleidung der Studenten: „denn wo die köstlichen Kleider
zunehmen, da geht der Verstand hinweg; wo die närrischen Trachten und
Gebärden einreißen, da hat die Lehre und Sittsamkeit ein Ende. Und nun
Philander, was dünkt dich? Sieh, die vornehmsten und meisten dieser Gesellschaft sind Studenten der Theologie. Sie gehen einher in verfladerten,
vernestelten, verbändelten, verstrickten Hüten, in verlotterten Hosen, in
verfederten taubenfüßigen Stiefeln, mit durchlöchertem Gewissen; sieh,
was für ein Leben sie führen, wie sies treiben und tun.

„Und diese sind es, die euch den Weg zum Himmelreich dermaleinst weisen
sollen“. Ebenso geht es mit den Humanisten. „Sie gehn daher in kostbaren
Kleidern mit Silber und Gold besetzt, mit gepuderten Köpfen und gepuff-

tem Haar, mit ungestalten Leibern, mit teuflischen Trachten und prangen in ihrem Grade wie eine Kuh, die am Joch zieht". Doch diese Alamode-Studenten verhüllen nur dürftig mit den prächtigen Gewändern die Roheit, die sie mit allen Kindern dieser trüben Zeit teilen. Beim Trunk offenbarte sich diese in ihrer ganzen Häßlichkeit.

Philander erzählt weiter: „Als ich auf Ermahnung des Geistes näher hinzutrat, sah ich, daß die Vornehmsten an einer Tafel saßen und einander zu soffen, daß sie die Augen verkehrten wie gestochene Kälber oder geschochtene Ziegen. Aber bei der Schenke bemerkte ich einen in grausamer Gestalt, der ihnen heimlich Schwefel und brennendes Pech unter den Wein mengte, wovon sie erhitzt wurden, als ob sie voll höllischen Feuers wären. Einer brachte dem andern eins zu aus einer Schüssel, aus einem Schuh; der eine fraß Gläser, der andere Dreck, der dritte trank aus einem verdeckten Geschirr, darin allerhand Speisen waren, daß einem davor gruselte. Einer reichte dem andern die Hand, fragten sich unter einander nach ihren Namen, und versprachen sich, ewige Freunde und Brüder zu sein mit Hinzufügung dieses üblichen Burschenspruchs: „Ich tue, was dir lieb ist, ich meide, was dir zuwider ist!" Dann band einer dem andern eine Schleife von seinen Schlotterhosen (Pluderhosen) an des andern zerfetztes Wams..... Die aber einander nicht Bescheid tun wollten, stellten sich teils wie Unsinnige, teils wie Teufel, sprangen vor Zorn in die Höhe, rauften vor Begierde, solchen Schimpf zu rächen, sich selbst die Haare aus, stießen einander die Gläser ins Gesicht, mit dem Degen heraus und auf die Haut, bis hier und da einer niederfiel und liegen blieb. Und diesen Streit sah ich auch unter den besten und Blutsfreunden selbst mit teuflischem Wüten und Toben entbrennen. Ich hörte einen hinter mir, der sprach: „Das sind die Blüten der Sauferei, das sind die Früchte des Pennalismus!" worüber ich seufzend bei mir sprach: Mein Gott ist es möglich, daß der Teufel etwas ärgeres unter den Menschen hätte aufbringen können als dieses, daß auch die besten Freunde wegen eines Glases Wein, wenn sie einander nicht Bescheid tun wollen, nicht mögen oder können, sich so entzweien, zanken, neiden, plagen und placken, und was das ärgste ist, daß sie sich die bäurischen, gröbsten Gedanken machen, als ob Ehre und Reputation deswegen in Gefahr stünde!

Andere waren da, die mußten aufwarten, einschenken, Stirnknuffen und Haarrupfen aushalten, neben vielen andern Narreteien. So saßen die anderen Eseln auf diesen wie auf Pferden und soffen eine Schüssel mit Wein auf

ihnen aus. Andere sangen Bacchuslieder dazu oder lasen Bacchusmesse:
„O edler Wein, o süße Gabe!" . . . ."

„Andere sah ich blinzelnd herumschwärmen, als ob sie im Finsteren wären,
jeder mit einem bloßen Degen in der Faust. Damit schlugen sie in die
Steine, daß es funkelte, schrieen in die Luft wie Pferde, wie Esel, wie
Ochsen, wie Katzen, wie Hunde, wie Narren, so daß es den Ohren wehe
tat . . . So ziehen sie des nachts umher. Die einen spielen die Laute, die
andern die Zither, andere schrien und raufen, und bald folgt das Jammer-
geschrei der Verwundeten . . . ."215).

„Andere wieder soffen einander zu auf Stühlen und Bänken, auf dem Tisch
oder auf dem Boden, auf den Knien (wie dies auch Johann Balthasar Schupp
bestätigt: „Da satzten sich einmahl zween auf die Knie und truncken . . . .
Brüderschaft"216)), den Kopf unter sich, über sich, hinter sich, vor sich.
Andere lagen auf dem Boden und ließen sich den Wein einschütten durch
einen Trichter. Andere lagen und schnarchten. Andere nickten und tranken
sich zu. Andere stimmten mit schwerer Zunge dem Gesange der Genossen
bei. Andere lagen lang auf dem Tisch, das Kinn in die hohle Hand gestützt.
Nun gings über Tür und Ofen, über Trinkgeschirr und Becher her und mit
denselben zum Fenster hinaus mit solcher Unsinnigkeit, daß mir grauste.
Andere lagen da, spien und kotzten wie die Gerberhunde. Und wenn sie
sich genugsam in dem Unflad besudelt hatten, dann kamen ein paar häß-
liche Geister und trugen sie zu Bett, daß die Flamme über ihrer Seele zu-
sammenschlug . ." „So wird es allen Studenten ergehn, welche die teuere
Zeit so liederlich verscherzen und die stattliche Gelegenheit so elendiglich
versäumen. Die ihrer Eltern sauren Schweiß mit Fressen und Saufen, mit
Spielen und Prassen, mit Buhlen und Stolzieren, mit Doppeln und Würfeln,
Lautenschlagen, Tanzen und Springen, Fechten, Ballschlagen oder für
Schuster, Schneider, Krämer, Barbiere, Wäscherin, Buchhändler, Holz,
Stube, Licht gleichsam durchjagen und verzehren, Witz und Verstand ver-
saufen, Kunst und Tugend verachten und in der Gnadenzeit nicht umkeh-
ren und sich bessern. Die das edle Talent und die von Gott verliehenen
Gaben, das herrliche Genie, Sinne und Gedächtnis in so mörderischer Weise
verderben, zu geringschätzigen, unnützen Dingen mißbrauchen, die erleuchtete Natur zum Liederdichten und zu anderen Leichtfertigkeiten abrich-
ten" . . . . . . Dazu brüllte der Chorus:

<blockquote>
Lasset uns schlemmen und demmen bis morgen!
Laßt uns fröhlich sein ohne Sorgen!
</blockquote>

Wer uns nicht borgen will, komme morge!
Wir haben nur kleine Zeit hier auf Erden;
Drum muß sie uns kurz und lieb doch werden.
Wer einmal stirbt, der liegt und bleibt liegen,
Aus ist es mit Leben und mit Vergnügen,
Wir haben noch von Keinem vernommen,
Er sei von der Höll zurückgekommen,
Und habe verkündet, wie dort es stünde.
Nur Gesellschaft treiben ist ja nicht Sünde:
Sauf also dich voll und lege dich nieder,
Steh auf, und sauf, und besaufe dich wieder!

So geht es noch einige Zeit fort, um in dem Stoßseufzer zu enden: ,,Ist dies die schöne alte Zucht? Soll das sanftmütige, gott- und ehrliebende Studenten geben? Sind dies die Helden, durch die künftiger Zeiten geistliches und weltliches Regiment auf Erden soll bestellt werden?"

*   *   *

Aus dem von Moscherosch nur angedeuteten Gebahren der zu gemeinsamen Trunk versammelten Studenten im Anfang seiner Schilderung, läßt sich so etwas wie ein Komment entnehmen, wie ein solcher in der Tat zu Zeiten unseres Dichters schon lange im Gebrauch war und sogar längst gedruckt vorlag.

Im Jahre 1615 erschien das ,Jus potandi oder Zech Recht. Durch Blasium Multibibum aufgesetzt, vnd jetzt aus dem Lateinischen übersetzt per Joannam Elisabetham de Schwinutzki'. Ein Jahr darauf gab es schon eine zweite Auflage, und von da ab zahlreiche Nachdrucke und Bearbeitungen, allein im 17. Jahrhundert 14 lateinische und 7 deutsche Ausgaben, bis zum Jahre 1877, in dem Dr. Max Oberbreyer seine Übersetzung herausgab. Blasius Vieltrunk, der Verfasser des Zechrechts, war sonder Zweifel ein Student, der sich mit Lust und Liebe, aber auch mit viel Humor herangemacht hatte, seinen Kommilitonen Saufregel zu liefern.

Unter den vielen ,Schimpfbüchlein vom Saufen' ist das des Multibibus wohl das einzige, das ausschließlich für Studenten berechnet ist. In 60 kurze Kapitel verteilt der Verfasser alles das, was er vom Trinken zu sagen hat, und was er beim Trinken beachtet wissen will. Vom löblichen und schönen Ursprung des Sauffens, Schwelgens und Demmens kommt er zu den Gründen des Zechens. Er sieht in ihnen nichts anderes, ,als ein tapffers und rittermäßiges Scharmützel. welches mit Kannen, Gläsern und

dergleichen Gefäßen, damit man frisch auff einander zusegelt, vor die
Hand genommen wird. Das Zechrecht aber, welches sich dahero entspinnet
und entspringet, ist dasjenige, das da in sich begreiffet, alle Gebräuche,
Solennitäten und zu solchem Werck gehörige Ceremonien und darneben
hell und klar alles das, was einer dem andern nach Statut und Satzungen
zu leisten schuldig, vermeldet und anzeigt'.

Die Ursachen des Trinkens, d. h. „dem freundlich anlachenden Gesellen
Baccho ein nasses Fest anzustellen und mit sonderlicher Hurtigkeit des Ge-
müths zu celebriren und zu begehn", nehmen ganze vier Abschnitte ein,
dann erst kommt die „Materia oder der Stoff", nämlich Bier oder Wein,
dran. Der Verfasser erkennt die Vorzüge jedes einzelnen dieser Stoffe an,
stellt aber die Entscheidung über diese in das Belieben der Trinker. Er
kannte eben den feinen Unterschied noch nicht, den 250 Jahre später
Richard Volkmann-Leander gefunden hat:

> Mut zum Kuß und Mut zum Schwerte,
> Schwung des Liedes und der Rede
> Trink aus hellgeschliffnem Römer:
> Schäumend in die dunkle Blutbahn
> Bricht der goldne Quell des Weines;
> Rascher treibt sie. Jede Faser
> Spannt sie an. In ungeahnten
> Combinationen reichen
> Die Molekel des Gehirnes
> Sich die Hände. Klang der Sphären
> Tönt — die Erde sinkt — gesichert
> Steigst du auf mit Götterflügeln
> Und am sonngen Firmamente
> Ziehst du hin! Im Nebel unten,
> Kaum erkennbar, liegt die Erde,
> Nur ihr dumpfes Brausen hörst du. —
> Aber sinnige Betrachtung,
> Philosophische Gedanken,
> Takt zu praktischem Geschäfte
> Schöpfst du besser aus dem Biere.
> Keinem Zweifel unterliegt es,
> Daß die Attraktion der Erde
> Es vermehrt. Behaglich sitzt du

Vom Hosenteufel und Riesenlatz

Kupfer von Virgil Solis

Hisce modis varijs Centatur cruda juventu: Sihe wie man studenten macht.
  In studiosorum si peint esse choro: auß grobe hölzlein vngeschlagt.
Vt liceat rapidoz animi compescere motus:
  Et simul ante scint dulcia durapati. Senci. Lu.

Depositionsszene im endenden 17. Jahrhundert

Aus Dendrono, Natürl. Abschilderung des akadem. Lebens,
Nürnberg, etwa 1725

Der faule Student

Profedet ingenuis Pallas quo profidet armis,
Cumq; hasta Cyprum docta Minerua gerit.

Hem, ab quadrupes tam ius, tacembor ut arma.
Nec sint a doctis hæc aliena viris.

Auf dem Fechtboden

Academia seu speculum vitae scholasticae, Arnheim 1612

Arreptis fidibus, noctu grasiantur in vrbe, Offensi vigiles at membra ferocia multant
Facturi socij, grata puella, tibi   Fustibus: I nunc, et disce manere domi.

Ständchen vermummter Studenten
Hinten Studentenschlägerei

Der Reinliche.

Der Unflaetige und Schwermende

Aus Winterschmidts Studentenleben

Nürnberg, um 1760

> Hinterm Bierkrug, deutlich fühlend,
> Wie stabilre Elemente
> Dir er zuführt, und antike
> Ruhe das Gemüt dir sänftigt" [217]).

Abschnitt 9 unseres Jus potandi beginnt endlich mit der Form, „Art und Weise des Zechens".

Es gibt zwei Arten: totales und partiales. Totales heißt, daß man das Glas auf einen Zug hinter die Binde gießt. Füllt man erst mit dem Trank den Mund an, ehe man die Flüssigkeit die Gurgel hinab rinnen läßt, so nennt man das floricos im Gegensatz zu hausticos, „wenn der gantze Pocal oder Glass auff einen Zug oder Athem evacuiret und geleeret wird". Nun wird die Frage erörtert, was mit dem zu geschehen hat, der nicht totales zu trinken im Stande ist. „Bei gutem Willen kann man ihn, wenn er nicht ala floricos zu saufen vermag, den Trunk ala hausticos verstatten. Den muß er aber leisten, bis ihm die Augen glitzen und das klare Wasser von dannen tröppffelt".

Artikel 13 und 14 behandeln die heikle Frage, „ob eine Jungfrau, so einem (Studio) an der Seiten sitzet, etwa ein wenig dürffen helfen ein Trüncklein thun? Ja, ja in alle Wege, quia minima non curat Praetor". Jedoch muß sie sich wohl hüten aus dem Glase des Studenten „ein eben starckes Söffchen" zu tun. Das gilt nicht und wird nicht erlaubt.

Ebensowenig darf sich einer unterstehn, ein altes Weib als Helferin zu haben. „Nein, mit nichten, in keinem Wege. Denn solche alte, grinsichte, trieffnäsichte Weiber pflegen gemeiniglich in die Kannen oder Glass zu kölstern und sauffen gerne ein mehres als seyn solte".

Das Zutrinken und Bruderschaftstrinken nimmt die Abschnitte 16—25 ein. Bei der Beschreibung der Zutrinkgebräuche steigen dem Verfasser die Bedenken auf: „ob denn auch dieses (Zutrinken) ein vernünftiges Thun und Verrichten sey?" Er kommt zu dem Ergebnis, „wer weiß nicht, wie viel gute gesunde Leute, indem sie mit solchem Gesundheitstrincken einem andern die seine haben wollen erhalten oder verbessern helffen, sich ihrer eignen, ja ihres Leibes und Lebens, dessen sie sonsten Alters halben noch wol eine Zeitlang hetten in andre Wege genießen können, gar elend und muthwilliglich spoliret und beraubet haben".

Bemerkenswert erscheint die in § 23 aufgeworfene Frage: „Soll aber eben dergleichen — d. h. die Degradation — auch von einem von Adel geschätzet und gehalten werden, gleich, als schadete er sich selbst, wann er mit einem ehrlichen Studioso eine solche Fraternität und Verbündniß geschlossen hat?"

Gott sei Dank nein! Der Adel behält seine Reputation ebenso wie der
Student, der sich herabläßt mit einem „Mercator oder Kauffgesellen auff
Brüderschafft zu trincken".

Kitzlicher als diese beiden ist schon die Frage: „Was hältst oder meinest
aber du von einer Jungfrauen, geschicht auch ihr etwa an ihrer Zucht,
Scham und Keuschheit eine Verkleinerung oder Abbruch, wenn sie mit
einem jungen Gesellen uff Brüderschafft oder auff Dutz trincket?" Jungfrauen seid auf der Hut! „Und hat man wohl ehe erfahren, daß der Name:
liebes Schwesterchen in einen weit andern Titul innerhalb weniger Monaten verkehret worden; und wol ehe hernach der Bruder mit der Schwester
zu Bette gangen. Derowegen: Principiis obṣta, sero medicina paratur.

Die unappetitlichen Trinkgeschirre, wie sie schon Moscherosch erwähnt
hat, die Zutaten zum Suff, wie Unschlichtlichte, ungewässerte Heringe, die
in die Kanne geworfen und mitgetrunken werden, dann das Zerbeißen der
Gläser „gleich als wärens Kirschkern", machen den Inhalt der Abschnitte 26
und 27 aus. Dann bildet ein ganz belangloses 28. Kapitel den Auftakt zu
dem sehr interessanten 29. Dieses lautet: „Das Trinken an sich selbst geschicht nun auch uff viel und mancherley Weise. Ich aber wil nur etliche
wenig Umstände disfalls erzehlen und anmelden. Etliche wenn sie trincken,
fassen oder heben das Glaß mit dem Munde auff, etliche fassen die eine
Lippe, damit sie also mit zur Erde gestürzten Kopffe trincken können;
Andere nehmen zwey Gläser zusammen und trincken sie mit einander zugleich aus. Andere fassen das Glaß nicht mit der Hand, sondern unter den
Arm, Andere stürtzens an die Stirn, damit also das liebe Geträncke all-
gemachsam an der Nasen als in einer Rinne zum Munde herab fließe. Und
bedüncket mich, daß bey solcher selttzamen Sauffceremoni diejenigen mit
einer sonderlichen Prärogativ und Vortheil begabet seyn, die da feine große
hereinwärts gekrümmte Nasen, wie ein Habichts-Schnabel zu haben pflegen". Gewisse „Gesticulationen und Ceremonien" haben eigene Namen. So
das Curl Murl Puff, bei dem der Bart auf besondere und vielfältige Art gereinigt wurde. Dann sollten bei gewissen Trünken „itzt mit den Füßen ge-
tappt, bald mit den Fingern geschnippft, eines gepfiffen und sonsten viel
seltzame phantastische Possen gebraucht werden". Dann gab es das Pocolum
latinum, das Rößlein verkaufen, dem Unbekannten bringen, das ohne Duck,
ohne Schmuck, ohne Bartwisch.

Die folgenden Abschnitte, von 31 an, befassen sich mit den Willkommen-
trünken, bei denen „das Römische Reich" zu ihrem Rechte kommt, näm-

lich der so genannte Riesenhumpen, „dessen Krafft und Gewalt so groß und mächtig ist, daß sie wol auch den allerstärckesten Herculem oder Sauff-Ritter dürffte ein Bein stellen und wieder GOttes Boden darnieder werffen". Aus diesem Ungetüm pflegten vier Mann zu trinken. Drei nippten, der Vierte hatte die ehrenvolle Aufgabe, den Rest, unbeschadet seiner Menge, zu schlürfen. Der folgende Abschnitt gibt an, wie junge Gesellen und Jungfrauen, paarweise um den Tisch gereiht, Hand in Hand gleichzeitig aus einem Becher trinken, und sich darauf noch mit einem ‚ausbündigen freundlichen Kuß' stärken sollen, der besser als der allerbeste Wein schmecken würde.

Was soll geschehn, wenn bei einem Rundtrunk aus einem Gefäße einer in die Kanne nieße oder husten müsse. Nun dann habe der Verbrecher eine frische Kanne zu bestellen. Unweigerlich von Rechts wegen!

Artikel 37 besagt, „daß der Effekt oder Ende des Sauffens nun nichts anderes sey, daß einer einen guten Rausch bekomme und truncken wird ... aber ehe man sichs versiehet, rufft er Ulricum. Und siehe dich vor, daß du ihm nicht eben in dem Gesichte stehest, sonst wird er dich mit einem stattlichen Magenpfeil schießen, daß du des Schwammes wol begehren wirst". Um sich dem Rausch möglichst zu entziehn, ist es erlaubt, mit gutem Gewissen allerlei Mittel anzuwenden. Beim Gelage sollen alle Disputationen unterbleiben. Erstens sind sie langweilig, zweitens können sie Gezänk und Streit erregen.

Absatz 43 rechnet mit jenen ab, die den löblichen Brauch huldigen, „wenn sie wol bezecht seyn, daß sie gerne Fenster ausschlagen, Tische und Bäncke und dergleichen in stücken brechen", oder wohl gar den Ofen stürmen und die Kacheln „hernach zum Fenster häuffig hinaus werffen". Die Schoristen lieben dies bei ihren Besuchen in der Behausung der Pennäler zu tun, wenn sie nicht vorziehn, deren Bücher zu vernichten oder mitgehn zu heißen. Da diese Sache eigentlich mit den Komment wenig zu tun hat, so sei sie mit dieser Anführung auch erledigt. Wichtiger ist die Entscheidung, „ob die Speyaktion, die in vieler Leute Gegenwart geschehen, etwa eine turpido oder Schande sey?" Im Allgemeinen hält man dafür: quod non! Aber: „Wäre das nicht eine große Schande und Übelstand, wann einer in Gegenwart etlicher Jungfrauen ein unflätiges Speymultum begienge und Ulricum anruffte?" Der Verfasser ist anderer Meinung als manche Jungfrau, die so etwas nicht gern sieht.

Auch darüber sind die Gelehrten nicht einig: „Ob nemlich ein guter Ge-

selle, der da mitten unter den Jungfrauen zu Tische sitzet, salve honore
könne auffstehen und Urinam zu reddiren hinaußgehen?'' Nachdem der
Verfasser einen etwas scharf gesalzenen Schwank erzählt, wie ein in die
Enge getriebener Bursch sich geholfen hat, kommt er zu dem tiefsinnigen
Ausspruch, ,,seyd doch nicht so gar furchtsam und schüchtern der Natur
ihr Werck und Nothdurfft zu verrichten, welches doch die Jungfrauen selbsten, wie subtil, wie künstlich und klug sie sich auch bedüncken lassen,
nicht durch die Ribben schwitzen''.

§ 47 erklärt den für unschuldig und nicht strafwürdig, der einem andern
in die Augen gespien oder die Kleider beschmutzte, wenn er dieses nicht
absichtlich getan hat. Der nächste Absatz ergeht sich über den Umgang mit
Jungfrauen und solchen, die es gewesen sind oder nicht mehr sein wollen,
indem die Frage aufgeworfen wird, ,,ob auch Jungfrauen solchen Conver-
sationibus ohne Gefahr und sicherlich könten beywohnen?''
Darüber heißt es nun: ,,Fürwahr, weil ihrer viele bevoraus allda ungewisser
Hände seyn und mit denselben bald herauff, bald hinunterwerts in alle
Winckel zu grapscheln pflegen und gleich wie die Schafe umher irren, sonderlich wann ihnen die Augenlieder, wie dazumahl gar leichtlich geschiehet,
unversehens zufallen, also achten wir bey solcher Beschaffenheit nicht vor
rathsam, daß ihnen die anwesenden guthertzigen Jungfräulein zu viel trauen:
latet enim anguis in herbis (Vergil, Ecloge 3,93), welche, so sie eins mit
dem Stachel treffe, dürffte sie wol durch gefährliche Vergifftung das arme
Mägdlein so schwellend machen, daß ihr mit keinem Pflaster, wie starck
auch die vis attractiva dessen sei, hernach könne gerathen und geholffen
werden. Doch rede ich allhier nicht von denen Jungfrauen, die nach der
Passauer Kunst sich feste machen und wider Hieb, Stich und Geschoß
können. Mögen derhalben etliche fromme Galatheae wol bedencken, was
die Jungfrauschafft vor ein gefährlich und zerbrechlich Ding sey cum eam
osculo delambari tradent. Sie mögen auch darneben ein wenig fleißiger be-
hertzigen . . . daß auch die Götter selbst eine einmahl verderbte Jungfrau
nicht wiederum könten ergäntzen und wieder zu recht bringen.
Solches alles und jedes nun acht ich, was diejenigen Jungfräulein wol wissen
und verstehen, die sich und ihr selbst Heil und Wolfahrt gar beißig defen-
dieren und beschützen wollen, indem sie gar zorniglich solche und dergleichen Schelt- und Schutzwörtlein von sich hören lassen: Sine me inde-
tonsam, laß mich zu frieden, laß mich ungefoppt. Manum de tabula. Nicht
zu weit, Herr. Lieber lasts bleiben, ihr werdet hier nichts finden, was ihr

und euersgleichen suchet. Domine, quod sunt venti? Was will der Herr wol? Oder wie etliche Neotericae und Neugesittete zu sagen pflegen: Hoccine adspiras? Gleichwol, wolt ihr gerne hin? Bei Leibe nicht. Ach, wie könt einer doch? Es wäre meine höchste Ungelegenheit. Höret auff, lasset es bleiben. Lieber last die Possen bleiben. Lieber last es seyn. Ist der Herr auch hönisch? Diese Woche nicht. Sehet doch, was wollt ihr denn wol? Meinet ihr, daß ich eine H..e bin? Das mal nicht, es schläffet heute ein Bauer bey mir. Last mich gehen. I ne doch! Wo kommt ihr her? Was wolt ihr denn wol? I, ihr seid wol richtig? Ey, lieber lecket mich gar am A.... Habt ihr auch neulich das Maul gewischt? Und was dergleichen indignanda formulae und sehr schöne Ungedults-Formen und Wörtlein unzehlich mehr von den Jungfrauen mögen gehöret werden". „Hier entsteht nun eine nicht ungereimte Frage", heißt es 49, „ob derjenige, der da solcher Gestalt einer Jungfrauen hätte wollen mit der Hand in Rock fahren, injuriarum könne belanget werden?" was bejaht wird. Etwas anderes ist es natürlich, wenn eine ,Jungfrau' ein verlöffeltes und geiles Rößlein ist. Das Kapitel Jungfrau und Pursche oder Purschen behandeln weiters die Absätze 51 bis 58 in oft recht unverblümter Weise. Die beiden letzten Absätze sind belanglos.

Ein im Jahre 1633 unter dem Titel: „Newe, Artige vnd kurtzweilige DISPVTATION In welcher das Zech- vnd Sauffrecht . . . beschrieben wird . . . . Von Blasio Vielsauff, beyder Wein vnd Bier Candidaten. Gedruckt im Jahr GVter WeIn erfreWet DVrstIgen MensChen Ihr Hertz", lehnt sich an das von uns behandelte Buch, das es nur noch, jede Umschreibung vermeidend, bis ins Unflätige vergröbert. Als Kostprobe: „Und ist es, so man die Sau —, soll heißen Saufbrüder, ansieht, nicht anders, als es in ihren Regeln des Sauordens heißt: Jedweder soll allweg mit seinem Trinken dreierlei Maß halten: erstlich wenn ihm die Augen voll Wassers stehn, zum andern, wenn ihm der Atem zu kurz wird, und zum dritten, wenn nichts mehr im Glas oder Becher ist. So dann nach solchem Trinken der Dreck ihm im Halse aufsteige, soll der Bruder im Sauorden den Dreck über den Tisch speien in den Saal oder Stuben und ihn recht austreten. Und so er dabei den Nachbar ein wenig trifft, so wird im Orden um so mehr von ihm gehalten. Auch soll er sich ins Tischtuch schneuzen und andere Unflätereien mehr begehen, als zu ihrer Verspottung in dem Büchlein gesagt wird, und wird noch schier weniger darin gesagt, als in Wahrheit an Unflätigkeiten und Unzucht aller Art vor Augen, so man den Saufgelagen, wobei auch wohl Frauen und Jungfrauen hohen Standes zugegen, zusieht" [218]).

Einen seltsamen Kommersbrauch überliefert Freiherr von Crailsheim, der eifrige Sammler des nach ihm benannten Liederbuches. Nämlich: „Folgende curiose Gesundheit auf 3mahl ein Glaß Wein auszutrinken, und bey jedesmahligen Absetzen pum zu sagen, ist (auch) artig: dabey muß einer, während daß der andere trinkt, folgende Worte singen:

> Komm Mädgen last uns fahren, nach pim pam pum :,:
> das Gläschen das geht rum rum rum
> nach pim pam pum, nach pim pam pum, nach pim pam pum.

Wann nun der da singet bey dem andern Vers anfängt, das Gläßchen das geht rum rum rum, so muß der andere schon zum trinken anfangen, und zum erstenmahl absetzen, wann der Sieger noch pim pam pum gesprochen, und sogleich oum darauf zu sagen, währender Zeit wieder nach pim pam pum gesungen wird, trinkt man wieder, setzt zum 2ten mahl ab, und sagt pum, und bey dem 3ten mahl muß das Glas gar aus seyn, und pum ohne Verweilen gesprochen werden, oder es kostet Strafe. Der Vortheil ist dieser, daß man das erstemahl am meisten, und das Glas über die Helfte austrinken muß, sonst kan man nicht zum Athem kommen, um mit 3maligen pum sagen allezeit gleich fertig zu sein . . . . . Folgendes Trink-Lied ist auch beliebt: Die Compagnie oder auch nur einer daraus singt:

> O Tannen-Baum! O Tannen-Baum! Du bist ein edler Zweig :,:
> Du grünst in dem Winter wie auch zur Sommers-Zeit.
> Wenn andere Bäumelein in großen Trauern stehen :,:
> So grünst du dennoch :,: du edler Tannen-Baum.

Wenn es auf die Worte gekommen, so grünst du dennoch, so muß der da trinken soll das Glas ansetzen, während daß fortgesungen wird, du edler Tannen, du edler Tannen etc. etc. solches austrinken und sagen Baum. Der Sauf-Calender lautet also . . .“ [219]).

Von dem Trinklied vom Tannenbaum heißt es in der Sammlung „Recueil von allerhand Collectaneis und Historien“ [220]). Zu Altdorff ist vordem der Gebrauch gewesen, daß die Herren Studiosi auf öffentlichen Markt und Gassen Tische gesetzet und dabey geschmauset, allso sich dann auch die vorbeygehende Professores nicht erwehren können eines mit zu machen, und die alte Stückchen, als z. E. O Tannenbaum, O Tannenbaum ect. mit anzustimmen“.

In allen noch zugänglichen Kommenten fehlt aber seltsamerweise jede Erwähnung des guten alten Salamanders, dessen Reibung auf keinem Kommers unterlassen wird. Der Ursprung dieses Brauches ist nicht nachgewiesen. Er dürfte aber kaum älter als hundert Jahre sein, wie Lichterfeld festgestellt[221]) hat. Immerhin ist bemerkenswert, was Scheffel 1854 in der 122. Anmerkung zu seinem „Ekkehard" angab:

Im 8. Kapitel des Romanes versammeln sich Bauern zu einem nächtlichen, geheimnisvollen, den alten Göttern geweihtem Gelage. Zum Schlusse ergreifen die Männer ihre Krüge, und reiben sie in einförmiger Weise zu Ehren der Gottheiten dreimal auf dem geglätteten Fels. Dazu erläutert nun der Dichter: „Wer da weiß, mit welcher Zähigkeit der Bauer in seiner Sitte die Überlieferung altersgrauer Vergangenheit bewahrt, und wie noch manche seiner heutigen Bräuche an die Opfer des Heidentums gemahnen, den wird es nicht befremden, im 10. Jahrhundert noch auf nächtliche biertrinkende Konventikel zu stoßen, die sich von denen zu des heil. Columban Zeiten (6.—7. Jahrh.) wenig oder gar nicht unterscheiden. Ob übrigens eine in ähnlichen Formen wie die hier beschriebenen sich bewegende Sitte des gemeinschaftlichen Trinkens auf den deutschen Hochschulen, die unter dem Namen ‚einen Salamander reiben' bekannt, aber von Niemandem erklärt ist, nicht auch einen Anklang an altheidnische Trankopfer enthalte, bleibe dahingestellt".

Immer wieder muß betont werden, daß sich zotige Gebräuche und Roheiten auf den Hochschulen nur deshalb so fest einnisten konnten, weil die Lehrer entweder solches Treiben stillschweigend durchgehen ließen, es sogar förderten oder mitmachten, und dies schon zur Zeit der Bursen.

Der Philologe Heinrich Loriti Glareanus schrieb am 21. Januar 1550 an seinen Freund Aegidius Tschudi über die Studenten in Freiburg i/Breisgau: „Die jetzige Jugend ist durchaus so schlecht, daß sie Sodoma und Gomorrha nahe ist. Trunkenheit, Treulosigkeit, Gottlosigkeit, Entehrung des Heiligen und Verachtung Gottes hat sich aller Gemüter bemächtigt". Vorsteher und Studenten verließen oft in der Nacht die Hauptburse ‚Zum Pfauen', tranken bis zur Besinnungslosigkeit, oder holten sich Dirnen in das Haus.

Einer von den vielen Hochschullehrern, die ihren Zöglingen nicht mit gutem Beispiel vorangingen, war der Wittenberger Professor der Dichtkunst Friedrich Taubmann. Wenn er auch bei seiner Rektorenübergabe im Herbst 1608 in zündenden Worten die allgemeine Verkommenheit schilderte und vornehmlich vor der Trunkenheit und ihren Folgen warnte, so war dies nichts weiter als eine lustige Komödie, die des vollsten Verständnisses der Zuhörer sicher war. Er selbst war nämlich ein Säufer. Nicht selten bei den

wüsten Gelagen seiner Hörer der tollste. Es vertrug sich mit seiner akademischen Würde vollkommen, am kurfürstlichen Hofe in Dresden den
Schalksnarren und lustigen Rat zu spielen, und sich die entwürdigendste
Behandlung gefallen zu lassen, wie später der gelehrte Grundling bei dem
rohen Soldatenkönig Friedrich Wilhelm I. von Preußen. Sehr bezeichnend
für den Professor und seine Schüler ist die folgende Anekdote:

Bei einer Hoftafel erkundigte sich Kurfürst Christian II. bei Taubmann
nach dem Verhalten der Wittenberger Studenten. Der Professor schwieg
achselzuckend und Gesichter schneidend. Sofort nach aufgehobener Tafel
ergriff Taubmann den Stoßdegen eines der Hofherrn, eilte in den Schloßhof
hinab, lief unter greulichem Schreien und Johlen hin und her, hieb mit
dem Degen auf die Pflastersteine, daß die Funken sprühten, bedrohte das
herbeieilende Gesinde mit der Waffe und unflätigen Redensarten, riß sich
die Kleider vom Leibe, gebärdete sich wie ein Wahnwitziger. Dem Kurfürsten, den der Lärm an das Fenster gelockt hatte, rief er auf dessen Frage
zu: ,,Kurfürstliche Gnaden, ich wollte nur ein schwaches Bild von dem allgemeinen Verhalten der Studenten in Elb-Athen geben"[222]).

Taubmann konnte sich glücklich schätzen, zu seinem Professoren-Einkom-
men noch das des Hofnarren zu erhalten. Andere Gelehrte waren nicht so
dumm oder weise und hungerten.

Der kursächsische Hofnarr Hensel bezog außer ,,Obdach bei Hofe, Mahl,
Morgen- und Vesperbrod, Schlaftrunk, Licht und Hofkleidung, einen Lohn
von 150 Goldgulden. Das Einkommen deutscher Professoren war dagegen
ein Bettel, der noch nicht einmal pünktlich bezahlt wurde. Wenn sie mit
ihrer meist großen Familie — 10, 15, 18 Kinder waren keine Seltenheit —
nicht hungern wollten, so griffen sie, wenn sie ehrlich bleiben wollten oder
bleiben mußten, zu Nebenbeschäftigungen, da es ,,nichts anderes als töten
sei, wenn man den Professoren allen um des täglichen Brotes willen betri-
benen Handel untersagen wollte"[223]).

Die Broderwerbe bestanden vornehmlich darin, daß die Professoren in ihren
Häusern Kostgänger hielten. Die Magistrate der Universitätsstädte setzten
sich dadurch dafür ein, den Professoren höheren Gewinn aus ihrer Wirte-
tätigkeit zuzuschanzen, daß sie fast überall gestatteten, die Getränke für den
eigenen Gebrauch der Hochschullehrer abgabenfrei in die Stadt einzuführen.
In Frankfurt a/O. war dies sogar den Doktoren aller Fakultäten zugestan-
den. In Jena und in Altdorf genossen die Professoren die Freiheit, in dem

Widder den Sauffteuffel/

fel/ gebeffert/ vnd an vielen öttern gemehret.

Item/ Ein Sendbrieff des Hellischen
Sathans/ an die Zutrincker/ vor 45. Jaren zuuor auß gegangen.
Item/ Ein Sendbrieff Matthei Friderichs/
an die Follen Brüder in Deutschem Lande.

Das Gesang der Schlemer.

Ich bin zu fru geboren/
Wo ich hewr hin kumb.
Mein gluck ist noch dauornen/
Het ich das Kaisertumb

Darzu den Zoll am Rein/
Vnd wer Venedig mein.
So wer es als verlohren/
Es muß verschlemet sein.

Aus: Vita Corneliana von Peter Rollo

Hic aleis ludit, Venerem compescit at alter.
Cui cedat lucrum majus? uterq; probet.

Der ein mit Grelen spielt im brett
Vmb den andern es besser steht
Sein Werckstad mir viel lieber gfält.
Dan des ersten gewunnen gest.

Hic comedat, bibat ille, Voreisq; canisq; cuchq;
Labra labris iungo quandis ego: dives ero.

Iß, friß, schmeiß, sauff, sing wer, da will,
Pfeiff auff Sacktzeiffn Lautenspiel.
Wan ich Ennichen geb ein Schmatz
Halt ichs fur, meinen höchsten Schatz.

Aus Peter Rollos Vita Corneliana, um 1630

Der Herr Rektor läßt bitten

Das Tagewerk des Burschen

Stammbücher aus der
Lipperheidschen Kostümbibliothek, Berlin

Die Mäßigkeit /1

schreibt masse für dem Essen und Trinken /2
und hält an die Begierde / als mit einem Zaum: 3
und also mässigt sie alles / damit nicht zu
viel geschähe. Die Schlämmer (Säuffer) sauffen sich toll und voll /4 taumeln /5 speyen
(kotzen) 6 und hadern. 7 Aus der schlemmerey /
entstehet Geilheit, aus dieser / ein Unzucht-
Leben unter Hurern 8 und Schleppsacken /9
mit Küssen / Betasten / Umarmen (herzen)
und Danzen (hüpfen) 10

Zwei Holzschnitte

aus Joh. Amos Commenii, Orbis sensualium
pictus. Norimbergae 1658.

Kollegienbrauhaus soviel Bier tranksteuerfrei brauen zu dürfen, wie sie für ihren Hausbrauch und ihre Tischgenossen benötigten.

Einer diesbezüglichen ganz besonderen Ehrung, die Melanchthon zuteil geworden war, muß an dieser Stelle gedacht werden.

Am 5. Juni Anno 1553 ging dem Schösser und „dem lieben Gebräuer George Grumer" zu Wittenberg folgende Verordnung zu:

„Von Gottes Gnaden Moritz Herzog zu Sachsen, Kurfürst etc. Lieber Getreuer. Wir haben aus bewegenden Ursachen gnedigst gewilligt, dem Hochgelahrten Unserem auch lieben Getreuen Herrn Magister Philippo Melanchthoni alle die Maltze so er vor sein Haus verbrauen wirdt die Zeit seines Lebens aus unseren Mühlen zu Wittenberg Sterzenfrey (wohl umsonst und abgabenfrei) folgen zu lassen. Begehren demnach, Du wolltest Ihme, wie berührt, hinfüro die Zeit seines Lebens aus unseren Mühlen zu Wittenberg Melzenfrey folgen lassen, und diesen unseren Befehl ins Amtsbuch registrieren. Geschicht unser Wille und Meynung" [224]).

In Jena war den Professoren durch die Statuten von 1569 noch ausdrücklich die Bewilligung erteilt, von dem der Universität gehörenden und später privilegierten Rosenkeller eingelagerten fremden und einheimischen Sorten Bier oder Wein steuerlos zu entnehmen.

Es konnte natürlich nicht ausbleiben, daß derartige Privilegien von den Gastwirten nicht neidlos hingenommen wurden. Es regnete bald Bestimmungen, in denen den Gelehrten eingeschärft wurde, ihre Vorrechte nicht zum Nachteil der Schankwirte auszuüben, woran sie sich aber wenig gehalten zu haben scheinen, da viele von ihnen einen schwunghaften Getränkeverkauf betrieben.

Für Wittenberg erteilte 1614 Kurfürst Georg nach einer Untersuchung den Befehl, „die Professoren der theologischen und juristischen Fakultät, die genugsames Einkommen haben, sollen inskünftig des Bier- und Weinschenkens, die anderen Professoren aber Gäste zu setzen sich gänzlich enthalten". „Auch gezieme es sich keineswegs und könne der Universität nicht gestattet werden, während der Vorlesung in der neuen Trinkstube im großen Auditorium des Kollegiums des Kurfürsten Friederich Gäste zu setzen und andere damit zum Unfleiß anzureizen". „Bei Strafe eines Guldens dürfe den Studenten das Zechen in diesem Kollegium während der Vorlesung nicht gestattet werden" [225]).

In den Heidelberger Statuten von 1558 wurde den Professoren der Ausschank von zwei Fudern Wein, aber nicht mehr, freigegeben [226]).

Die Nebenbeschäftigung des Weinvertriebs gestaltete sich dann und wann insoferne zur Hauptaufgabe des Gelehrten, daß sie ihm nicht Zeit ließ, sich auf die Vorlesungen genügend vorzubereiten, oder sie zwang ihn zu Geschäftsreisen, die ihm wichtiger und einbringlicher waren als seine Lehrtätigkeit.

Einen besonders krassen Fall solcher Art berichtete 1604 Peter Fabricius aus Rostock seinem Freunde Georg Calixtus: „In allen Fakultäten herrscht eine derartige Schläfrigkeit, daß sie nicht größer sein kann. Einige, die schon drei Jahre mit dem Titel Professor geschmückt sind, haben während dieser Zeit noch nicht ein einzigesmal eine Vorlesung gehalten, selbst nicht einmal einen Hörsaal betreten. Geld kann man hier bestens verzehren, aber ich zweifle daran, hier Gelehrsamkeit zu erwerben"[227]. Auch aus Wittenberg kamen Klagen über die häufige und langwährende Abwesenheit der Professoren, in Leipzig wird 1616 befohlen, daß jeder Lehrer der drei höheren Fakultäten wöchentlich vier Stunden lesen müsse. Ganz unglaublich waren die Zustände an der herzoglich braunschweigischen Universität Helmstedt. Dort mußte nach einer Visitation im Jahre 1597 verfügt werden, bei Anstellung eines Professors darauf zu sehen, daß dieser „eines ehrlichen Herkommens, nicht versoffen oder ein Schwelger, nicht zänkisch, nicht kollerisch, nicht faul und laßfertig und ein Versäumer sei". 1602 wurde angezeigt, daß gar keine Vorlesungen mehr stattfänden und in den Convictorien sich mehr Soldaten als Studenten einfänden.

Nur wenn es etwas zu trinken und zu schmausen gab, da waren, wie bedauerlicher Weise festgestellt wurde, die Professoren immer gleich zur Stelle.

„Man findet Professoren, die die verbotenen Pennalschmäuse gern besuchen und das Kalb weidlich mit austreiben helfen, zum Gesauf an den Tischen selbst mit Anleitung geben, die Halbe einschenken und das Doppelte anschreiben, zum Weinschmaus und Kartenspiel anreizen, damit sie einen guten Rausch und das Hellerlein davonbringen", schreibt Sigmund Evenius[228]. Die erwähnten Pennalschmäuse waren ein Teil der Pflichtgastereien, die jeder Student von seinem Eintritt in das akademische Bürgertum bis zu seinem Abgang von der Universität zu geben gezwungen war. Der große Aufwand, den diese Schmäuse erforderten, trug nicht wenig zur Entvölkerung der Hochschulen bei, die häufig katastrophale Formen annahmen, denn fluchtartig mußten ärmere Schüler die Universitäten vor den großen Anforderungen verlassen, die unbedingt nötig waren. Da gab es neben den allgemeinen Fakultätsgebühren Ehrengaben an die Fakultätsmitglieder, die in Tuch, Baretten, Handschuhen, Konfekt u. s. w. bestanden. Beschaffenheit und Menge wurden genau nach der Rangordnung bestimmt. Nur der Würdigere durfte z. B. hirschlederne Handschuhe erhalten. Auch die Pedelle, deren Stellung damals viel ebenbürtigere waren als heute, mußten bedacht werden. Die Naivität einer Zeit, deren Finanzsystem noch nicht bürokratisiert ist, kommt in alledem zu klarem Ausdruck, sagt Dr. Friedrich Schulze[229]). Eine Massenflucht armer Studenten war die Folge solcher, sich immer steigender Forderungen. So hatten die vier Fakultäten in Freiburg im Jahre 1576 250 Studenten, 1616 noch 97, und 1617 gar nur 78. Noch empfindlicher als Freiburg sank Köln. Hatte dieses bei Ausgang des Mittelalters oft 2000 Wissensdurstige in seinen Mauern, so waren dort 1534 nur 54 eingeschriebene Hörer. — Die Hörerzahl in Rostock war von 123 im Jahre 1521 auf 5 (fünf) im Jahre 1526, in Leipzig von 340 auf 81, in Wittenberg von 245 auf 76 gesunken. Allerdings erholte sich Wittenberg einige Jahrzehnte später wieder sehr stark und wies an 2000 Universitätsbesucher auf.

Den Gipfelpunkt der studentischen Festlichkeiten, häufig zugleich auch der Abschluß des Studententums, bildete der Promotions- oder auch Magisterschmaus. Er setzte sich aus zwei Teilen zusammen. Nämlich dem Lichterfest und dem Lichterschmaus als Vorspiel zu dem eigentlichen Magisteressen, dann aus diesem selbst. Selbstverständlich hatte sich bei diesen Schmäusen, akademischen Veranstaltungen erster Ordnung, im Laufe der Zeit ein Zeremoniell herausgebildet, so echt deutsch-gravitätisch-pedantisch, so seltsam abstechend gegen die ganzen Gepflogenheiten und das übliche Gehaben der Studenten, daß den Herren Magistern ganz sonderbar zu Mute geworden sein mag, wenn sie all das salbungsvolle Getue, so eine Art Ritterschlag über sich ergehen lassen mußten.

Hier nur kurz erst einiges über den Lichterschmaus in Leipzig.

Am 6. Januar, dem Dreikönigstage, mittags um 12 Uhr, traten alle Kandidaten für das Doktorexamen, von ihren Präzeptoren begleitet, im Neuen Kollegium vor dem Prokanzellar und den Examinatoren an. Die Präzeptoren wurden befragt, ob sie etwas gegen ihre Schüler vorzubringen hätten, was in der Regel verneint wurde. Hierauf erfolgte an die Examinatoren die Frage, ob sie die Kandidaten würdig hielten, zur Prüfung zugelassen zu werden. Ein jeder gab seine Stimme mit dem Zusatz ab: ‚Im Namen des Vaters, des Sohnes und des heiligen Geistes, Amen'.

Der Prokanzellar verzeichnete nun die Namen der Kandidaten und ihren
Geburtsort auf einem Bogen, den er zum Brief gefaltet dem Pedellen übergab, dann verkündigte er in lateinischer Sprache: „Herr Tentatus, es wird
dir die Erlaubnis erteilt, in das öffentliche Examen einzutreten, das, so
Gott will, morgen um 1 Uhr beginnen wird!"

Hierauf zogen sich die Professoren zurück und der Prokanzellar führte nun
an die Examinatoren je einen halben Taler aus jener Summe ab, die von
den Prüfungsgebühren nicht dem Fiskus der Fakultät zugeführt werden
mußte.

Inzwischen war es drei Uhr geworden, und wieder kehrten die Würden-
träger in das große Vaporarium zurück, wo inzwischen der Pedell alles in
Ordnung gebracht, die Teppiche aufgehängt, Tische und Stühle aufgestellt
und die Kissen zurechtgelegt hatte. Die geladenen Gäste kamen an, und sie
wurden von dem Prokanzellar an die ihnen gebührenden Plätze geleitet.
Die Kandidaten erschienen nach der ihnen vorgeschriebenen Ordnung und
stellten sich den Sitzplätzen gegenüber auf. Zwei von ihnen hatten den
Rektor aus seinem Hause geholt. Sowie das Oberhaupt der Universität das
Zimmer betrat, von den Anwesenden ehrfurchtsvoll begrüßt, entzündeten
die Pedellen die Fackeln, verließen das Zimmer und schritten über den
Hof des Kollegiums bis zur Türe des nach dem Wallgraben gelegenen
Hinterhauses. Mit lauter Stimme begannen sie hier das Responsorium
„Illuminare Jerusalem" zu singen. Der Prokanzellar und die Examinatoren,
die sich ihnen angeschlossen hatten, erwiderten den Pedellen. Nach Beendigung des Responsoriums rief der Prokanzellar den ältesten Pedell zu
sich und übergab ihm die von ihm geschriebenen Briefe, die die Zulassung
der einzelnen Kandidaten enthielten, mit folgenden an die Versammlung
gerichteten Worten: „Da es vor einigen Monaten dem durchlauchtigsten
Kurfürst u. s. w. und der Fakultät gefallen hat, Eure Magnificenz, Herr
Rektor, und hochansehnliche u. s. w. Herren, mir das Amt des Vizekanzlers
bei dieser Magisterpromotion gnädigst zu übertragen, so übergebe ich Dir
N. N., dem geschworenen Pedell der Universität, diese Briefe, die mit meinem Siegel verschlossen sind. Du wirst sie entsiegeln, und wenn Du den
Namen eines der anwesenden Kandidaten darauf verzeichnet findest, so
wirst Du ihm von dem Inhalt des Briefes Kenntnis geben!" Der Pedell nahm
die Briefe entgegen, entsiegelte sie, dann trat er an die Kandidaten heran,
fragte jeden nach seinem Namen und überreichte ihm den ihm zukommen-
den Brief mit den Worten: „Herr Tentatus, auf Geheiß seiner Spektabilität

des Herren Prokanzellars und der übrigen Examinatoren leset diesen Brief!"
Der Kandidat, der sich nun jetzt erst zum [Examen zugelassen] wußte,
tauschte das [Schreiben gegen einen rheinischen Goldgulden und einen
Vierteltaler aus. Beide waren in Papier eingeschlagen, auf dem der Name
des Spenders stand. Nun nahm endlich der Lichterschmaus, die Coena can-
delarun ihren Anfang. Auf diesem Zweckessen ging es nicht allzuhoch her.
Man aß süße Suppen von Milch und Mandeln mit Zimmt und Zucker,
Lendenbraten, in Bieressig gekocht mit Zitronen und Kapern, Rinderzunge,
Hechte und Karpfen in Essig blau gesotten, dann Birnenkompotte. Später
allerdings begann ein unlöblicher Wetteifer unter den Studenten, sich bei
den Lichterschmäusen an Reichhaltigkeit der Speisen und Getränke zu über-
bieten. Da stiegen die Kosten von 42 Fl. 2 Gr. 9 Heller auf 85 Fl. 5 Heller.
Dafür wurde den Gästen vorgesetzt 40 Pfund Hammelfleisch, zwei Lendenbraten, 18 Pf. Schweinebraten, 26 Pf. Kalbfleisch, 6 Pf. Rindfleisch, ferner
Schöpsenzüngelchen, geräuchertes Fleisch und 5 Hähne. Dazu holländischer
Käse und Obst. Nach dem Jahre 1581 wurde der Lichterschmaus durch
einen soliden Abendtrunk ersetzt. Die Kandidaten, Examinatoren und Rektor
mit seinem Vertreter leerten 26 Kannen italienischen Malvasier — eine
ganz bemerkenswerte Leistung [230]). Dieser Lichterschmaus war, wie erwähnt, nur der Auftakt zu dem Hauptfestmahl, dem Magisterschmaus
nach stattgehabter Prüfung. Ein Prandium judicii, eine Mahlzeit für die
Prüfungskommission, wurde 1629 durch eine Zahlung an die Professoren
ersetzt.
Von diesen Doktoressen, wie sie mancherorts hießen, sei nur ein Beispiel,
aber ein bezeichnendes, der Schmaus angeführt, den am 18. Januar 1600
drei neupromovierte Doktoren in Köln zurüsteten. Sie setzten ihren Gästen
vor: 134 Stumpf Rindfleisch jedes zu 3 bis 4 Pfund, 120 Kapaune, 255
Hühner, 135 Feldhühner (Rebhühner oder Wachtel?), 15 Hasen, 5 Hirsche
und zwei Schwäne! In Erfurt nahmen die Promotionsschmausereien kein
Ende. Einer reihte sich immer an den anderen. [Den Fortgang der Studien
bei Lehrern wie bei Schülern störend, wirkten sie überdies entsittlichend,
so daß man daran ging, den Unfug dadurch abzustellen, alle Promotions-
gelage des ganzen Jahres in einen einzigen, den ‚katholischen' oder General-
schmaus zusammenzulegen. Das erste dieser „katholischen" Essen fand zu
Michaeli 1519 bei der Promotion von 57 Baccalaureen statt [231]). Alle die
kostspieligen Tafelungen hatten nur deshalb ein so langes Leben, weil sie
von der Gunst der Professoren getragen wurden, denen sie willkommene

Gelegenheiten boten, sich auch einmal ordentlich satt zu essen und zu trinken, dann aber auch ihre Einkünfte zu vermehren. Dazu liehen sie stets mehr als bereitwillig ihre Hand, ohne sich meist mit Skrupeln zu quälen, ob die Einnahmen aus lauteren Quellen flossen und standesgemäß waren oder nicht. Wie sie zu Gastwirten wurden, so fertigten sie gegen Entgelt Dissertationen an, die unter dem Namen des Kandidaten gedruckt wurden.

„Wenn auch manche von den Klagen darüber übertrieben sein mögen, so scheint es doch festzustehen, daß viele Magister und Doktoren des Mittelalters nicht den feinen Sinn für Unparteilichkeit und Unbestechlichkeit besaßen, wie wir ihn heute jedem deutschen Professor ohne weiteres zuzutrauen gewöhnt sind. Für 3 bis 4 Gulden, hieß es, sind alle Examinatoren zu haben. Und es lief das Sprichwort um, Omnis baccalarius promotus periurus d. h. jeder Bascalar, der geschworen, keine unlauteren Mittel bei Erlangung seines Grades benützt zu haben, habe einen Meineid geleistet. In unwürdigster Weise rissen sich die Magister förmlich um einen Kandidaten, nur um die Promotionsgelder zu erhaschen. Selbst an schamlosen Erpressungen seitens der Examinatoren soll es nicht gefehlt haben" [232]).

Es war auch allgemeiner Gelehrtenbrauch, jedes neue Buch mit schweifwedelnder Unterwürfigkeit und kaum verhüllter Bettelei irgend einer zahlungsfähigen Standesperson zu widmen, bei größeren Arbeiten sogar jeden Abschnitt einem anderen, so daß es Bücher von zehn bis zwölf Kapiteln gab, die ebensoviel Gönnern dediziert waren, darunter auch Knaben von sieben Jahren. Als Milderungsgrund für derartige sittliche Entgleisungen kann eben nur die Not gelten, die häufig Hausgenosse der Professoren war. Ihr Einkommen war meist lächerlich gering. Auf ein Jahreseinkommen von 30 Gulden, etwa 2000 Goldmark, brachten es nur wenige Auserwählte. Die Mehrzahl hatte sich mit 18, 16, vielfach nur mit 12 zu begnügen. Die Wittenberger Hochschullehrer nahmen eine Ausnahmestellung ein. Melanchthon bezog bis 1541 300, von da ab 400 fl. Gehalt, so viel wie Luther. Die Juristen hatten 80—150, die Artisten 80—100 fl. Abgesehen von den Einnahmen aus den Dissertationen, die bis in die erste Hälfte des neunzehnten Jahrhunderts gegen Geld von den Professoren abgefaßt wurden, brachten die schriftstellerischen Arbeiten nur sehr wenig ein. Waren doch auch die Druckkosten sehr hoch und der Absatz recht klein. Das Honorar für ein Werk von über 100 Bogen in Folio war 50 Taler und 10 Freiexemplare. Allerdings wurden manchmal für den Foliobogen auch nur ein halber Gulden bezahlt und notgedrungen genommen. Männer wie der Jenenser

Theologieprofessor Johann Gerhard, der so reich war, daß er seinem Landesherren einmal ein Kapital vorschießen konnte, sind in der deutschen Gelehrtengeschichte weiße Raben.

Das philiströse Gehaben der verknöcherten Gelehrten stach grell von dem wüsten Treiben der Studenten ab, das, je näher die Gegenwart rückt, immer ausgelassener wird. Die Wirren des Dreißigjährigen Krieges wirkten sich natürlich auch auf die akademischen Bürger aus. Von den Jenenser Burschen um 1630 sagt Edmund Kelter: „Auf dem Markt, in den Gassen, auf den Stuben trieben sie ihr wüstes Wesen; Toben, Raufen, Duellieren, viehisches Trinken und Frauendienst in seiner niedrigsten Gestalt füllten ihre Tage und Nächte. Kollegien und Kirchenbesuch galt als tolle Bärenhäuterei. Unter Höhnen und Spotten begleiteten sie als Teufel vermummt die Priester. Sie achteten weder Leichenbegängnis noch Hochzeitszug"[233]. „Und was in Jena an derber Roheit zu Tage tritt, spielt sich mit denselben Zügen auf allen Universitäten ab, denn die Barbarei des Studententums ist nur ein Stück der allgemeinen Barbarei, die das Kulturbild jener Zeit in aufdringlichen Farben weist. Man darf den Studenten nicht aus diesem Zusammenhang vereinzeln, wenn man ihm nicht Unrecht tun will"[234].

Im und nach dem Dreißigjährigen Krieg erreichte die allgemeine Roheit so auch die des Studententreibens ihren Höhepunkt. Der immerhin verzeihliche jugendliche Mutwillen hatte nun bewußter Bosheit Platz gemacht, für die es auch keine noch so weit hergeholte Entschuldigung mehr gibt. In Heidelberg pflegten die Studenten noch um das Ende des 18. Jahrhunderts gewohnheitsmäßig ihre Pfeifen an der Ewigen Lampe in der Heiligengeistkirche anzuzünden. Einmal saß ein verkleideter Student einen ganzen Nachmittag lang im Beichtstuhl und gab den beichtenden Frauen und Jungfrauen der Stadt Bußübungen gemeinster Art auf[235].

Zu den beliebtesten Studentenulken in Leipzig gehörte das schier unsterbliche Stören von Hochzeiten. Ein Leipziger Mandat von 1620 verbot, den Hochzeitszug auf dem Kirchweg zu umdrängen, die Gäste, das heißt den weiblichen Teil unter den Hochzeitsgästen, zu stoßen, ihm ein Bein zu stellen (pedes euntibus supponere), gemeine Bemerkungen und zotige Witze zu machen[236].

Die Berichte der Universität Dillingen lauten gleichfalls nicht tröstlicher. Zu den Verfehlungen und Sittlichkeitsvergehn der Studenten gehörten hier: vertrauter Umgang mit anrüchigen Weibspersonen (1695). Ein Angriff mehrerer Studenten, ausgerechnet Logiker, auf ein junges Mädchen (1662).

Der Besuch verdächtiger Häuser und Orte (1650, 1674, 1695), dann die Schwängerung von Bürgermaedchen (1674, 1688)[237].

Von Jena berichtet Borkowsky:

„Mit derselben Geringschätzung, mit der der Adel und das Beamtentum sich über das vom Kriege zertretene Bürgertum erhoben haben, sah auch der Student auf den Philister herab. Er wußte, daß die Fürsten ihre Universität wie ein Schoßkind pflegten, und daß hinter ihm das Privilegium der akademischen Gerichtsbarkeit stand. Die Masse fürchtete ihn in der Kümmerlichkeit ihres täglichen Lebens, denn sie profitierte von ihm. Der Student hörte es gern, wenn der Bürger ihn Edler oder Junker titulierte; aber er gab ihm die grobe Anrede Schmutzo, Pech oder Bär dafür zurück, nannte die Bürgerfrauen alte Hummeln und ihre Töchter leichtfertige Säcke. In frecher Schar sah man die Jünglinge am Portal der Stadtkirche auf den Stufen stehn, wenn eine Hochzeit gegangen kam, und sie bewarfen dann die Brautleute mit zynischem Hohn. Am Sonntag wagten sie es, den Gottesdienst zu stören, indem sie ungeniert während des Gebetes ihren Füchsen Maulschellen versetzten. Auch auf die Kanzeln der Nachbardörfer stiegen sie in ihrer Betrunkenheit und fingen an gotteslästerlich zu predigen. Trug man einen Toten an ihrer Kneipe vorüber, so bliesen sie ein lustiges Stücklein auf. Gern zogen die Burschen nach Naumburg hinüber zur Peter-Paulsmesse. Da kam es dann wohl vor, daß sie verbreiteten, einer ihrer Komilitonen sei plötzlich gestorben. Mit dem Sarg schritten sie zum Friedhof; die Geistlichkeit, die Kurrende war zur Trauerfeier geholt und ging im Zuge. Man öffnete nach altem Brauch den Sarg noch einmal, ehe man ihn in die Gruft senkte — ein Hering lag darin"[238].

In Leipzig hatten im Dezember 1679 die Studenten im Verein „mit anderm liederlichen Gesindlein" einem Juristen, der in seiner Verteidigungsrede für einen Stadtknecht ‚sämptliche Bursche zu hart angegriffen' alle seine Fensterscheiben eingeworfen[239]. Dies war aber nur ein niedlicher Ulk gegen einen Exzeß, der sich nach einem Bericht vom 4. Januarii 1687 im Berliner Dienstagischen Mercurius vom gleichen Jahre zugetragen hatte. Er lautet wörtlich: „Es haben die Studenten in Königsberg unlängst einen großen exceß verübet: Denn nachdem sie einen heimlichen Groll wider eine vornehme Persohn getragen / sind sie endlich in großer Menge vor dessen Haus gekommen / in Meynung dasselbe zu stürmen / weil sie es aber verschlossen gefunden / haben sie erstlich allerhand Possen getrieben / worüber eine Magd von oben aus dem Fenster sich sehen lassen / deßwegen

Wüstes Studenten-Gelage

Gemälde von Karel van Mander d. Ältere

Der Cantus steigt auf der Bude

Kneiperei

Lithographien etwa erstes Viertel des 18. Jahrhunderts

Spottbild auf den Wein

Augsburger Kupfer von 1621

Svare fit an, fi quis bibit auro plumbea vina!   Sat mihi, fi vitro dulcia vina bibam.

Sag mir, foll es wohl köftlich fein,   Mich deucht aber, aus einem Glaß
    Wann man aus Gold trinckt fchlechten Wein!   Schmeckt mir der gütte Wein viel baß

Ein Lob dem Rheinwein

Henrick und Jacques Goldzius: Die Alte

Akademische Gelage im 16. Jahrhundert

sie mit Gewalt in das Haus gedrungen / und selbige Magd i n S t ü c k e n
z e r h a u e n. An einem andern Ort haben sie ein Hochzeit-Hauß gestürmet /
den Bräutigam / Braut und Hochzeit-Gäste nach verübter großer Insolentz
verjaget / die aufgesetzten Speisen theils verzehret / theils vernichtet / und
damit davon gegangen. Es haben aber Ihre Churfürstl. Durchl. scharffe
Ordre ertheilet / solche Leute aufs härteste abzustraffen / derer etliche sich
aber schon unsichtbar gemachet" [240]).

In anderen Hochschulstädten drangen Studiosen in die Hochzeitshäuser ein
und vergingen sich an der Braut und dem Brautgefolge in der schändlichsten Weise.

Der große und fast ewig währende Kampf von 1618—1648 hatte die noch
übrigen Reste der sittlichen Errungenschaften der Reformation wieder
zerstört.

Die Unzucht brach in erhöhtem Maße über Deutschland herein, da alle
Bande des Gesetzes und der Religion durch ihn zertrümmert wurden. Und
kaum hatte sich Deutschland von den unglückseligen moralischen Folgen
dieses Krieges wieder etwas erholt, so wurde durch das Zeitalter Ludwigs XIV.
in den deutschen Gauen neuerdings ein Zustand der Unsittlichkeit wach-
gerufen, der sich von jenem Frankreichs kaum unterschied.

Auch in Studentenkreisen fand das Franzosentum, wie dies deutsche Art ist,
freudigen Willkomm. Vom Fürsten und dem Adel ausgehend drang das französische Gift durch tausende Äderchen in alle Kreise des deutschen Volkes
ein, das sich nun auf Jahrhunderte daran gewöhnte, nur das gut und fein
zu finden, was von jenseits der Vogesen in die deutschen Lande kam. Französische Sitten und Unsitten, gallische Tracht, französisches Schrifttum, wie
die Sprache fanden knechtisches Entgegenkommen in den deutschen Gauen
bei allen sogenannten Notablen, nicht zuletzt bei den Studenten.

Diese hatten besonderes Wohlgefallen an den schlüpfrigen Romanen und
Gedichten der Welschen, die sehr bald fleißige Nachahmer in Deutschland,
wie auch eifrige Uebersetzer gefunden hatten. In diesen Schriftwerken macht
sich eine lächerliche Unnatur breit, die mit bewundernswerter Beharrlich-
keit aller und jeder Wirklichkeit im Bogen ausweicht, die die Geschraubt-
heit der Rede bis zum Ekel treibt, bald frömmelt, bald Alkovengeheimnisse
in brutalster Weise breittritt. Cleophis, Sepitia, Rosilis, Bollandra, Segestis
sind die Heldinnen, Rosander, Floretto, Florindo, Farilla die Helden aller-
schmierigster Liebesabenteuer. Und wenn sich die Studenten diese geleckten
Helden als Vorbilder nahmen, die elegante Damenwelt die drahtpuppigen

Heldinnen, so lernten beide emsig aus dem Schwulst, wie man sich modisch
ausdrückt, und zu dem Rufe gelangt, ein galanter Mensch zu sein. „Wie
mancher junger Mensch, der erst ausfliegt, affectiert mit aller Gewalt für
galant angesehen zu seyn, und seinen guten Verstand sehen zu lassen! Aber
auff was Weise? Bald kleidet man sich auff die wunderlichste Art von der
Welt, und dürffen unsere Schneider nur mit zwey Worten sagen: diese
Mode komme nun gantz warm aus Franckreich, so ist es schon gut, wenn-
gleich die Frantzosen uns damit höchlich auslachen. Bald, wann man studiren oder was nöthigers thun soll, verliebt man sich sterblich, und zwar
zum öfftern in ein gut einfältig Buttes-Mägdgen, aus deren Augen man
gleich sehen kan, daß eine Seele ohne Geist den Leib bewohne. Was gehen
nun da für Galanterien vor? Wie zertrampelt man sich vor dem Fenster, ob
man die Ehre haben könne, die Jungfer, oder doch an deren statt die Magd
oder die Katze zu grüßen? Wie viel verliebte Briefe, die man aus zehen
Romans zusammen gesuchet hat, und die mit vielen flammenden und mit
Pfeilen durchschossenen Hertzen bemahlet sind, werden da abgeschicket,
gleich als ob man des guten Kindes affection damit bombardiren wolte?
Wie lässet man sichs sauer werden, eine galante Nacht-Music zu bringen?
Wie spielet man mit denen verliebten Minen überall, auch wohl in dem
Gottes-Hause? Daß ja von denen galanten Histörgen iederman zusagen
wisse, und auff den galanten Menschen mit Fingern weisen könne" [241]).
Das ist das getreue Abbild des Studenten nach der Mode, aus dem sich später
zur Goethezeit in Leipzig der ‚petit maître‘ entwickeln sollte.
Machte auch der Student a la Mode der gleichgesinnten Dame feingalant
den Hof, so wollte er doch die Liebschaft nach der guten alten Weise nicht
entbehren, und für die schwülstigen Liebesworte suchte er sich bei altmodisch
willfähigen Schönen durch handfeste Taten zu entschädigen.
Die Winkelprostitution und das Konkubinat nahmen trotz aller Schöntuerei
in so außerordentlichem Umfange zu, daß der eigentliche Zweck der Bordelle darüber beinahe verloren ging. Dadurch gewann das Sexualleben der
deutschen Studenten nach der Reformation eine ganz andere Richtung.
Verbote über Besuche öffentlicher Häuser fehlen zumeist in den Universi-
tätsprotokollen, dafür finden wir Verordnungen gegen geschlechtliche Ausschweifungen, gegen den Umgang mit verdächtigen Frauenzimmern und
die Verführung der Bürgerstöchter. „Es scheint übrigens", heißt es von
Tübingen, „der Senat habe solchen Geschichten mit besonderer Vorliebe
seine Aufmerksamkeit gewidmet. Geht in der Stadt irgend ein Gerücht von

einem verdächtigen Wandel oder Verhältnis, alsbald wird es im Senat zur Sprache gebracht und amtliche Notiz davon genommen". Genützt haben alle diese Maßnahmen natürlich so viel wie nichts. Die außerehelichen Geburten erreichen in dieser Zeit eine erkleckliche Höhe.

Für Jena und Leipzig sind Angaben vorhanden, doch wird es anderswo kaum besser gewesen sein. In Jena kam auf sechs bis sieben, ja wohl schon auf fünf Geburten eine uneheliche [242]). Klein-Paris wies 1798 bei 1036 Geburten 227 außereheliche auf, also über 20 von Hundert [243]). Aber wenn 200 uneheliche Kinder geboren werden, so werden vielleicht noch hundert abgetrieben — außer den heimlichen Geburten und Morden. Der größte Teil von allen, die sich gesegnet fühlen, braucht Mittel zum Abtreiben [244]).

Sehr interessante nach der Natur gezeichnete Angaben macht Happelius über diese Materie [245]): „Ich muß es bekennen, daß es auf den teutschen Akademien weit bunter hergeht, als auf unsern italienischen. Was hier am meisten geschieht, ist, daß vornehmer Leute Kinder sich gar vielfältig in die akademische Jungfer verlieben, selbige schwängern und alsdann zur Ehe nehmen müssen, wodurch ihr Glück meistenteils Schiffbruch leidet". „Das ist", nahm Klingenfeld das Wort, „auch bei uns Teutschen nichts Ungemeines. Und ich erinnere mich hierbei eines feinen jungen Menschen, aus Oldenburg gebürtig, welcher, da er zu Bremen ins Gymnasium gegangen, sich in seine Wäscherin verliebt, selbige beschlafen und ihr die Ehe zugesagt, indem er sich eingebildet, es wäre nirgends ein schöner Weibsbild in der Welt. Er reiste zuletzt nach Kiel in Holstein und studierte daselbst Medicinam, fand aber, daß anderweit auch schönes, ja noch viel schöneres Frauenzimmer als seine Liebste wäre (denn das löbliche Frauenzimmer in Kiel habe ich, wenn ich etliche davon ausnehme, meistenteils als junge Prinzessinnen in Kleidern gefunden. Sie sind auch überaus schön, aber intorniert gegen einen, der es nicht mit ihnen hält, verliebt gegen die Kurtisanen und dabei oftmals mit dem Klingebeutel verschwägert, denn ich habe etliche überaus galante Demoisellen gekannt, welche wöchentlich eine Portion aus dem Kirchenklingebeutel haben). Daher gereute es ihn, daß er sich anderweit verquackelt hatte, ward auch so melancholisch, wenn er auf solche Gedanken kam, daß man ihn etlichemal in dem Gehölz am Seestrand, der düstere Brouk genannt, in solcher Konsternation und Desperation gefunden, daß er so solviert gewesen, sich selber umzubringen. Man hat ihn aber allemal zu bessern Gedanken verholfen. Endlich ist er Licentiatus Medicinae worden, und ob er gleich seine Schuldner nicht bezahlt, von seinen Eltern

auch wenig zu hoffen hatte, nach seiner ersten Liebsten verreist und hat
sich mit ihr verehelicht.

Oftmals werden auch die akademischen Jungfräulein durch scheinbare Ehe-
verheißungen gefällt und um ihre Ehre gebracht, daß sie hernach, weil ihnen
ihre Kurtisanen nichts halten, nimmermehr wieder zu Ehren kommen
können. Desgleichen findet man auch kluge Hürlein, welche ihre Schwanger-
schaft verhehlen, damit der Studiosus, von welchem sie in solchem Zustand
gesetzt sind, keinen Wind davon bekomme, bis man ihm das neugeborne
Kindlein unversehens ins Haus sendet. Alsdann hängt der arme Teufel
allenthalben heraus. Manche Bursche sind auch von so schlechter Konduite,
daß sie, ob sie gleich ihren Maitressen schon aus den Augen gekommen,
sich dennoch durch Drohbriefe schrecken lassen, daß sie wiederkehren und
die Dame ehelichen. Ja, ich weiß eine akademische Jungfrau, vel quasi,
welche sich mit einem reichen Studioso aus Westfalen etwas zu tief ins
Korpus hineinwagte, da sie dann auf den Titulum de Ventre inspiciendo
gerieten, und vollends auf rusticas servitutes kamen, aber es verirrte sich
der junge Jurist inter viam et aquæductum dergestalt, daß er nicht anders
als ganz schachmatt wieder aus dem Irrgarten entkommen konnte. Er
meidete demnach hinfür diese Gefährlichkeiten und wollte nicht mehr
auf dieser See unter Segel gehen, aber die Demoiselle war ihm zu klug, sie
überredete ihn durch Briefe, daß etwas von ihm an ihr hängen bliebe,
welches ihm dermaleinst viel Händel machen würde, daher er sich denn
bereden ließ und die Jungfrau heiratete. Als er nun übers Jahr mit ihr nach
Haus kam, war kein Mensch in der Stadt, der diese Dame so freundlich
empfing, als ihre Schwiegermutter. Diese machte ihr ein Willkommensge-
sicht wie eine alte Topfkrämerin, welcher ein wütender Ochse alle Töpfe
auf dem Markt zerbricht.

Noch ein Exempel akademischer Courtoisie fällt mir ein. Ein Studiosus,
der dem vorigen ziemlich benachbart, hielt sich zu Schweinfurt auf dem
Gräflich Tecklenburgischen Gymnasium auf, schwängerte daselbst eine
Dirne unter Zusagung des ehelichen Bandes, zog hernach auf die Akademie
Marburg und hielt sich ziemlich galant, verführte gar bald eines feinen
Mannes ehrbare Tochter, ging mit ihr allein ins Haus und aus dem Haus
in Feld und in den Wald, und in Summa, er ging so oft mit ihr aus, und
ein, bis endlich der anwachsende Bauchhügel ein Beweistum war, daß man
sich zu sehr vertieft und den Fischerangel zu vielfältig ausgeworfen hatte.
Hier war nun ein guter Rat teuer. Ihre Eltern waren ehrliche Leute, und

auch eben nicht die Geringsten von Extraktion, drangen demnach darauf,
weil er jederzeit gesagt, er meine ihre Tochter in Ehren, so müsse er jetzt
auch ihre Ehre retten und zum Ehebande schreiten, bevor sie ins Kindbett
käme. Der Student liebte sie herzlich und war willig dazu, aber seine erste
Liebste zu Schweinfurt bekam bald Wind davon, welche es dahin brachte,
daß ihm die Obrigkeit verbot, die letzte zu heiraten. Dessenungeachtet
wollten ihre Eltern nicht gerne Schimpf von der Tochter haben, und weil
sie des Studenten Einwilligung hatten, bemühten sie sich um einen Pastoren,
der die Kopulation verrichten würde. Aber es wollte sich keiner in Gefahr
setzen, bis man endlich einen aufrichtigen Mann, der der Braut etwas verschwägert, mit den glattesten Worten dahin persuadierte, daß er die Kopulation verrichten möchte, der Herr Bräutigam als ein reicher Mann, wolle
ihm vor allen Schaden gut sein. Als ward ein Bauer bestellt, der mit einem
Karren in der Nacht unweit vom Tor halten mußte, daselbst kam der
Bräutigam, die Braut, ihre Eltern und Geschwister, ja auch des Herrn
Pastoren Sohn, so eben damals zu Marburg studierte, bei angehender Nacht
wie eitel Hühnerdiebe zusammen und schlichen über Berg und Tal bis zum
Dorf, da der Pastor wohnte. Und wie man auf verbotenen Wegen wandelte,
also geschah auch der Einzug wieder zu Marburg bei Nachtzeiten. Wenige
Wochen hernach gebar die junge Frau einen jungen Sohn, aber ihr Mann
ward, weil er dem obrigkeitlichen Gebot widerstrebt, gefangen gesetzt, ja
er mußte endlich nach Kassel, und drohte man ihm mit einer hohen Strafe,
doch ward die Sache bald ermittelt, daß er auf Erlegung einer Geldbuße
die letzte Frau behielt. Seit der Zeit hat er seine Religion verleugnet und
ist zu Calvino übergetreten, ob er aber dabei besser als bei der vorigen gefahren, habe ich seither nicht erfahren können".
Wenn man an das Stigma denkt, das in jener Epoche und lange darüber
hinaus jedes uneheliche, und deshalb unehrliche, d. h. infamierte Kind
trug, muß man von tiefbedauerlichen Verhältnissen sprechen.
Wie aber Dr. Oskar Scheuer[246]), dem ich an dieser Stelle gefolgt bin, sehr
richtig bemerkt: „Daß es damals zu so vielen außerehelichen Schwänge-
rungsfällen kam, lag gewiß nicht allein in der Schuld der Studenten. Wohl
werden in vielen Fällen leichtgläubige Mädchen von leichtsinnigen Studenten durch Eheversprechungen getäuscht und ins Unglück gebracht worden
sein, doch ob die Mädchen selbst von aller Schuld freizusprechen waren,
oder gar die Eltern der Mädchen?"
Wenn es einerseits als Sprichwort Geltung hatte·

> Wer sein Ehebett will behalten keusch und rein,
> Der lade nur nicht viel Studenten sich ein![247]

so warnte Christoph Stymmel, selbst Student und genauer Kenner des Studentenlebens, die Studenten vor den Fallstricken der Philister, wenn er in seiner Komödie ‚Die Studenten‘, im 5. Akt den Eubulus ausrufen läßt:

> „Hat zu Hause so
> dann einer reife Töchter, und ist keiner, dem er sie
> sonst aufzudringen weiß, so lockt die unerfahrenen
> Jünglinge er ins Netz, die dann zu ehelichen gezwun-
> gen sind
> die Dirnen. Ja in allen Ehren macht den Kuppler gar er so,
> begibt hinweg sich, um zu bieten bessere Gelegenheit.
> Als wenn man nicht die Mädchen halten müßte stets
> in strenger Hut
> und von dem häufigen Verkehr mit jungen Männern
> weit entfernt“.

Den Mädchen selbst behagte das Gebaren der Eltern meist nicht übel, wenn die Zeugnisse über sie nicht lügen.

So heißt es 1778:

„Nach den Mädchen an den Universitäten muß man ja die anderen nicht beurteilen“. . . . Diese nämlich „glauben, das größte Glück eines Mädchens sey, viel Eroberungen zu machen, nicht aber einen Einzigen zu gewinnen, mit dem man sich aufs ganze Leben durch verbinde. Durch die vielen Versprechungen, die ihnen die Studenten tun und nicht halten, bekommen sie vom ganzen männlichen Geschlecht eine üble Meinung, und daher ists ihnen gleichviel, welchem sie gefallen. Geht heute der Eine ab, so kommt morgen wieder ein anderer“[248].

Von den Tübingerinnen sagt Bebelius, „die Mädchen sind unfruchtbar, so lange sie in der Liebe spielen, weil sie schwarzes Gift und Kräuterkraft anwenden; erst wenn sie eine rechtmäßige Ehe schließen, tragen sie im Schoße die teuersten Pfänder der Mutterschaft“[249].

So galten denn auch bald alle gefallenen Mädchen in den Universitätsstädten besonders ebenso bei den Universitätsvorständen wie bei den kirchlichen Obrigkeiten für Verführerinnen. Sonst wären die Bestimmungen dieser Behörden nicht zu begreifen, nach denen schwangere Mädchen gegen Studenten keinerlei Ansprüche zu machen hätten. In Jena war ein solcher Bursche noch 1777 nur verpflichtet 12 Taler Conv. an die Bibliothekskasse

oder für einen anderen gemeinnützigen Zweck zu erlegen [250]). Zahlte er,
dann war es gut, zahlte er nicht, dann ebenso. Den Bürgermädchen drohte
die Kirchenstrafe. „Sie mußten während der Predigt im Chor auf den Knien
liegen. Darauf nahm dann der Pastor die Reuigen wieder in die Gemeinde
auf und reichte ihnen das Abendmahl". Sie gingen erleichtert hin und
taten von neuem Sünde. Von jedem Pferdejungen, den man fragte: „Wer ist
dein Vater?" konnte man prompt die Antwort hören: „Een Bursche!"[251])
Einen solchen Studentenjungen schildert Professor Heyder, wobei Licht
und Schatten nicht ganz objektiv verteilt zu sein scheinen, als „einen
Buben, von dem du mit gutem Grunde der Wahrheit sagen kannst, der
Teufel habe ihn in der Hölle gehecket und nach seinem Ebenbild erzogen,
nämlich einen unfletigen, fluchenden, diebischen, schmähafftigen, unruhigen Jungen".
In Göttingen bestimmten die Universitätsgesetze, daß der Beweis der Verführung der Klägerin auf das Strengste geführt werden müsse, und wurden
die in solchen Angelegenheiten vor nicht akademischen Gerichten einge-
gangenen Vergleiche für ungültig erklärt. „Ein sehr heilsames Gesetz, das
von sehr guten Folgen gewesen, und dem Mitgliede der Universität, das
den Vorschlag dazu besonders betrieben, stets Ehre machen wird", bekundet
ein gemütvoller Historiker jener Zeit [252]).
Solche parteiischen Bestimmungen zogen für den schwächeren Teil die
übelsten Folgen nach sich. Nicht alle Eltern waren so tolerant, bei dem
Fall ihrer Tochter durch die Finger zu sehn. Da blieb denn den unglücklichen Geschöpfen nichts anderes übrig, als Abtreibung, Kindesmord oder
Selbstmord. „Ein Verzeichnis aller seit 1551 bis August 1804 in Jena
„durch einen widernatürlichen Tod ums Leben gekommenen Personen",
das ich im Buche von Faselius vorfand, gibt deutliche Kunde davon. Fast
auf jeder Seite findet sich ein Selbstmord oder die „Hinrichtung mit
dem Schwerte" eines Mädchens wegen Kindesmordes verzeichnet", sagt
Scheuer [253]).
Der während der dreißigjährigen Kriegswirren aufgewachsenen Generation
war, als natürliche Folge des allgemeinen Sittenverfalls, das Pflichtgefühl
abhanden gekommen. Man lebte von Tag zu Tag, genoß stets die Stunde,
als ob es kein Morgen gäbe. Auftakte zu diesem Moraldefekte machten sich
bereits auf den Gymnasien oder den Trivialschulen, wie man sie vielfach
nannte, deutlich bemerkbar.
Die Schüler liefen von einer Schule zur anderen, gingen ohne Erlaubnis

der Lehrer und ohne die notdürftigste Reife erlangt zu haben auf die Universität[254]), deren Proletariat sie vermehrten. Aber auch sonst zwitscherten die Jungen, die Gymnasiasten, wie die Alten auf der Hochschule sungen. Unter den Rektoren Mitternacht und Köber in Gera (1646—1696) ist über das Verhalten der dortigen Gymnasiasten außerhalb der Schule allerhand zu klagen. „Sie besuchten die öffentlichen Trinkhäuser in der Stadt und auf den nahegelegenen Dörfern, veranstalteten auf ihren Stuben Compationes, befleißigten sich des Kartenspiels, tranken sich dabei voll und liefen dann auf dem Markt und in den Gassen umher unter großem Geschrei, Steinewerfen und Degenwetzen. Sie warfen die Jahrmarktsbuden ein, prügelten sich mit Handwerksburschen und ‚Turbierten so die quies publica‘‘‘. Im Jahre 1674 kam es einmal sogar zu einer Art Schülerstreik[255]).

Als sich die Exzesse von Jahr zu Jahr mehrten, sahen sich die Gymnasialinspektoren veranlaßt, am 26 Februar 1684 strenge Vorschriften zu erlassen. Einer der 17 Paragraphen dieser Verordnung befaßt sich mit dem so beliebten Stören von Hochzeitsfeiern. Er lautet: „Den nach sich bei den Hochzeitlichen Wirtschaften theils Scholares öfters mit eingedrungen, daselbsten vollgetrunken und wohl gar verkleidet und verhüllet, darbei auch, sonderlich in Tanzen, darein sie sich gedrungen, allerhand Ungelegenheiten angerichtet, so soll sich in Zukunft keiner bei solchen Hochzeiten einfinden, er sei denn ein ordentlicher eingeladener Gast . . . .‘‘[256]). Über erotische Exzesse zieht unsere Quelle den Mantel der Nächstenliebe. Sie werden aber hier ebensowenig gefehlt haben, wie wo anders, wo man weniger schamhaft war, und sie in den Annalen aufzeichnete.

Der Übergang vom 17. zum 18. Jahrhundert war eine Zeit der Zersetzung, die sich nicht zum Wenigsten im geistigen Leben aufdringlich bemerkbar machte.

Eine Stickluft, von keinem Geisteshauch durchbrochen, lag über dem Studententum. Die akademischen Bürger bildeten mehr denn je einen Staat im Staate, in dem jene Bursche absolut herrschten, die den größten Mund, den schärfsten Degen, die frechste Stirne, die ausgepichteste Kehle und den widerstandsfähigsten Körper besaßen. Düster genug sah es auf diesen Hochschulen aus. Die Hörsäle regelmäßig zu besuchen, hielt der richtige Bursch unter seiner Würde. Es mußte denn dort etwas zu lernen geben, was er zu wissen begehrte, wie etwa den Punkt, den Ovid in seiner Ars amanti III. Buch, 771 ff., so eingehend behandelte. „Die nämliche Materie wurde noch zu Ende des vorigen (18.) Jahrhunderts auf einer deutschen, damals

berühmten Universität ordentlich scientivisch behandelt; ein bekannter gelehrter Arzt las dort ein Publicum, das im Lectionskatalog angekündigt
wurde: de variis concubitus modis!" wie Heinrich Düntzer angibt [257]).

Der Stillstand in den Wissenschaften war unzertrennlich von dem kin-
dischsten Aberglauben. Den frömmelnden, streitsüchtigen Theologen standen Freigeister gegenüber, die frech mit Füßen traten, was selbst aufge-
klärten Menschen heilig sein muß. Die rohe Deposition der Füchse war
das Vorspiel zu dem Tollen und Kraftvergeuden, die den Inhalt des akademischen Lebens ausmachten.

Alle geistigen Interessen waren geschwunden, an ihrer Stelle machten sich
Zucht- und Ruchlosigkeit breit. Wohlgesinnte Männer richteten Mahnungen
und Warnungen an die studierende Jugend, die an Deutlichkeit nichts zu
wünschen übrig ließen. So Professor Joh. Matth. Meyfart in Erfurt in seinem
Buche „Christliche Erinnerung Von der Aus den Evangelischen Hochen
Schulen in Teutschlandt an manchem ort entwichenen ordnungen und
Erbaren Sitten, und bey diesen elenden Zeiten einschlichenen Barbareyen
vor etzlichen Jahren aufgesetzt", Schleusingen 1636, das Moscherosch als
Vorlage für seine Schilderungen aus dem Studentenleben gedient hat.
Meyfart meint, die deutsche Sprache sei „viel zu arm, die damaligen aka-
demischen Harpyen nach Würden zu beschreiben". Er versucht es aber
dennoch, und klagt: Der Student „gedenke nicht an Weißheit / nicht an
Geschicklichkeit / nicht an ehrliche Studien in dem menschlichen Leben /
nicht an die Wolfahrt der Kirchen / der Policey; sondern durchaus / durchaus trachtet er nach Schalckspossen / Müßiggang / Faulheit / Zechen /
Üppigkeit / Trunkenheit / Büberey / Hurerey / Balgen / Verwunden /
Morden". Sein frommes Gemüt empört sich weiter: „Wenn du die Schlaf-
kammer auffmachst / vnd heimlich vmbherlawrest / wirstu bißweilen antreffen / daß eine hübsche Nymphe ihre Pantoffel darinnen gelassen / der
Gesell aber aus Unachtsamkeit nicht beyseits gestoßen!"

Dem fügt Christian Thomasius, aus dem reichen Born seiner Erfahrung
hinzu: „Ein wollüstiger Studente schläffet des Morgens gerne lange, und
verdirbet die beste Zeit, die er zu seinem Studiren anwenden solte, mit
Faullentzen, oder doch zum wenigsten liederlichen und unzüchtigen Ge-
dancken; Seine Verrichtungen des Tages über ist entweder Spielen, oder
Fressen und Sauffen, oder Huren . . . . und da gehet er nun, und bringet
bald der Jungfer, bald der Magd, bald einer noch gemeinern liederlichen
Vettel Ständgen . . . . . und wenn er verlebet ist, verschweret er sich, und

sucht alle Beredungen hervor, ein Weibsvolk aufzuhetzen; sobald er aber
seinen Zweck errichtet, ist er nicht alleine unbeständig, sondern auch in-
discret, wie er denn auch nicht eiffersüchtig ist, sondern ein Vergnügen
daran hat, wenn er einen anderen seiner eingebildeten Lust kan theil-
haftig machen"[258]).

Solch Tun und Treiben der Schürzenjäger, die Liebeleien mit Bürgerinnen,
ledig oder verheiratet, und mit Mägden, stank gen Himmel und regte
fromme Gottesmänner in tiefster Seele auf. Wie sollten sie solch Sodom
und Gomorrha ungerügt lassen dürfen. Sie wetterten von der Kanzel dagegen. Da dies aber erfahrungsgemäß schon deshalb sehr wenig half, weil
die Studenten sich nur ausnahmsweise unter den andächtigen Zuhörern
befanden, so setzten sie sich hin und suchten die flotten Bursche durch das
gedruckte Wort auf den richtigen, wenn auch schmalen und dornigen Weg
der Abstinenz zu bringen, der da direkt in den Himmel führte. Da schrieb
der fromme und gelehrte Johann Gabriel Drechsler die „Anchora sacra
studiosorum" und Daniel Wilhelm Möller einen „Betender Daniel, oder
Studenten-Gebet-Büchlein auf alle vier Fakultäten", beides im Jahre 1667.
Aber diese gutgemeinten, wenn auch langweiligen Werke wurden in den
Schatten gestellt durch das schwere Geschütz, das Joachim Feller auffuhr.
Anno 1688 erschien in Leipzig bereits in 2. Auflage unter dem Titel „Der
andächtige Student" ein Gebetbuch für unbekehrte, sündige Studenten.
Das dicke Buch enthält auf Seite 313 ein „Gebet umb Mäßigkeit und
Nüchterkeit wider Fressen und Saufen". S. 319 „Gebet wider den Zorn".
S. 316 „Gebet umb Keuschheit wider die leibliche Unzucht und Hurerey".
S. 323 „Gebet eines, so im Schlagen, Balgen oder Rauffen einen gefähr-
lichen Schaden bekommen" u. a. m.[259]).

Alle diese Schriften taten sich auch dadurch hervor, daß sich der finsterste
Aberglaube in ihnen breitmachte und eine Urteilslosigkeit, die sich hinter
Zitaten ohne Zahl verschanzte und den Anstrich von Wissenschaftlichkeit
zu geben suchte.

Die Wissenschaft war überall, nicht zuletzt auf den Hochschulen, einem
leeren Formelkram gewichen. An Stelle der Forschung war seit langem die
Belesenheit getreten, die ihren Stolz und ihre Kraft daran setzte, möglichst
viele Auszüge zu sammeln und form- und kritiklos aneinander zu kleistern.
„Die Bücherschreiber sind zum theil wie die Guckguck, einer guckt den
andern nach, und wenn man einen hört, so hört man sie fast alle", sagt
Harsdörffer. Anekdoten- und Miszellen-Sammlungen vertraten die wissen-

schaftliche Literatur, und gedankenloses Nachschreiben die Forschung. Dem sich brüstenden Leithammel folgte die ganze Herde. Wie man den vielseitigen Jesuiten Athanasius Kirchner feierte, weil er frech und gottesfürchtig die Hieroglyphen als Rebusse auffaßte und schlankweg löste, so schwor man auf alle die Wunderdinge, die ein hemmungsloser, finsterer Hexen- und Zauberglaube zusammenphantasierte und belegte sie durch wissenschaftlich aufgemachte Zitate aus geistesverwandten Autoren. Alchimie und Astrologie begegneten niemals Zweiflern, und selbst überragende Persönlichkeiten, wie ein Parazelsus, hatten nicht vermocht bahnbrechend zu wirken, denn auch sie wuchsen nur teilweise über ihre Zeit hinaus. Niemals war es schwerer eigene Wege einzuschlagen, als zu einer Zeit, wo der Autoritätsglaube sich zum Herrscher der Massen aufschwingt. Am schlimmsten sah es mit der Medizin aus. Sie erstickte in einem Morast von borniertestem Aberglauben. Wenn der Arzt Dr. Alexander Pedemontanus als Heilmittel bei triefenden Augen — um aus tausenden solcher widersinnigen Vorschriften wahllos eines herauszugreifen — ,,einer unbefleckten Jungfer (aber wo sind die anjetzo?) Urin mit Wein vermischt" empfahl, so fiel es keinem Menschen ein, in dieses ‚unbetrieglich Mittel' irgend welche Zweifel zu setzen. Das Fehlen höherer geistiger Ziele hatte eben lähmend auf die Urteilsfähigkeit und den Geschmack sonst kluger und in ihrem Beruf strebsamer, tüchtiger und erfahrener Menschen eingewirkt, die des unerhört belesenen Christian Franz Paullini (1643—1712) ,,Heilsame Dreck-Apotheke, wie nemlich mit Koth und Urin die schwerste, gifftige Kranckheiten und bezauberte Schäden glücklich curirt werden", aus der auch das Rezept von Pedemontanus herrührt, gläubig hinnahm und stark benützte. Waren doch von diesem so ernstgemeinten tragikomischen Machwerk von 1696 bis 1748 sechs starke Auflagen nötig.

Den geistigen Tiefstand wie die völlige Hilflosigkeit dem heranwachsenden Menschen gegenüber, offenbaren auch die Schul- und Lehrbücher in der deutschen Vergangenheit.

Schon Auge und Ohr des Kindes waren an Bilder und Worte gewöhnt, die eine neuzeitliche Erziehung ängstlich von ihnen fernzuhalten bemüht ist. Die sexuelle Aufklärung, die Sehnsucht manches Schulmannes der Gegenwart, wurde damals recht gründlich durch Anschauungsunterricht, in Wort und Bild, auch durch die Lehrbücher betrieben. Zu den weitverbreitetsten Schul- und Übungsbüchern gehörte Erasmus von Rotterdams Gesprächbüchlein, die Colloquia Erasmi. Für die Aneignung des Lateins waren sie

allerdings sehr geeignet, sagt Janssen [260]). „Allein das Buch sprach der Ehrfurcht, die selbst der Heide Quintilian für die Jugend forderte, in hohem
Grade Hohn und enthielt so schmähliche Dinge über religiöse Übungen
des Volkes, so giftige Ausfälle auf das Ordensleben, so viele frivole und unzüchtige Stellen, daß es in Frankreich untersagt, in Spanien verbrannt, in
Rom für die ganze Christenheit verboten, auch von Luther in seinen Tischreden wiederholt mit den schärfsten Ausdrücken verurteilt wurde". „Luther
nennt Erasmus einen „Buben in seiner Haut", dessen Bücher „sehr giftig
sind"." Und das Giftigste von allen legte die Schulweisheit von einst in die
Hände der unreifen Jugend. Gespräche, wie die Unterhaltung zweier Weiber
über ihre Männer, eines Freiers mit dem Mädchen seiner Wahl, dann
Adoloscentis et Scorti (des Jünglings mit der Dirne), sind scharfes Gewürz
selbst für den Mann. „Erasmus malt hier die Wollust aufs gemeinste,
und fügt dann etwas hinzu, das erbaulich sein soll. Ein solches Buch empfiehlt der Doctor Theologiæ dem achtjährigen Knaben, um durch dessen
Lektüre besser zu werden" [261]).

Weiters ein anderes Schulbuch: „Rhetorica und Epistelbüchlein, Deutsch
und Lateinisch, darin begriffen allerhand Missiven und Sendbrieffen, die
sich in täglicher Uebung nothdürftig zutragen möchten, den jungen und an-
fahenden Deutschen und lateinischen Schülern und Schreibern zu Nutz
veröffentlicht, in Frankfurt am Main 1590 von A. Sawr von Franckenberg".
Unter den Formen von Briefen, „darin man sich Beschwernuß halber beklagt", behandelt gleich der erste: „Einer klagt seinem guten Freund, daß
ihm in seinem Abwesen von einem, dem er viel Freundschaft bewiesen,
seine Hausfrau zu unehrlichen Wirken sei gefordert worden". Andere „Exempel ergehen sich über Unzucht, Buhlschaft und falsche Liebe" [262]).

Damit noch nicht genug. Der Prediger Caspar Faber eiferte sich im Jahre
1587 über die Lehrer, die mit den Knaben in der Schule „viel lieber Ovi-
dium de arte Amandi" lesen, „denn den lieben Catechismum des heiligen
Vaters Lutheri; ja die ganze Woche haben die alten heidnischen Hurenjäger
und Schandlappen, Ovidius, Terentius etc." vor. „Man findet sehr viele
Schulen, in denen man den Knaben unreine poetische Bücher mit Gewalt
einschlägt und sie zwingt, sie auswendig zu lernen, und die daraus fein ab-
gericht werden, wie man leflen (löffeln = schöntun), buhlen, ehebrechen,
Jungfrauen schänden, heimlich Weiber nehmen, die Türe einstoßen, Fenster einwerfen, besteigen und Jungfrauen hinwegführen solle, wie man mit
der Lieb reden . . . . . . wie die Weiber niederkommen, wie die Jungfrauen

den Buben das Netz fürspannen", sagt Ägidius Albertinus, der fromme Münchener Moralprediger.

In den Katechismen ergänzten nach heutigen Begriffen sehr verfängliche Bilder die erbaulichen Texte. „Beim ersten Artikel — des Katechismus — findet sich häufig eine Eva, noch ganz im Stande der Unschuld, mit Adam Hand in Hand am verbotenen Baume stehend und den Beschauer das Gesicht zuwendend. Die Kindespflichten sollen beim vierten Gebote durch das warnende Beispiel Hams, der die Blöße des schlummernden Vaters nicht verdeckte, eingeschärft werden. Noah erscheint auch auf dem Katechismusbilde unverhüllt wie ihn Ham gesehen, und es ist nichts Außerordentliches, gebrauchte Katechismen zu finden, in denen die laszive Hand eines Knaben dem Xylographen nachgeholfen hat. Beim zehnten Gebot ist Potiphars Weib dargestellt, auf einem Ruhelager sitzend und den hebräischen Jüngling am Kleide festhaltend oder in schamloser Entblößung ihm nacheilend. Das „keusch und züchtig" soll Bathseba empfehlen. Sie befindet sich im Vordergrund des Bildes im Bade und fern von ihr auf seinem Söller der König David, das Auge ihr zuwendend. Ihre Enthüllung ist zwar nicht die unkeuscheste, aber eine schamlose Invention des Bildermachers war es, daß dieser dem Bassin, in welchem sie badet, das Wasser zuströmen ließ aus einer auf hohem Postamente aufgestellten Statue, der ein Feigenblatt fehlt, das allerdings, ohne ihren Zweck zu vereiteln, nicht anzubringen war"[263]).

In seiner sittlichen Entrüstung hat Löschke allerdings übersehen, daß die Jugend von damals aus den Schlafgemächern und den Badestuben an den Anblick der Nacktheit gewöhnt war und ihr anders gegenüberstand als viele unserer Schulkinder, denen die Zimperlichkeit mit der Milch eingetrichtert wird, und die deshalb doch nicht besser sind als jene in alter Zeit waren. Ich will damit natürlich nicht behaupten, daß naturalistische Bilder in ein Lehrbuch gehört hätten, aber sie wurden kaum als aufreizend aufgefaßt und empfunden.

An der Natur ist nichts schimpflich, und die Nacktheit ist Natur.

Aus diesem Beweggrund heraus scheute einer der hervorragendsten Schulmänner der Vergangenheit, geradezu der Vater der heutigen Schule, Johann Amos Comenius nicht davor zurück, in seinem Orbis sensualium pictus zum Anschauungsunterricht für die liebe Jugend Bilder zu verwenden, die bei den jetzigen Pädagogen ein Schütteln des Kopfes hervorrufen. Auf dem Blatte XXXVII seiner Illustrationsbeilagen fehlt an den „äußerlichen Gliedern der Menschen" fast keines. Die aber das Bild nicht zeigt, vergessen

die Erklärungen in deutscher und lateinischer Sprache nicht, die dazu dienen sollten, „die Gemüter herbey zu locken, (daß sie ihnen in der Schul
keine Marter) sondern eitel Wollust einbilden". Noch weiter als hier geht
die sexuelle Aufklärung der Schüler bei dem 112. Blatt der Temperentia
„Die Mäßigkeit". Hier hat der angehende Lateiner folgende deutsche Sätze
zu übersetzen: „Die Mäßigkeit schreibt Maße für dem Essen und Trinken
und hält an die Begierde / als mit einem Zaum: und also mäßigt sie alles /
damit nichten zuviel geschehe. Die Schlämmer (Säuffer) sauffen sich voll
und toll / taumeln / speyen (kotzen) und hadern. Aus der Schlemmerey entsteht Geilheit; aus dieser ein Unzucht-Leben unter Hurern (inter Fornica-
tores) und Schleppsäcken (et Scorta) mit Küssen / Betasten (palpamdo), Umarmen (herzen) / und Danzen (hüpfen) [264].

Die Menschen der Vergangenheit waren eben weit entfernt, die Zeichnung
eines belegten Ehebettes oder eines nackten Paares entsittlichend zu finden,
ja selbst in stärkeren Naturwüchsigkeiten wie in der Darstellung einer handgreiflichen Liebesszene oder des Mannekenpiß etwas anderes als einen Reiz
auf die Lachmuskeln zu empfinden [265].

Ebenso wenig, wie man sich scheute, selbst die heikelsten Stellen der Bibel
durchzunehmen, darf gelehrten Herren, meist Geistlichen, eine Absicht des
sinnlichen Reizes unterschoben werden, wenn sie in ihren polemischen
Hexen- und Zauberbüchern, in ihren populär-wissenschaftlichen, medizini-
schen, also für die weitesten Kreise berechneten Büchern Holzschnitte aufnehmen, die an pornographischer Deutlichkeit nichts zu wünschen übrig
lassen, wie die hier veröffentlichten Proben z. B. aus Comenius dartun.
Dies alles sei der Urwüchsigkeit in geschlechtlichen Dingen zugeschrieben.
Das Schamgefühl der Gegenwart ist eben auch ein Produkt seiner Zeit,
und himmelweit von dem verschieden, was die Vorfahren darunter verstanden.

Es ist hier nicht der Platz darüber abzuhandeln, doch sei, um nur einen
einzigen Vergleich zwischen einst und jetzt zu ziehn, daran erinnert, daß
zu den schimpflichsten Strafen in der deutschen Vergangenheit das „Ehr-
abschneiden" zählte. Es bestand darin, daß dem Weibe das Kleid bis knapp
über dem Knie abgeschnitten wurde, und es daher mit sichtbaren Waden
sich zeigen mußte, was bei den Damen in den knie- und schenkelfreien
Kleidern wie den Badekostümen der Gegenwart kaum noch als Schimpf
und Schande angesehn wird.

So fand man einst nicht einmal etwas Erwähnenswertes darin, halbwüchsige

Kinder zu zwingen, auf den Schultheatern Unfläтereien auszusprechen und Unzuchtsszenen darzustellen. Der Teufel sollte nach der ehemals so allgemeinen Vorschrift: „Nach bösen Beispielen sollst du dich nur richten, um nach ihnen deine Sitten verbessern", eben durch Beelzebub ausgetrieben werden. Das Theaterspielen als Lehrmittel ist uralt. Bereits in den Klöstern wurden von den Schülern lateinische Dramen aufgeführt, wenn dies auch kaum die Stücke der Gandersheimer Nonne Rhoswitha gewesen sein dürften, die im zehnten Jahrhundert für ihre Mitschwestern nach dem Vorbild von Terenz und Plautus Dramen mit stark erotischem Einschlag verfaßt hatte. Diese Schüleraufführungen in den Klöstern werden wohl auch Fastnachts-, Oster- und Weihnachtsspiele umfaßt haben, an denen sich das Volk auf dem Anger, wie auf dem Marktplatze ergötzte. Die Darsteller und Veranstalter der Volksspiele waren Spielleute und fahrende Schüler, deren Geschäftssinn es zu danken ist, daß trotz der religiösen Stoffe dem Geschmack und der Schaulust des Volkes immer weitere Zugeständnisse gemacht wurden [266]), auch wenn zum Schauplatz für die Darstellung der Kirchhof oder die Kirche selbst diente. Deshalb erklärte schon im 12. Jahrhundert der Domscholaster Gerboth von Reichersberg „spectacula theatrica" für Teufelswerk und beklagte die Entweihung der Kirchen durch ihre Aufführung. Durch eine ganze Reihe von Synodalbeschlüssen und Verordnungen geistlicher Behörden, läßt sich die Abneigung vieler maßgebender kirchlicher Kreise im 13. Jahrhundert gegen das Theaterspiel überhaupt, wie gegen das in Kirchen und Klöstern deutlich verfolgen. Vielfach aus gewichtigen Gründen, denn, die geschlechtlichen Verhältnisse wurden (in den meisten Stücken) mit verblüffender Ungeniertheit behandelt. Um die Knaben vor den Folgen eines ausschweifenden Lebenswandels zu warnen, trug man kein Bedenken, ihnen auf der Bühne einen solchen unverhüllt vorzuführen [267]).

Aber die Absicht zu bessern stand nicht einmal obenan. Der Hauptgrund der Schüleraufführungen ist darin zu suchen, den Unterricht in der lateinischen Sprache zu fördern, der nun einmal als die Grundlage jeglichen Wissens galt. Deshalb wurden denn auch von gewissen Schulbehörden den Schülern Aufführungen in deutscher Sprache untersagt. So bestimmt die Güstrower Schulordnung von 1552, von der noch manches zu sagen sein wird, „Deutsche Comedien und Tragedien sollen für den gemeinen Mann noch sonsten von den Schülern nicht agiret werden". Nur mit Einwilligung des Herzogs und auf dessen Gutachten dürfe eine Ausnahme gemacht werden.

Im Jahre 1566 verlangte Johann Gigas von Schulpforta die ausschließliche
Aufführung nur lateinischer Stücke „sonderlich aus dem Terenz". „Deutsche Stücke befehle man deutschen Brüdern und Handwerksgesellen". In
Ulm sprachen sich am 16. August sämtliche Prediger und Schulkollegien
zu dem dortigen Rektor Martin Balticus gegen die deutschen Spiele aus.
In München kam Oswald Stadler, Schulmeister bei St. Peter, vom Magistrat
die Weisung zu, „daß ihm hinfüro keine deutsche Comödia zu halten ver-
gönnt, sondern alle lateinisch gehalten werden sollen, damit der Jugend
damit Rath geschafft werde". Die Humanisten, voran Konrad Celtis, hatten
die Komödien des Plautus und seines literarischen Nachfolgers Terenz in
den Schulen heimisch gemacht, und die Reformatoren zeigten sich damit
einverstanden. Melanchthon, ein begeisterter Verehrer des Terenz[268]), ließ
diesen, Plautus, Euripides und Stücke aus dem Senecca von Studenten in
Wittenberg aufführen. Luther stimmte dem zu: „Comödien spielen soll
man um der Knaben in der Schule willen nicht wehren, sondern gestatten
und zulassen, erstlich, daß sie sich üben in der lateinischen Sprache, zum
andern, daß in den Comödien fein künstlich erdichtet, abgemalt und fürgestellt werden solche Personen, dadurch die Leute unterrichtet und ein
jeglicher seines Amtes und Standes erinnert und vermahnet werde, ... was
einem Knecht, Herrn, jungen Gesellen und Alten gebühre, wohl anstehe
und was er tun solle . . . . wie sich ein jeglicher in seinem Stande halten
soll im äußerlichen Wandel, wie in einem Spiegel". Ebensowenig hatte er
gegen die Wahl der Stücke etwas einzuwenden: „Christen sollen Comödien
nicht ganz und gar fliehen, darum, daß bisweilen grobe Zoten und Bühlerei
darin seien, da man doch um derselben willen auch die Bibel nicht dürfte
lesen"[269]).
Solche Leitsätze waren nicht mißzuverstehen. Darum wurde in den protestantischen Schulordnungen frühzeitig die Durcharbeit des Terenz und
einiger Stücke des Plautus[270]), der Hauptvertreter der Palliatendichtung,
ausdrücklich verlangt.
Beide Dichter hatten schon früh auf der deutschen Bühne Fuß gefaßt. Am
Hof des Kardinals Matthäus Lang in Augsburg soll eine deutsche Übersetzung des Eunuchus aufgeführt worden sein. Ein Jahr darauf (1517)
brachten Mainzer Meistersinger eine „Darstellung nach Plautus" auf die
Bühne[271]). Die von Melanchthon entworfene und von Luther gutgeheißene
kursächsische Ordnung von 1528 befiehlt: „Wenn die Kinder den Esopum
— die Fabeln Aesops — gelernt, soll man ihnen Terentium fürgeben,

Albrecht Dürer: Das Liebchen

(*Nackte Frau*)

Paris

*Schüler als Schauspieler. Aufführung eines
Lustspieles von Terenz*

Holzschnitt vom Jahre 1496

Die Liebespaare sind durch Linien verbunden

Altdorf

Kupfer von Puschner. Mitte des 18. Jahrhunderts

Alſo geht ihr Magnifierntz
mit dem Pedelen an d'Regentz

Wan der Pedell führt den Ornat
So hat er einen Doctorat.

Straßburger Akademische Bürger im 17. Jahrhundert

Ein Herr Profeſſor kleidet geht
alſo wie hie vor augen ſteht.

Ein Frembter Herr im Doctorat
Alſo ſeine begleitung hat

welchen sie auch auswendig lernen sollen. Nach dem Terentio soll der Schulmeister den Kindern etliche Fabulas Plauti, die rein sind, fürgeben". Zu diesen ,reinen' Stücken rechnete Melanchthon die Topfkomödie Aulularia, das Charakterstück, das Molières ,L'Avare' als Vorlage gedient hat, den Trinummus, den Lessing in seinem ,Schatz' bearbeitet hat, und endlich Pseudolus, das treffliche Urbild eines Intrigenstückes [272]). Spätere Schulordnungen wie die Güstrower (1552), die Magdeburger (1553), die Brandenburger (1564) und die Breslauer (1570) fordern nicht allein Lesen und Auswendiglernen, sondern ausdrücklich die Darstellung des Terenz. In der Güstrower Ordnung heißt es: ,,Es soll auch alle halbe Jahre eine lateinische Comödia aus dem Plauto oder Terentio für die Knaben, daß sie gut lateinisch lernen mögen, von den Schülern in der Schule agiret werden"[273]).

Nach der Nordhauser Schulordnung von 1583 sollte der ,Rektor mit den Schulknaben der Bürgerschaft und gemeiner Stadt zu Ehren' jährlich auf Fastnacht eine lateinische Komödie aus dem Terenz vorführen, und wohl eine Konzession für die Zuhörerinnen, ,,bisweilen eine deutsche dazu"[274]). In Zwickau wurde schon 1518 am Tag vor Fastnachtsdienstag während eines Turniers vor Herzog Johann und dessen Hof ,,der Eunuchus aus dem Terentio ordentlich und wohl gespielet" und dies von der Ratschule, deren Rektorat Stephan Roth verwaltete. ,,Zwischen diese Aktion hatte man", wie eine Chronik berichtet, ,,eingefügt, wie sich sieben Weiber umb einen Mann gezankt und geschlagen, desgleichen, wie sieben Bauernknechte, umb eine Magd gefreit haben, und ist dies alles zierlich und wohl gereimet agiret worden"[275]).

Die städtische Poetenschule in München spielte ,einem ehrbaren Rath zu Gefallen auf dem Rathause' in den Jahren 1557, 1562 und 1566 öffentlich Stücke von Plautus, ,,der Obrigkeit zu sondrer Ehr, Gemeiner Jugend z'Nutz und Lehr, In Summa jedermann zum Frommen", wie Johann Baumgart, Prediger an der Heiliggeistkirche in Magdeburg 1561 in der Vorrede zu seinem berüchtigten Schauspiel ,,Das Gericht Salamonis" sagt. Bei einem Examen in Straßburg im Jahre 1578 hielt der Theologe Marbach eine Schulpredigt. In dieser straft er die ,,thörichten Eltern", die ihren Kindern ,,zu lesen und sich zu üben fürlegen den Dannhüser, die Melusina, Dietrich von Bern, den alten Hiltenbrand, Ritter aus Steuermark — also geben sie der Jugend Anleitung zu bösen Gedanken". An einer anderen Stelle ermahnt er die Schuljugend, sich einzig mit guten Büchern abzugeben, nicht

mit „Bulbüchern, in denen mehr als Fabelwerk, Narrentheiding und Merlin
(Märlein, Märchen) nichts zu finden". Das sagt er denselben Schülern, die
bei den Prüfungen den Phormio der Terenz und die Wolken der Aristo-
phanes aufführten[276]).

Georg Rollenhagen, der Dichter der „Froschmäusler", 1567 Prorektor der
Schule zu Magdeburg, richtete seine Bemühungen darauf, daß der Terenz
„wie Teer den Schülern an den Händen kleben solle". „Wir haben",
schrieb er im Jahre 1592, „bei unseren Schulen den Terentium allzeit gelesen, und diese Zeit auf einmal ganz auswendig lernen und so oftmals in
der Schulfeier des Donnerstags nach Mittag spielen lassen, daß ihn nun
fast die ganze Schule auf einem Neglein weiß und wann es von Nöthen ist,
und welche Comödie man haben will, zierlich aufsagen und zum Spiel ins
Werk richten kann". Die Ungeschminktheiten der antiken Sittenschilderer,
alle zu handgreiflich deutlich, um nicht von ihren Verkündern erfaßt zu
werden, ertönten nun aus Knabenmund von der Bühne herab. Als ernste
Schulmänner ihre warnende Stimme dagegen erhoben, daß Knaben die
Rollen der öffentlichen Dirnen, wie sie bei Plautus und Terenz so häufig
sind, spielen sollten, verteidigte 1604 der Marburger Professor Rudolf
Goclenius diesen Mißbrauch als etwas Selbstverständliches. „Nicht un-
ziemend ist es für einen Mann, öffentliche Weiber darzustellen, wenn es
zu dem Zwecke geschieht, die Laster der Dirnen zu zeichnen; ungeheuer-
lich ist nur, die Sitten, nicht aber die Kleidung einer Dirne anzuziehn"[277]).
Die Beliebtheit des Terenz als Autor von Schulkomödien überdauerte sogar
noch das 18. Jahrhundert. Heinrich Anschütz, der berühmte Wiener Bur-
theaterschauspieler, erzählt in seinen Erinnerungen, daß er 1801 auf der
Fürstenschule in Grimma drei Stücke von Terenz, die Andria, die Brüder
und den Selbstpeiniger, mit Erlaubnis der Lehrer zur Aufführung gebracht
habe[278]).

Wie begreiflich, fehlte es aber auch nicht an Schulmännern, die sich des
verderblichen Einflusses der klassischen Dramatiker voll bewußt waren.
Aber es ist niemals jedermanns Sache gewesen, gegen den Strom zu schwimmen, und seine Stimme laut und vernehmlich gegen die seiner Vorgesetzten
und die allgemeine Ansicht zu erheben. Wenn sich einer dieser Schulmonarchen aufraffte, an Stelle des Terenz oder Plautus andere Komödien
zur Aufführung zu bringen, so geschah dies sehr häufig, durchdrungen von
dem eigenen Wert, nur in der Absicht, für Stücke der leichtblütigen Römer eigene Werke der staunenden Mitwelt vorzuführen. Also machte es

Cornelius Schoraeus (1540—1611). Er schrieb Komödien, 1591 im „Terentius christianus"[279]) gesammelt, in denen er grundsätzlich alle amores ausschloß. Er ersetzte alle Liebeleien durch Roheiten[280]), Zweideutigkeiten und platte Gemeinheiten[281]). In einem seiner Stücke, einer Bearbeitung des Susannastoffes, bringt er zwei Freudenhausbilder, gegen die Terenz vergleichsweise unschuldig ist. In der einen Szene fallen zwei Ehemänner in die Netze zweier öffentlicher Dirnen. Ebenso widerwärtig ist die andere, wo die Männer mit ihren nachgereisten Frauen zusammentreffen. Mit Recht sagt das eine Weib zu dem andern:

> Pudet me commemorare quae vidi per catii
> Rimas prospiciens clanculum.

In seiner Judith geht die Heldin zum König Holofernes und vertraut ihm, sie habe sich aus Liebe zu ihm gewagt. Sie sei von seiner Schönheit geblendet und wünsche sein Kebsweib zu sein. Herodes ist galant genug, dies Begehren zu erfüllen, und so kann eine Wache der andern auf dem Walle erzählen: nunc imperator

> Noster in amore est totus, mulierem illam complectens, qua ego
> Pol in vita elegantiorum vidi neminem.

‚Derartige Obszönitäten finden sich in nicht unbeträchtlicher Anzahl auch in anderen Stücken des Schoraeus'[282]). Dann die Dramen vom verloreuen Sohn aus Schulmeisterfedern, die bald in überreicher Anzahl, lateinisch und deutsch, erschienen, unter denen aber keines die von dem Stoffe bedingten Derbheiten zu mildern sucht. Auch der ‚Asotus' von Wilhelm Cnapheus († 1568) nicht, eines der bedeutendsten Stücke dieser Art, das aber an stark erotischen Stellen keinen Mangel hat[283]). Ein gleiches gilt von den Dramen Nikodemus Frischlins (1547 bis 1590). Seine Stücke, wiederholt von Studenten aufgeführt, enthalten, ungeachtet der biblischen Stoffe, ganz dem rohen Zeitgeschmack entsprechende Szenen, die „dem Schulzweck zuwider waren und auch in ästhetischer Hinsicht besser weggeblieben wären"[284]). Überaus beliebt als biblische Stoffe für Schulkomödien waren die Geschichte vom keuschen Joseph und die von der ebenso gearteten Susanna im Bade. Die Verfasser scheinen der Ansicht gewesen zu sein, daß sich mit den Bordellszenen im Verlorenen Sohn grade diese beiden Erzählungen glänzend für Schulkomödien eignen, denn sie haben sie immer und immer wieder bearbeitet.

Balthasar Voigt, Pastor in Drubeck, läßt in seinem „Aegyptischen Joseph",

der „als geistliche Komödie sowohl in kleinen als großen Schulen auf einen
oder zwen Tagen wol füglich agiret" werden sollte, die Liebesqualen der
Frau des Potiphar sich in den Worten austoben:

> „Ach, ach, du mein liebes Herz,
> Wie sauer kommt dich an Liebesscherz?
> Ach, wie beugst du dich wie ein Reif,
> Und wirst bald wiederum so steif
> Wie ein Baum und Steineiche hart,
> die sich dem Winde zuwider starrt,
> Mit großer Last doch endlich bückt
> Und wird mit Krachen heruntergerückt

(Gedanken umdrängen sie)

> Welch wie ein Krebs die Sinne beißen . . .
> Das Schamnetz ist aufs höchst gespannt . . .
> Sollt ich auf ewig sein geplagt,
> So ists viel besser einmal gewagt;
> Die Not, Schwermut und Bangigkeit
> Habens ohnehin gebracht so weit —

(hält ein wenig inne mit der Rede)

> Aber wie bin ich nun so toll,
> Ich soll mich doch ja schämen wohl
> Und die Lustseuch (!) anders kurieren.
> Ich wills auch:

(hält abermals still und geht so in tiefen Gedanken)

> Noch laß sie regieren,
> Hab ichs doch vor versucht und noch,
> Und wird noch viel schwerer mein Joch".

Medea, Potiphars Weib, erklärt nun Joseph ihre Liebe. Dieser entzieht sich
ihrer Umarmung, und verweist sie auf Gott. Sie aber spricht von ihren
Göttern:

> Da Mars und Venus lagen bei,
> Wer macht davon ein groß Geschrei?
> Hätte Vulkan nicht die Läng vernomm'n,
> Er wär nimmer vor Jovem kommen.
> Die Götter warten ihrer Freud,
> Bei uns sind sie die wenigst Zeit.

(Sie streichelt ihm Wange und Arm)

O hilf mir Venus durch dein Kind,
Daß ich hier mein Erquickung find.
All ihr Götter helft mir dazu,
Ihr habt gefühlt dieselb Unruh.
O Jupiter der du selber viel
Gewaget hast auf diesem Spiel,
Hab jetzt mit mir ein Übersehn:
Ach Joseph woll nicht von mir gehn,
Ich will dir vor erzählen hin,
Wie Jupiter hatt ein Konkubin,
Und der Prinzen viel ander mehr.
Denen es nicht schadt an ihrer Ehr."

Nachdem Joseph dies Bekenntnis, das sich aus Kindermund besonders lieblich angehört haben wird, vernommen, eilt er ab. Ebensowenig gelingt es der Medea ihn durch Geschenke zu gewinnen. Da beschließt sie den großen Schlag. Splitternackt will sie ihn im Bett empfangen. Als er erscheint, packt ihn Medea sogleich am Mantel und ruft:

Sieh diese Brust und weiß Ärmelein!
Ach drück dich an mich.

Joseph: Laß mich gehn!
Medea: Hört, mein Buhl!
Joseph: Hört Ihrs, laßt mich gehn.
Medea: O nein, ich will vor gar aufstehn,
Daß du meinen ganzen Leib mögest sehn".

O der Herr Verfasser ist gar nicht so. Er sagt nämlich in einer Regiebemerkung: „Was von Entblößung hier gesagt wird, soll nur gehört und Zucht halber doch nicht repräsentiert oder gesehen werden". Also, es sollte nur die Einbildungskraft der lieben Jugend wachrütteln!
Joseph entreißt sich den Armen der Buhlerin, und nun rächt sie sich, und klagt den Tugendprotz bei Potiphar mit den bezeichnenden Worten an:

„Hätt er vorgehabt, ein Magd zu schänden,
Sollt man ihn doch von Ort und Enden
Der ganzen Stadt, für solchen Spott
Gestrichen habn bis auf den Tod.
Nun hat er begangen solche Schand,
Daß ihms Rad mög werden zuerkannt.

9

> Kein Edelmann, kein Graf im Reich,
> Die doch gewest wärn Meinesgleich,
> Haben mir Unehr zugemut,
> Wie dieser euer Hebräer tut.

(es sei jetzt besonders auf die nun folgende Ansicht des Herrn Pastors auf-
merksam gemacht, der sich ausnehmend gut zum Hofprediger geeignet hätte:)

> Wär mirs geschehn von einem Edelmann,
> Möcht ihrs euch ziehn zu Ehren an,
> Daß ihr zum Weib hätt solch Matron,
> Welch gefiel jeder Adelsperson.
> Nun aber hat der lose Knecht
> Mich im Gegenteil zu hoch geschmeckt,
> Daß er gmeint, man müßts ihm bestellen —
> Ja fürwahr einm so feinen Gesellen,
> Der unserm Volk ein Greuel ist
> Und mich noch jetzt anstinkt wie Mist“.

Dieses ausdrücklich als Schuldrama verfaßte und 1619 gedruckte Stück, ist dem
Bürgermeister und Rat von Halberstadt gewidmet[285]). Solche Szenen sind
nichts seltenes in den Schulkomödien. Der Prediger Ambrosius Pape behandelt in dem ersten seiner ‚Zwo christlichen Spiele vom Laster des Ehebruchs‘ die Eheirrung Davids mit Bathseba in einer für die studierende
Jugend, auf die er ausdrücklich Rücksicht nahm, nichts weniger als passenden Weise[286]). Noch ärger ist ein von Johannes Baumgart, ‚Pfarrherr
zum heiligen Geist zu Magdeburg‘, im Jahre 1561 ‚zu Nutz und Frommen
der Jugend‘ verfaßtes und vor dem dortigen Rat aufgeführtes Schauspiel
„Das Gericht Salomonis“. Wer hier liest, welch ungeheuerliche Schimpf-
wörter die beiden streitenden Weiber in Gegenwart des Königs Salomon
gegeneinander gebrauchen, welch unflätige Gebärden das eine Weib zu
machen hat, welche Laster ein anderes Weib einem Wucherer vorwirft,
und wie ein auftretender Henker sich ausspricht, muß erschrecken über
die Worte am Schlusse:

> Ein junger Hauf und junge Knaben,
> Junge Studenten das gespielet haben.

Gervinus sagt mit Bezug auf dieses Schauspiel[287]): „Es ist unglaublich,
was man damals die Jugend sagen und spielen ließ“. „Selbst die rohesten
Truppen würden nun nichts der Art wagen“.

Johann Bußleb, Lehrer an der Schule in Egeln bei Magdeburg, verfaßte
1568 eine dem Bürgermeister und Rat der Stadt Wernigerode gewidmete
‚kurzweilige, sehr nützlich zu lesende‘ Komödie unter dem Titel ‚Ein Spiegel,
bereit wie die Eltern ihre Kinder auferziehn, auch die Kinder gegen die
Eltern sich verhalten sollen‘. Eduard Jacobs möchte es ‚fast verneinen‘, daß
das Stück ‚von und vor der Jugend‘ dargestellt worden ist. Wir können es
nicht glauben, daß es einem ehrsamen, auf gute Zucht haltenden Rat und
der ‚Christlichen Hausehre‘ (den Frauen) zugemutet werden konnte, von und
vor ihren ‚Pflentzlein‘, d. h. ihrem Nachwuchs, eine solche ‚Kurtzweilige
Komedie‘, die sich im tiefsten Schmutz und Unflat herumwälzte, aufführen
zu lassen [288]). Martin Hayneccius, einer der ersten Rektoren der Fürstenschule in Grimma, ein gar hochgelahrter Mann, hat der Jugend drei lateinische Schulkomödien gedichtet, die er, „damit sie vom gemeinen Manne
auch verstanden, vnd nützlich gelesen vnd gehandelt möchte werden", selbst
verdeutscht hat. Das bedeutendste darunter ist „Hansoframea, / Hans Pfriem,
oder meister Kecks", das 1582 in Leipzig erschienen ist [289]). Diese Komödie,
schon dadurch interessant, daß das ihr zu Grunde liegende Märchen Bürger
die Vorlage zu seiner Ballade ‚Frau Schnips‘ geliefert hat, die er allerdings
aus dem Englischen übersetzte, die dann auch die Brüder Grimm in ihre
Märchensammlung unter der Nummer 178 aufnahmen. In dieser Posse, wenn
sie auch sittlich rein ist, macht sich doch ein unerhört pöbelhafter Ton
breit, der von Knabenlippen noch roher geklungen haben muß als er
sich liest.

Wie Hayneccius sahen sich auch andere Dichter von Schulkomödien nach
weltlichen Stoffen um, von denen ihnen keiner zu gewagt schien, wenn sie
nur ihr Latein und ihre Verskunst, und das, was sie dafür hielten in rech-
tem Lichte leuchten lassen konnten. Philipp Waimer, Gymnasiallehrer in
Danzig (* 1608), schuf aus Bandellors Novelle von König Eduard III. und
der schottischen Gräfin Alix von Salisbury „Ein Newe vnd lüstige Comoedia
Elisa". Elisa, richtig Alix, ist eine Lukretia Borgia. Sie will sich lieber mit
„einem Messer behend" töten als dem lüsternen König zu Willen zu sein.
Noch deutlicher als diese Haupthandlung sind die Zwischenspiele. Der Narr
Dominus Johannes singt das Auftrittslied:

> „Hört jhr Herren, last euch sagen:
> Der Seiger der hat zwey geschlagen.
> Verwart das Feuer vnd auch das Liecht,
> Das man den Knecht beyr Magd nicht sicht!" [290])

Im Jahre 1639 veranstaltete Rektor Kohlreiff in Berlin einen actus γυμνασίας „de male feriatis", in dem er den Wert wissenschaftlicher Tätigkeit den Gefahren und dem Elend des Kriegslebens gegenüberstellte und die schlimmen Folgen des Venusdienstes in drastischer Weise zur Anschauung brachte.

Dieses Werk scheint befruchtend gewirkt zu haben, denn Johann Heinzelmann, 1652—1659 am Gymnasium im Grauen Kloster, und Subrektor Weber (1662), beide in Berlin, behandeln in Schuldramen dasselbe Thema [291]).

Das Studentenleben selbst nehmen sich einige Schulkomödien zum Vorwurf. Eines der frühesten Stücke dieser Art ist wohl das 1554 erschienene „Der jungen Knaben Spiegel" von Jörg Wickram. Obwohl nicht bezeugt, daß es von Schülern für Schüler dargestellt worden ist, so deutet doch seine ganze moralisierende Art auf diese Absicht des Verfassers hin, wie die knappe Inhaltsangabe zeugt: Willibald, ein Rittersohn, wird von Lotharius, seinem Mitschüler, dem Sohn eines reichen Schlachters, zur Liederlichkeit verführt, während Friedbert, armer Leute Kind, der mit Willibald aufgezogen wurde, brav und fleißig bleibt. Willibald und Lotharius machen in einem Bordell dieselben Erfahrungen wie der verlorene Sohn. Solche Schlüpfrigkeiten würzten den etwas faden Moralbrei. Lotharius endet als Dieb am Galgen. Willibald muß erst als Schweinehirt dann als landstreichender Sackpfeifer sein Leben fristen, ehe sich der zu Amt und Würden gekommene Friedbert seiner annimmt und ihn mit seinem alten Vater versöhnt [292]).

Im Jahre 1549 hatte der neunzehnjährige Student Christoph Stymmel aus Frankfurt a/Oder, er starb 1588, „in offenbarer Anlehnung an Guibelinus Cnaphaeus (1493—1568) Acolatus" das lateinische Schauspiel ‚Studentes' beschrieben. In die Parabel vom verlorenen Sohn knüpft er das Schicksal verschieden gearteter Studenten. Es sind dies der fleißige Philamathes und seine Jugendfreunde Acolatus und Acratus. Der eine von diesen beiden vergeudet alles mit Weibern, der andere ist ein Spieler. Natürlich siegt in Philamathes die Tugend. Acolatus muß das Mädchen heiraten, das er entehrt hat. Acratus bestiehlt seinen Vater, um seine Spielschulden zu bezahlen [293]).

Über eine der üblichen Sauf- und Raufszenen berichtet in diesen Studentes ein Student: „Bis ein Uhr früh haben wir gestern abend getrunken und waren so berauscht, daß wir kaum noch stehen konnten, ja zur Erde selbst wie taumelnd stürzten, Fallsüchtigen ähnlich. Als wir des Trinkens satt geworden, ging es auf den Markt. Zuerst kam uns entgegen ein ungeheurer

Das Hänseln der Fuhrleute

Stich aus der ersten Hälfte des 19. Jahrhunderts

Der Alamode-Student als Jäger

Kupfer von J. E. Nilson

*In der Haus- und Arbeitskleidung im Studiensaal oder
Alumneum in Altdorf*

Kupfer von Puschner. 18. Jahrhundert

Von nachtes ho-
fieren

Holzschnitte aus

Von vnnutzem
studieren

Seb. Brants
„Narrenschiff"
Basel 1495

Der Herr Professor läßt sich nicht stören

Holzschnitt von Hans Frank. 1518

Im Café

Kupfer von J. E. Nilson

Gnotenschwarm, der mit gezückten Schwertern auf uns sich stürzte. Da schlugen wir mit mutigem Sinn, daß sie besiegt uns endlich den Rücken zeigten, viele auch so schwer verwundet, daß kaum noch Lebenshoffnung übrig ist. Bald durch den Lärm gerufen, stürzt sich auf uns der Wache Schar, in Waffen blitzend. Auch diese wurde in die Flucht gejagt. Traun, vor Lachen wäre ich fast gestorben, als die, denen doch das Heil der Stadt vertraut ist, so schändlich flohen"[294]).

Stymmel Stück fand übergroßen Beifall. Melanchthon ließ es ,zum großen Gefallen der Gelarten' zweimal in Wittenberg aufführen. Dieses Ansehn erbte sich fort, so daß es nachweisbar noch in 21 Ausgaben vorhanden ist[295]). Ein Mitstreiter Stymmels war Albertus Wichgrevius aus Hamburg, später Rektor in Pritzwalk, dann Prediger in einem Flecken bei Hamburg. Wahrscheinlich ist seine lateinische Studentenkomödie „Cornelius relegatus" von den ,Studentes' angeregt. Sie wurde 1600 in Rostock von Studenten dargestellt und fünf Jahre später „auf vieler Ansuchen und Begehr" von Johannes Sommer, Pastor in Osterweddingen, ins Deutsche übersetzt. Mit anderen drastischen Worten: diese dramatisierte Beschreibung des „bachantisch kornelisch Saulebens" der deutschen Bühne zugänglich gemacht, und „diesen Cornelius mit seinem Saufen, Spielen, Stürmen, Leffeln und seinen jungen Corneliolo, den er erleffelt, auf freiem Schauplatz Männiglich anzuschauen fürgestellt, zu dem Ende, daß die jungen Scholares, wenn sie aus der Particularschule kommen und auf Universitäten ziehn, der Privilegien und Indulgenz zum Saufen, Spielen, Doppeln, Unzucht und Büberei mißbrauchen sollen, sondern sich vor dergleichen schwebenden Lastern höchsten Fleißes hüten".

Auch die allzu nachsichtigen und närrischen Eltern bekamen dabei böse Worte zu hören, „da nunmehr junge Leimstengler, wenn sie ehelich worden — ich will jetzt von den alten Lappenheusern und Narren, die ihren Kindern die Narrenkappen selber zuschneiden, nichts sagen — und Ehepflänzlein durch Gottes Segen gezeuget, ihr eigen Muster und Ebenbild an ihnen erziehen, gewöhnen sich flugs zu langen französischen Haarlocken, weiten Müllerhosen und neuer utopischer leimstenglerischer und kornelianischer Manier und Zier, und spiegeln sich darin wie die alten Affen an ihren Jungen: was nun künftig an solcher Frucht und Zucht werde erwachsen, das wird die Posteritet, so anders Gott mit der bösen Welt nicht Feierabend machen wird (!), mit Schmerzen erfahren".

Das „Argumentum oder Inhalt deß Spiels" ist:

Cornelius der Schul wird gram,
Ob scharfer Zucht Eckel bekam,
Redt mit dem Vater, daß er ihn
Nach Wittenberg wollt lassen ziehn,
Erlangt solchs von den Eltern fein,
Lauft flugs zu seinem Jungfrewlein,
Ihr solchs zu sagen, daß er hat
Urlaub, wolt werden Licentiat.
Schnupftuch, Ring, Gelt sie ihm mitgab,
Rollt weg, wirft dort die Hörner ab,
Ein stattlich Mahlzeit richtet zu,
Lernt nichts, säuft, frißt und schreit Juch Juh.
Endlich da er viel Schulden macht,
Gar heftiglich wurde verklagt,
Arrestiret, incarceriret,
Trawrig ins Elend relegiret,
Vol Schmerzen kam wider anheim,
Sehnlich ihns rewt: und hielt sich fein.

Der hier wiedergegebene Kupferstich aus Jacob v. d. Heydens Speculum
Cornelianum, Straßburg 1618, zeigt einen Cornelius, auf den das Ergebnis
seiner Taten mit aller Macht hereinstürzt. In ihm personifiziert sich das,
was man vom 16. bis zum 18. Jahrhundert unter dem Namen Cornelius
und das von ihm abgeleitete cornelisieren verstand. Es umfaßte jegliche Art
des Katzenjammers, aber hauptsächlich den moralischen. Ob das Wort mit
Cornus, das Horn zusammenhängt, ist nicht ganz sicher. Gödeke nimmt
es an und leitet es von der alten sprichwörtlichen Redensart: ‚er ist so traurig, daß ihm Hörner aus dem Kopfe wachsen' ab. In diesem Sinne findet
sich der Name und das Verbum in vielen Schriften aus der genannten Zeit
angewandt. In solcher Stimmung befindet sich ohne Zweifel auch der Student auf dem Kupfer, der allen Studenten wohlbekannte Cornelius. Was
ihn in den Moralischen versetzt, zeigen die wild umhergestreuten Gegen-
stände, das Verzeichnis seiner Ausgaben und Schulden an der Wand, unter
denen auch das vielsagende ‚Jungfrau' nicht fehlt, trotz der Jungfrau, die
sich ihm mit seinem Kinde naht, endlich die lateinische Unterschrift:

Alea, Vina, Venus, virosa Vacuna, juventae
Numina sunt, fugite o Juvenes: latet anguis in herba.

Würfel, Wein, Venus, mannstolle Bauerndirnen sind der Jugend Ideale.
Flieht sie o Jünglinge, es lauert die Schlange im Grünen[296]).

Johann Georg Schoch, 1627 in Leipzig geboren, hat gleichfalles eine ‚Comoedia vom Studentenleben' geschrieben, die 1658 in seiner Vaterstadt bei
Johann Wittingau erschienen ist. Auch diesem als Kunstwerk sehr tief-
stehenden Werke, das aber große Bedeutung als kulturgeschichtliche Schilderung hat, haben Stymmels ‚Studentes' als Vorlage gedient. In dem Prolog,
den Mercurius spricht, sagt er: „Welches Leben ist wohl lustiger und
frölicher, als eben das Lustige und fröliche Studenten-Leben, aber welches
Leben ist auch verachter, als dasselbe. Es finden sich sehr viel, und zwar
die meisten, die das edle Studenten-Leben, für ein leichtes, liederliches und
wüstes Leben ausschreyen, und nicht wissen, wie sie schimpflich und ver-
ächtlich genugsam davon reden sollen". Er verteidigt nun das Studentenleben, dessen ‚sauern Schweiß und Verdrüßlichkeit' er hervorhebt, gibt aber
dann auch zu, daß es manche gibt, die „unter dem Namen Studenten die
Freyheit und Entschuldigung ihrer Laster suchen". Deshalb stellt er denn
auch zwei Studenten ‚vor Augen', einen guten und einen bösen[297]). Im
Spiele selbst ist Pickelhering mit seinen witzlosen, in Fökalien wühlenden
sogenannten Scherzen ein breiter Raum eingeräumt.

Bruchmüller gibt den Inhalt des Stückes in mustergiltiger Weise an[298]):
Amandus, eines reichen Kaufmanns Sohn, und Floretto, einer von Adel
beziehen als junge Studenten in Begleitung ihres Dieners die Universität.
In dem Dorf vor der Stadt tritt noch der Sohn eines Bauers zu ihnen,
Jäckel, der ebenfalls studieren soll. Gleich darauf erblicken die beiden Neulinge die ersten Studenten, was sie derart in Schrecken setzt, daß sie sofort
in ein Haus flüchten, dort Mäntel, Hüte und Degen ablegen, und in die
in dem Dorf gekauften Pennälerkleider schlüpfen. In diesem Aufzug melden sie sich dann bei dem Dekan und bitten um ihre Deposition. Der
nächste Gang gilt dem Senior der Meißnischen Nation. Die Pennale bitten,
sich ihrer anzunehmen, da sie auch Meißner seien. Sie würden sich dafür
nach ihrem Vermögen erkenntlich zeigen. Der Senior schreibt ihre Namen
in die Nationalmatrikel und erkundigt sich, ob sie den Acceß-Schmaus
bald geben wollten. Unter energischer Betonung ihrer in Wirklichkeit nicht
vorhandenen Bedürftigkeit erklären sie sich dazu bereit, sobald sie Geld
vom Hause erhalten haben. Es folgt dann die Schilderung des Deposition-
aktes. Eine weitere Szene zeigt den Acceßschmaus auf der Stube der beiden
Pennale. Die zu Gaste kommenden Landsleute werden mit Wein, Bier und

Tabak bewirtet „und sauffen starck herümb". Für die Gastgeber setzt es
dabei Ohrfeigen und Nasenstüber. Schließlich entsteht Streit unter den betrunkenen Studenten. Es entwickelt sich eine allgemeine Balgerei. Tische,
Gläser, Bänke werden umgeworfen, und die beiden Pennale müssen sich
verkriechen. Eine spätere Szene des Stückes zeigt den Besuch mehrerer
Studenten auf der Stube der beiden Pennale. Sie setzen wegen Geldmangel
den Burschen nur saures Bier vor. Diese schimpfen, werfen alles über den
Haufen, bemächtigen sich schließlich einiger Bücher und schicken diese
durch den Diener Pickelhering auf den Keller, um sie in Trank umzu-
setzen. Nach abgelaufnem Jahr, und nachdem frisches Geld vom Hause
eingetroffen ist, erbieten sich die beiden Helden zur Ausrichtung des Ab-
solutionsschmauses. Die Kommilitonen beraten, wie die Absolution im
Geheimen angestellt werden könne, da diese von neuem streng verboten
sei. Es wird gleichzeitig auch die Höhe der Kosten für den Schmaus festgesetzt. Nach langem Hinundherhandeln einigt man sich auf 30 Taler Unkosten. Jetzt tritt auch der arme Bauernjunge Jäckel wieder auf. Er bittet,
ihn bei dieser Gelegenheit mit durchschlüpfen zu lassen, und erbietet sich,
die für den Schmaus nötigen Gläser, Tabakspfeifen, und „was dis wehre"
zu bezahlen. Bei dem Schmause wird natürlich wieder scharf getrunken,
von einem Studentenjungen und Pickelhering ‚wunderliche Gaukel-Sprünge'
aufgeführt, auch eine Dame „herzugeschlept, mit welcher die Pursche
trefflich galanisiren und tantzen, sie entläuft zu letzt". Zum Schluß be-
antragt der Senior, die drei Pennale für ehrliche Pursche zu erklären. Alle
sind einverstanden bis auf drei Bursche, die den Schimpf nicht vergessen
haben, mit saurem Bier bewirtet worden zu sein. Sie werden überstimmt,
woraus sich eine Paukerei entspinnt, der am nächsten Morgen einer der
drei Widersprecher zum Opfer fällt. Für die beiden wohlhabenden Studenten, die sich auf Kredit neu einkleiden, beginnt nun überschäumendes
Studentenleben. Nicht so für Jäckel, dem es schon im Pennaljahr sehr sauer
geworden ist, sich ohne jeden Zuschuß von Hause durchzubringen.

In seiner deutschen Fassung fand das 1617 von Gymnasiasten in Brieg auf-
geführte „Amantes amentes" von dem Magdeburger Rechtsgelehrten Gabriel
Rollenhagen, einem Sohne von Georg, vielen Beifall. Dieses „Ein sehr An-
mutiges Spiel von der blinden Liebe, oder wie man Deutsch nennet von
der Leffeley. Alles nach art vnd weise der jetzigen getroffenen Venus Soldaten auff gut Sächsisch gereimet", erschien als Buch bis zum Jahre 1618
in sechs verschiedenen Ausgaben [299]. Der Stoff des Schauspiels ist dem

Roman „Eurialus und Lukretia" von Aeneas Sylvius Piccolomini entlehnt. Unter dem Titel „Sidonia und Theagenes" erschien Rollenhagens Komödie in Prosa übertragen im Spielplan der Englischen Komödianten[300]). „Das Stück gehört zu den rohesten der Sammlung (von Stücken der Englischen Komödianten) und kann in zynischer und obszöner Pöbelhaftigkeit kaum überboten werden . . . . und doch gehörte es bis in das nächste Jahrhundert zu den beliebtesten Dramen der Zeit"[301]). Alles, was sich in diesem Spiel für Witz ausgibt, ist abscheulichste Zote, viel ärger als sie die Nürnberger Fastnachtspossen vor Hans Sachs aufweisen. Die Darsteller scheuten nicht davor zurück, unzüchtige Handlungen auf der Bühne vorzunehmen. Man war nun endgiltig davon abgekommen, nur lateinische Stücke aufzuführen. Die ersten Dramen in deutscher Sprache waren natürlich Übersetzungen römischer Lustspiele. Um 1530 wurden in dem damals noch katholischen Leipzig auf dem Rathaus die Hercyra von Terenz in der Muchlerschen Übertragung dargestellt. Etwas später, jedenfalls aber noch vor 1534, übersetzte der protestantische Schulmeister Joachim Greff in Halle die Aulularia von Plautus, und, vermutlich um dieselbe Zeit wie Greff, dessen Freund und Gesinnungsgenosse Heinrich Ham die Andria, alle drei Stücke im Wesentlichen mit genauem Anschluß an die Vorlagen. Zweifelsohne wurden diese Bearbeitungen von Schülern aufgeführt[302]). Sie sollten dazu dienen, das Interesse der Zuhörer für die Leistungen der Schule zu wecken.

In späterer Zeit herrschen bei den für die Schulaufführungen berechneten Dramen die biblischen Stoffe vor. Sonderbarerweise werden in ihnen allen sexuelle Vorfälle möglichst breit ausgesponnen. So hat der fruchtbare Ambrosius Pape (1553—1612) in dem ersten seiner „Zwo Christliche Spiele vom laster des Ehebruchs, wie leichtlich man drin geraten kan"[303]), die Eheirrung Davids mit Bathseba in einer Weise behandelt, die selbst für erwachsene Menschen als ausnehmend derbe Kost gelten darf, auf die studierende Jugend, auf die er ausdrücklich hinweist, aber verführend und aufreizend wirken mußte. Den Gipfel erreichte Heinrich Kielmann, Konrektor am Gymnasium zu Stettin mit seinem „GOtt zu Ehren und männiglich zum Nutz" verfaßten „Tetzelocramia, von Johann Tetzels Ablaßkram". Sie erschien im Jahre 1617 anläßlich der Jahrhundertfeier der Reformation und wurde von der Stettiner Schuljugend und Eislebener Gymnasiasten aufgeführt. In dieser „lustigen Komoedie" des Jugendbildners hat z. B. der jugendliche Darsteller des „Hof- und Kirchenteufels" Reden loszulassen wie:

Will jemand dem entgegen sein,
Nicht leben nach dem Willen mein,
In Hurerei und Sodomey
In Schinderei, in Simonei,
In allem Wahn und Triegerei
Thu ich ihm an alle Herzen-Plag.

Das ist nur eine belanglose Kleinigkeit gegen die blasphemischen Gemeinheiten, die er dem Helden Tetzel in den Mund legt. Diese Schweinereien
sind ganz überflüssig und deshalb um ihrer selbstwillen „gedichtet"
worden[304]).

Die Englischen Komödianten, um die Wende des sechzehnten zum siebzehnten Jahrhundert auf der Höhe ihres Wirkens, gewannen nur langsam
Einfluß auf die Schulkomödie, da ihre Stücke in Prosa abgefaßt waren,
während die dichtenden Lehrer nicht auf die Reime verzichten zu können
glaubten. Die Stoffe der Engländer allerdings fanden leichter Eingang. So
wurden von den ganz nach englischem Muster gearbeiteten derben Dramen
des Herzogs Heinrich Julius von Braunschweig „Von einem Weibe, wie
dasselbige ihre Hurerei für ihrem Ehemann verborgen"[305]) 1602 als „Tragoedia von geschwinder Weiberlist einer Ehebrecherin" durch Johann
Sommer (1545—1622) und die „Comoedia von Vincentio Ladislao" durch
Elias Herlichius in Stralsund in Verse gebracht und für die Schulaufführung
zurechtgemacht[306]), das heißt Unpassendes unterstrichen[307]).

Die uralte Einrichtung der Zwischenspiele, die schon bei den Oster- und
Weihnachtsspielen des frühen Mittelalters die ernsteste Handlung durch
lustige Episoden unterbrachen, waren durch die Engländer modernisiert
worden, daß in ihnen der Clown, der Pickelhering die Szene beherrschte.
Ihm war, wie dem späteren deutschen Hanswurst, der Vorzug eingeräumt,
die derbsten Zoten auf die Zuhörer niederprasseln lassen zu dürfen. „In
Bautzen haben 1628 die Schüler mit Zustimmung des Rektors auf dem
Rathaus eine lateinische Komödie „de vita scholasticorum" und eine deutsche
vom König von England und Schottland und dem Pickelhering aufgeführt"[308]). Das bekannteste Zwischenspiel der deutschen Schuldramatik,
des Zittauer Schulmannnes Christian Weises „Tobias und die Schwalbe"
geht gleichfalls auf englischen Einfluß zurück. Es ist eine der deutschen
Umarbeitungen der Rüpelszene aus dem Sommernachtstraum von Shake-
speare. In dieser grobkörnigen Hanswurstiade werden die Zuhörer mit
Deutlichkeiten unterhalten, wie wir sie heute in den Revuetheatern und

gewissen Kleinkunstbühnen gewöhnt sind. Singt doch einer der jugendlichen Darsteller, der den Merten Fuchs, Sterngucker, Kalendermacher und Weinvisierer, im Spiele der König von Ninive, zu agieren hat, ein Liedchen, von dem zwei Absätze lauten:

2.

Was sol ich stets zur Jungfer gehen?

Es ist doch weder halb noch gantz:

Da muß ich an der Thüre stehen,

Und da versagt sie mir den Tantz,

So werd ich auch mit großer Scham

Doch lange nicht zum Bräutigam.

5.

Wer sol mit mir im Bette schwatzen,

Wenn sich der Schlaff nicht finden wil?

Wer sol mich in den Rücken kratzen,

Wer macht mir sonst ein lustig Spiel?

Drum gieb mir doch ein niedlich Lamm,

Und mache mich zum Bräutigam.

Weises Leitsatz für die Schulkomödien: „es soll kein Mensch geärgert, niemand rechtschaffen beleidiget, und dennoch ein iedweder durch gute Moralia in einer gewissen Sache unterrichtet werden", mutet nach solchen Proben seltsam an. Weise verleugnet seine Urwüchsigkeit in Sexualibus auch bei den Dramen nach biblischen Texten nicht, „Wie solche ehedem Auf dem Zittauischen Theatro praessentiret worden".
Als eines der besten unter seinen sechzehn auferbaulichen Stücken nach biblischen Vorwürfen, gilt „Von Jakobs doppelter Heirath", das Jakobs Werbung um Rahel zum Gegenstand hat. Es ist am 10. Februar 1680 zum ersten male in Zittau aufgeführt worden [309]. Hier sein Inhalt: „Jakob, Isaacs des Ertzvaters Sohn, hat sich bey seinem Vetter Laban mit der Bedingung in Dienste eingelassen, daß ihm die jüngste und schönste Tochter Rahel nach sieben Jahren möchte beygeleget werden. Allein weil die ältere Tochter Lea mit ihren kläglichen Bitten darzwischen kömmt; weil sich auch ein Syrischer Printz bey Labans Kindern, als Rahels Liebhaber, angiebt: so wird die Hochzeit zwar angefangen, doch auf den Abend wird Lea, an ihrer Schwester stat, dem Bräutigam beygeleget. Auf den Morgen entsteht eine wunderliche Confusion, daß auch Jacob die Flucht nehmen wil. Laban

resolvirt sich dem Flüchtigen nachzujagen. Indessen erscheint dem Jakob
ein Engel und verhindert die Flucht so weit, biß ihm die andere Schwester
zugleich versprochen, und in Ansehung eines nochmahligen siebenjährigen
Dienstes beygeleget wird. Also vergnüget sich Printz Kemuel mit einer andern
Schäfferin, und hat die gedoppelte Heyrath einen angenehmen Ausgang".
Sogar die englischen Singspiele mit ihrem ganz auf Sinnlichkeit gestimmten
Ton, faßten auf der deutschen Schulbühne festen Fuß.

Von diesen Vorgängern der Operetten bemerkt Johannes Bolte: „Der Inhalt
der Singspiele ist meist unflätig und gemein, der Witz roh. Bei der häufigen
Schilderung ehebrecherischer Verhältnisse triumphiert gewöhnlich die List
des treulosen Weibes und die Gewandtheit des Galans, der oft ein buhleri-
scher Mönch, bisweilen ein Schüler oder Student ist, wie in der italienischen
Novellistik und in manchen deutschen Schwänken, über die Einfalt des
Hahnreis"[310]). Der Saalfelder Rektor Hauschild ließ 1618 ein solches Zwischenspiel von seinen Schülern aufführen, das wahrscheinlich die „Singe-
Comoedie vom Mönch im Sack" war. Der Inhalt dieses Einakters ist: Els-
lein, die Frau des Alten, liebt heimlich den Mönch. Der Alte ertappt sie,
will den Mönch in einen Sack stecken und in den Brunnen werfen. Als der
Mönch hineinkriechen soll, stellt er sich ungeschickt, der Alte zeigt ihm,
wie er es machen müsse, aber da zieht der Mönch den Sack im rechten
Augenblick zu und läßt den Alten nicht wieder heraus, bis dieser verspricht,
seine Frau und ihn in Zukunft ruhig gewähren zu lassen und ihm außerdem auch noch dreihundert goldne Kronen zu zahlen. Das alles wird von
einem Landsknecht belauscht. Als der Mönch nun aus dem Hause tritt, hält
ihn der Landsknecht an und zwingt ihn, das Geld herauszugeben[311]).

Das höchste Stück aber stellt, wie Johann Bolte versichert[312]), die Aufführung des Christian Reuter'schen Singspiels „Harlequins Hochzeit" in
Görlitz und Annaberg dar. Allerdings läßt Bolte nach seiner Quelle den
Schwank am 22. Oktober 1694 durch den Görlitzer Rektor Robert Funcke
zur Darstellung bringen, während der erste Druck von „Des Harlequins
Hochzeit-Schmauß" von 1695 datiert ist. Doch kann immerhin das Stückchen handschriftlich verarbeitet gewesen sein. Vielleicht besteht der Widerspruch gar nicht, jedenfalls vermag ich ihn augenblicklich nicht aufzuklären,
da mir Zarnckes Buch über den genialen Verfasser des Schelmuffsky nicht
erreichbar ist. Sicher ist jedenfalls, daß im Jahre 1717 Annaberger Gymnasiasten den mehr als schlüpfrigen Scherz vorgeführt haben. Wie un-
gebunden, von keinerlei Bedenken gehemmt, der Leipziger Student Reuter

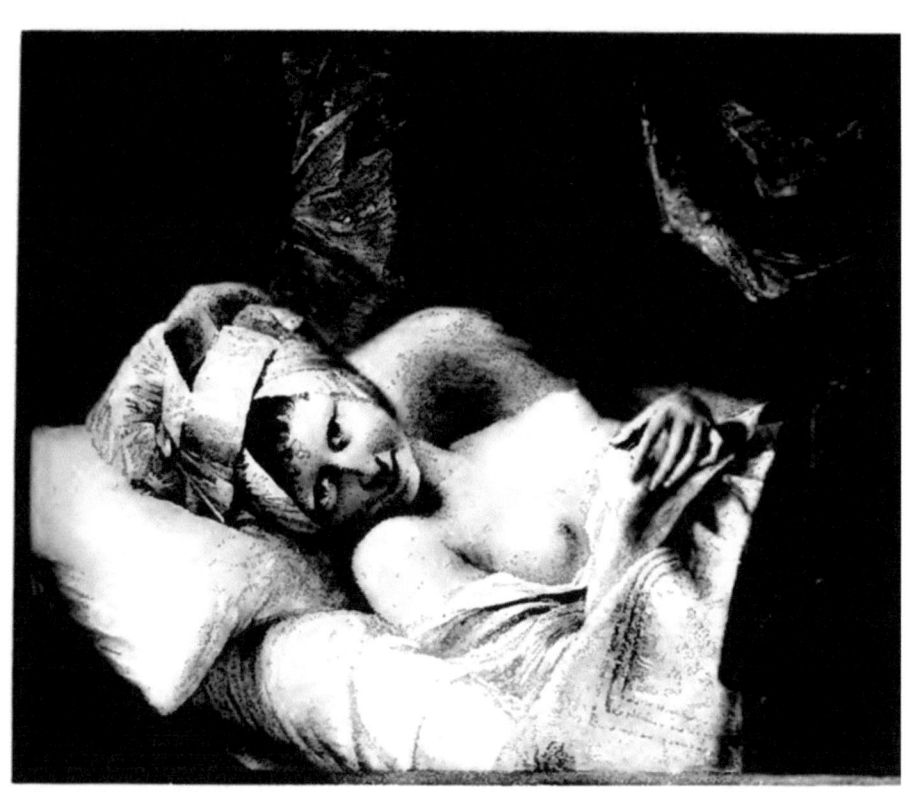

In Erwartung (Lydia)

Kupfer nach W. Peters von W. Dickinsen

Student als Schauspieler

Hintergrund einer Bühne mit Seitendekorationen

Kupfer aus dem 17. Jahrhundert

THEATRVM

Stilisierte Darstellung einer
Studentenbühne

6 Personen als Darsteller eines Stückes von Terenz
vor dem zweirangigen Zuschauerraum

Straßburger Holzschnitt von 1496

Wanderkomödianten

Kupfer vom Jahre 1731

sich darin ausläßt, dafür einige Stichproben. Im zweiten Entrée (Auftritt) erklärt Harlekin der Lisette dem „kleinen Bettschelm" seine Liebe:

> „Mein süßer Bienen-Korb, mein klares Urin-Glaß,
> Verzeihe, daß ich dich anrenn auf dieser Straß,
> Ich bin gantz verschammeriert
> Weil niemand als mir gebührt
> > zu üben
> > das Lieben
> > mit dir du Raben-Aas [313]).

In diesem Stücke befindet sich das berühmte Ständchen Harlekins, nach Ellinger eine Parodie auf Hofmann von Hoffmannswaldau einst so berühmten allegorischen Sonett „Amanda, liebstes Kind, du Brustlatz kalter Herzen"[314]). Ich setze einiges von dieser „Aria" aus dem 10. Aufzug hier bei, um zu zeigen, wie erhebend sie sich aus Knabenmund gemacht haben müsse:

I.

> Lisette, liebster Rosenstock,
> meines Hertzens Zucker-Stengel,
> Du meines Leibes Unter-Rock,
> Mein Schatz und tausend Engel,
> > vernimm den Klang
> > und schönen Gsang
> Die saubern Rittornellen,
> so klingen wie Kuhschellen.

II.

> Und diß geschicht zu Ehren dir,
> weil ich dich hertzlich liebe,
> das Hertz in Hosen zittert mir,
> aus lauter Liebes-Triebe,
> > Du wirst ja auch,
> > nach Handwercks-Brauch
> mich recht von Hertzen meynen,
> sonst muß ich mich todt greinen.

III.

> Ich thät dirs gerne siebenmahl
> mit Geigen musiciren,

damit ich nicht bestehe kahl,

will ich die Stimme zieren

   mit re, mi, fa

   fa, mi, sol, la

und schönen Tremulanten,

Trotz allen Musicanten.

IV.

Ach! mache mir doch auf geschwind,

Du wertheste Lisette,

Ach lasse mich doch ein mein Kind,

mein Schatz, zu dir ins Bette,

   dem Harlequin,

   dein Hertz und Sinn,

erwartet dein mit Schmertzen,

thu auf und laß dich hertzen [315]).

Wie das Studentenleben findet auch das Schulleben seine Dramatiker. Martin Hayneccius, der sich schon als Verfasser der Schulkomödie von Hans Priem hier eingeführt hat, schrieb ‚eine christliche, nützliche und schöne Comödie‘ benannt „Der Schulteufel", „Hiebevor mit dem Tittel Almansor von der Kinder Schulspiegel . . . in Druck gegeben und jetzo verbessert". Leipzig, 1603. Der Verfasser klagt ‚aus eigener Erfahrung‘ über die ‚eitel fressenden Krebse und Pestilenzbeulen‘, mit denen die Schulen behaftet sind. „Die Welt ist ein Stall voller Buben und stinkenden Böcke; wer da will Schäfin sein, der wird bald zerzauset". Den Augiasstall Schule oder, wie es Seneca nennt, die Kloake zu reinigen, bedarf eines Herkules. „Das sind sonderliche Leute, die Gott geben muß und dabei erhalten. Wie dann ihrer viel selten lange verharren. Und wo einer unter Fünfzig und Hundert sein Lebtag dabei bleibet, der muß bekennen, daß ihn Gott sonderlich ohne über seinen Willen und Gedanken dabei erhalten habe". Also die ewige Klage der Lehrer über die schlechte Schulzucht. In dem Spiele selbst tritt Christus ‚in seiner menschlichen Natur der Schulen Patron und Pfleger‘ auf und stimmt den Lehrern bei, die sich ob des Verfalls der Schulen und der allgemeinen Gottlosigkeit entsetzen [316]).

Denselben Ton schlägt Georg Mauritius, Rektor in Wittenberg, dann Schulmeister in Nürnberg, über die Schuljugend an. Eher sei ein ‚unbendiges Thier‘ zu zähmen als ein Schuljunge, klagt er erbittert.

Zum Glück für die Jugend machten die Englischen Komödianten und das durch sie sich wacker entfaltende deutsche Schauspielertum der Schuldramatik ein Ende. Im Wettbewerb mit dem öffentlichen Theater mußte der Dilettantismus in der Schule unterliegen. Selbst der erhöhte Aufwand an Ausstattung, dann Werke von Dichtern wie Christian Weise, vermochten den Verfall nicht aufzuhalten. Behördliche Erlässe, wie der des nüchternen Soldatenkönigs Friedrich Wilhelm I. (1718)[317]) kamen hinzu, ebenso das Nachlassen des Glaubens an die erzieherische Wirkung des Theaterspielens, den nur die Jesuiten in ihren Schulen festhielten, endlich das Verblassen der hohen Bedeutung, die man dem Studium der alten Sprachen beilegte.

Trotz aller Auswüchse der Theaterspielerei gehört sie aber doch zu der edlen Geselligkeit, die jene Zeit der Roheit im allerkleinsten Ausmaß zu bieten im Stande war. Nicht zuletzt war dies auch Schuld daran, daß der Student darauf angewiesen war, wenn er nicht völlig von seinen Kollegen abgesondert sein wollte, sich an die derbsten sinnlichen Genüsse zu halten, eben mit den Wölfen zu heulen. Nur das Drama und die Musik boten geistigere Erholung, und dies leider nur ausnahmsweise, höchstens an hohen Festtagen. Ein Stipendiat aus Tübingen schrieb 1590 an seinen Bruder, einen Handwerker: „Komm zur Fastnacht herüber. Wir wollen Komödie aufführen, wo du Zuhörer sein sollst. Du wirst auch so schöne Musik hören, wie du sie noch nicht gehört hast, denn nach dem Mittag- und Abendessen pflegen wir, am Tische sitzend, Motetten aufzuführen"[318]).

War man sich über den erzieherischen Wert der Musik nicht einig, so waren ebenso die Meinungen über den Wert der Schulaufführungen von jeher geteilt. Zu ihren Gegnern zählte der große Erzieher J. B. Basedow. Er sagt: „Gegen das Komödienspielen der Kinder und gegen die öffentlichen Redeübungen in Schulen habe ich mancherlei einzuwenden. Jenes ist ein schädliches Spielwerk, so artig es auch aussehen mag; diese kosten viel Zeit und sind unnötig"[319]).

Die Theaterspielerei der studierenden Jugend hatte anscheinend in allen den Jahrhunderten ihrer Ausübung nur recht wenig zur Hebung der guten Sitten der Studenten beigetragen, hingegen aber eine, von ihren Veranstaltern wohl niemals beabsichtigte Wirkung ausgeübt. Sie weckte nämlich vielfach bei den jugendlichen Darstellern die Lust zur Bühne, und brachte sie „unter die Komödianten". Wir finden daher schon frühzeitig Clerici und Goliarden als Darsteller der komischen Partien bei den Oster-, Weihnachts- und Fastnachtsspielen.

Während des dreißigjährigen Krieges sind gar viele Studenten, denen der Boden unter den Füßen zu heiß geworden war, wie zu den Soldaten so auch zu den Komödianten gelaufen, die auf der sozialen Stufenleiter viel tiefer standen als die Soldaten, bei denen man es doch durch Glück zu etwas bringen konnte. Ein Komödiant war für immer von der bürgerlichen Gesellschaft ausgestoßen.

Von den Schauspielertruppen, bei denen hauptsächlich Studenten tätig waren, sind mehrere schon vor der Mitte des 17. Jahrhunderts nachzuweisen. Im Jahre 1646 kam der Schauspielerunternehmer Andreas Gärtner aus Königsberg in Preußen mit seiner aus Studenten bestehenden Gesellschaft nach Hamburg, wo er großen Beifall fand. Gärtner selbst war ursprünglich Porträt- und Dekorationsmaler. In Berlin erbat sich im Jahre 1660 der Meister Kasper von Zimmern die Erlaubnis, Komödien zu spielen, „so der Jugend nutzbar in Anmahnung zur heilsamen Tugend" [320]). Ehrerbietig versprach er zum Danke dafür: „Gebete für die Inkomulität und Sicherheit Seiner Kurfürstlichen Durchlaucht zum Himmel emporzusenden, wenn diese ihn von dem sicher bevorstehenden Untergang erretten wollten" [321]). In seiner Gesellschaft, die aus 19 Personen bestand, waren „zehen Studiosi". In Kopenhagen traten 1633 deutsche Studenten auf. Jenenser Hochschüler spielten 1663 in Lüneburg, 1675 in Riga, 1689 in Danzig.

In seiner ‚Geschichte des deutschen Theaters‘ (1766) erzählt Johann Friedrich Löwen von der sogenannten Treuischen Gesellschaft: „Es ist merkwürdig, daß der nachmalige Gottesgelehrte Johann Lassenius, der heiligen Schrift Doktor und königlich dänischer Oberhofprediger bey dieser Gesellschaft einer der vorzüglichsten Akteurs gewesen ist" [322]).

In Mainz spielte 1648 ein Magister Sartorius in einer Bretterbude auf dem ‚Leichhofe‘. Die Darsteller waren meist Studenten, die sich stolz „Parnassbrüder oder Emporiumssassen" nannten. Die Jesuiten hatten bald ihre Entfernung durchgesetzt. Zehn Jahre später erschien in Mainz wieder eine Studententruppe unter der Leitung eines gewissen Klosterholz.

Der berühmteste Führer einer Studenten-‚Bande‘, der Magister Johannes Velten, Velthen oder Veltheim, der Vater der deutschen Schauspielkunst, war Student gewesen wie auch Christoph Blümel, Schauspieler und fruchtbarer Dramatiker in der zweiten Hälfte des siebzehnten Jahrhunderts. „Es heißt, Velthen habe zuerst in Leipzig 1669 bei einer von den Studierenden der Universität veranstalteten Aufführung (einer gräulichen Verunstaltung von Corneilles Poljeucte) als Darsteller großen Beifall gefunden und ein so ungewöhnliches Genie bekundet, daß er dadurch angetrieben wurde, sich dem Theater zu widmen, als Schauspieler und als Leiter einer Gesellschaft"[323]).

In den von Veltens Truppe gespielten Stücken war der Pickelhering meist die Hauptperson, neben der die anderen Komiker zurücktraten. Die wichtigste unter den weiteren lustigen Personen war der Courtisan, auf der Bühne die vertrottelte Zielscheibe der handgreiflichen Witze des Pickelherings. Veltheim gelang es für diese Rolle einen jungen Schauspieler aus Schweidnitz in Schlesien zu finden, den am 10. September 1676 geborenen Joseph Anton Stranitzki. Dieser aufgeweckte Bursche war als Schüler des Breslauer Gymnasiums bei den von den Jesuiten veranstalteten Schulkomödien durch sein Spiel angenehm aufgefallen, hatte dann das Glück oder Pech, sich als Student in Leipzig zu befinden, da grade Velten mit seiner Bande dort auftrat. Begeistert von der Kunst, hatte er den Hörsaal mit der Bühne vertauscht, war er Komödiant geworden.

Der strebsame Jüngling faßte den Gedanken, den Pickelhering englischen Gepräges zu einer stehenden Dialektfigur, zu einem deutschen Harlekin, zum bäuerischen Hanswurst zu machen. Nach mancherlei Irrfahrten zog Stranitzki 1706 als Prinzipal einer kleinen Schmierengesellschaft in Wien ein, wo es ihm nach mancherlei Fehlschlägen gelang, festen Fuß zu fassen, den Wienerischen Hanswurst zu schaffen, und ihm jene Gestalt zu geben, die dann diese Figur auf der deutschen Bühne zum Vorbild machte[324]).

Unter den Stücken, die Velten 1686 in Frankfurt a/M. aufgeführt hat, soll sich auch die ‚Tragoedia Der bestrafte Brudermord oder: Prinz Hamlet aus Dänemark' befunden haben. In der 7. Szene des 2. Aktes dieser Nachbildung des ‚Hamlets', den wir heute auf unseren Theatern sehn, steht ein sehr interessantes Zwiegespräch zwischen Hamlet und Carl, „dem Principal von den Comödianten", das Hamlet mit der Frage einleitet:

> „Seyd ihr nicht vor wenig Jahren zu Wittenberg auf der Universität gewesen, mich dünckt, ich habe euch da sehn agiren.
>
> Carl. Ja, Ihro Hoheiten, wir sind von denselben Comödianten.
>
> Hamlet. Habt ihr dieselbe Compagnie noch ganz bey euch.
>
> Carl. Wir sind zwar nicht so stark, weilen etliche Studenten in Hamburg Condition genommen, doch seynd wir zu vielen lustigen Comödien und Tragödien stark genug"[325]).

Dieser Komödiant und Bandenführer Carl ist urkundlich festgestellt. Er war

wie der größte Teil seiner „hochteutschen Komödianten-Compagnie" Student
gewesen, ehe er um 1665 zum Thespiskarren überging[326]).

Manche von diesen Schauspielern kehrten zum lustigen Studentenleben
zurück, wenn ein Beutezug ihnen die Mittel dazu geliefert hatte. Lagerge-
wohnheiten und Soldatenlaster kamen dann mit ihnen an die Hochschulen.
Schon vordem ging das Wort um, das 1651 ein Tübinger seinem lieben
Bruder in das Stammbuch geschrieben hatte;

> Aut Arte aut Marte
> Es ist nichts Vnmöglich,
> Itzt ein Student, balde ein Soldatt,
> Manch auß Nötten geholffen hatt —

Die Soldaten fanden an den Universitäten wohlbereiteten Boden.

Hatte das Leben unter den Soldaten verrohend auf die Sitten der Studenten
von damals gewirkt, so war auch die Betätigung als Darsteller bei den
Wanderbühnen dazu angetan, sie auf eine Stufe zu bringen, die sich kaum
von jener unterschied, auf der sich einst die landstreichenden Scholaren
befunden hatten. Nicht nur das ungebundene Leben lockte entgleiste akademische Bürger in die Reihen solcher dramatischer Vagabunden, sondern
nicht selten die Weiblichkeit unter den fahrenden Schauspielern, die
allerdings erst seit der Mitte des 17. Jahrhunderts als Darstellerinnen tätig
waren. Der erste deutsche Schauspielprinzipal, der Frauen auf die Bühne
brachte, war Kaspar Stiller, ein früherer Student, der um 1660 in Güstrow
und Schwerin spielte. Er trat mit seiner Frau, „und noch einer Frauens-
person" auf[327]).

Die Tugend all dieser Damen war nicht zweifelsohne, wenn man auch
nicht jedes Wort des muckerischen Aegidius Albertinus als wahr zu unter-
stellen braucht, mit dem er gegen die Schauspieler und ihre Gefährtinnen
losgeifert. „Nicht die geringste Ursache warum die Jugend in Unzucht und
Geilheit gerät", sagt der fromme Mann, „sind die Komödien, Spektakel und
Schauspiel, welche an etlichen Orten an den fürstlichen Höfen, oder in den
Häusern der Mächtigen, oder in den öffentlichen dazu bestimmten Häusern
gehalten werden. Ärger und böser als die Stücke selbst sind diejenigen Personen, die solche Komödien und Schauspiel halten". „Denn sie sind gemeinlich eitel, liederliche, verschlagene, arglistige, unverschämte und gottlose
Leute; ja was mehr ist: man findet unter ihnen Landverwiesene, Ehrver-
gessene, Landstürzer, Zigeuner und arge Ketzer". Aber es kommt noch

besser: „Weil auch der Heilige Geist uns verbeut, ein liederliches und springendes oder tanzendes Weib anzuschauen oder anzuhören, damit wir nicht fallen in ihre Stricke, wer darf denn so gar vermessen und ruchlos sein, daß er sich wider das Gebot des Heiligen Geistes setze in solch öffentliche Gefahr und mitten in solcher höllischen Glut? Denn weil solche komödiantische Weiber gemeinlich schön und geil sind und ihre Ehrbarkeit allbereits verkauft ist, so pflegen sie mit Sitten, Gebärden und Bewegnussen des ganzen Leibes und mit der zarten, lieblichen Leibskleidern wie die Sirenen die Menschen bezaubern . . . Daher man dann sich billig verwundern kann, warum dieses hochschädliche Ungeziefer allenthalben von den Obrigkeiten in den Städten wird aufgenommen, geliebt und zugelassen und sogar von eiteln Fürsten und Herren an ihren Höfen unterhalten, besoldet und in Ehren gehalten"[328]).

Bei der Schilderung der Lieblichkeit der Darstellerinnen, ihrer süßen Stimmen, ihrer ,zierlichen Leibeskleider' sieht man ordentlich die verzückten Blicke des Münchener Hof- und geistlichen Raths-Secretarius. Und wenn sich ein solch gefestigter, überfrommer Mann blenden lassen konnte, sollten heißblütige Jünglinge und Männer gegen Verführung gefeit sein? Ganz und gar nicht. Die Anziehungskraft des Theaters auf die akademische Jugend blieb in allen Zeiten gleich stark. Wie mit den Wandertruppen im 17. Jahrhundert fühlte sich im zweiten Viertel des 18. die sächsische, vor allem die Leipziger Studentenschaft mit der Truppe der Neuberin, die von 1727 an durch zehn Jahre ihr Standquartier in Leipzig aufgeschlagen hatte, auf das Engste verbunden [329]).

Wenn sich auch von da ab der Schauspielerstand gegen früher stark gehoben hatte, so war er von der bürgerlichen Gleichberechtigung noch sehr weit entfernt, und die Zuneigung der Studenten galt denn auch ungleich weniger den Künstlern als der Schauspielkunst und den jungen Künstlerinnen. Sie waren vielbegehrte Renommierliebchen. „Daß in jener Zeit der galanten Abenteuer und der allgemeinen geschlechtlichen Ausschweifungen am Theater Zucht und Keuschheit nicht zu suchen waren, ist begreiflich. Unter den verbuhlten Weibern waren die Schauspielerinnen nicht die letzten", bestätigt Devrient. Deshalb sind die Kämpfe der Universitätsbehörden gegen das Theater und die theatralischen Neigungen der Studenten wohl zu verstehn. Kam es doch nicht selten „wegen eines unter der Komödiantenbande befindlichen Weibesmensches" zu Eifersüchteleien und Stänkereien, die übel ausgingen. Auch die reichen Geschenke der Schüler an die Jüngerinnen Thaliens rissen große Löcher in den Etat der galanten Liebhaber unter den Studenten[330]).

So haben denn weder die Betätigung als Darsteller noch die Beziehungen zur dramatischen Kunst und deren Vertretern und Vertreterinnen die Sitten der Studenten günstig beeinflußt, ebensowenig, wie es jemals die Beschäftigung mit der Poesie seit den Tagen des Archipoeta vermocht hatte.

Die Zahl der versgewandten Studenten war von jeher nicht gering, doch nicht reich an markanten Persönlichkeiten. Zu diesen zählt als einer der ersten nach den Goliarden der Wittenberger Theologe Friedrich Dedekind, der Sohn eines Schlachters in Hannoverisch Neustadt, der 1549 mit seinem ‚Grobianus‘ einen großen Wurf tat. Kaspar Scheidt, Schulmeister in Worms, hat das lateinische Original in deutsche Verse gebracht, die 1552 bei Gregor Hoffmann in Worms erschienen sind.

In dem Buche, das angibt, was man nicht tun soll, und wie man es nicht machen darf, kommen auch die Studenten sehr schlecht weg, da von den beiden wohlbewanderten Verfassern gezeigt wird, wie sie es treiben.

Da verläßt der grobianische Student das Haus seines Wirtes:

> Da plerr, rumor, sing, juchts, vnd schrey,
>
> durch alle gassen wo es sey,
>
> So müssen von dem gschrey vnd schall,
>
> Die nachpaurn gleich erwachen all.

Denn ein voller Narr ‚ist ein teuffel auff der gassen!‘[331]) Dazu wurde, wie bekannt, mit den Waffen auf den Straßensteinen ein Heidenlärm verursacht, dann Lieder gegröhlt, was man mit dem gemeinsamen Namen Gassenhauer umfaßte.

Diese Gassenhauer stehn aber nur in ganz losem Zusammenhang mit dem, was wir unter Studentenlieder ansprechen. Von den ältesten Studentenliedern, denen der Fahrenden Scholasten ist schon gesprochen worden. Sie waren längst verhallt, als auf dem feuchten Boden des späteren Studententums eine ganz andere Art von Dichtung emporsproßte. Sie hatte jenen frischen Hauch und jenes freie Naturgefühl verloren, die einst in den Vagantenliedern des Archipoeta gejauchzt hatten[332]). Nur das Obszöne und Brutale blieb dauernd. Zu den ältesten und bezeichnendsten Liedern aus alter Zeit gehört das schier unsterbliche ‚Pentransivit Clericus durch einen großen waldt‘. Wie Hoffmann von Fallersleben nachweisen konnte, findet es sich bereits in der zweiten Ausgabe von „De fide concubinarum“ des Magisters Olearius von 1506 vor. Dort erscheint es fünfstrophig in erträglicher Form, während es in dem Liederbuch des Leipziger Studenten Clodius vom Jahre 1669 bereits zu neun Strophen angewachsen ist. In welcher Weise die Jahrhunderte ihren Mist in diesem Gedicht abgelagert hatten, mag der Abdruck dieses makaronischen Poems von Seite 86 der Handschrift des Clodius in der Berliner Staatsbibliothek zeigen[333]):

1. Pertransibat clericus
   Durch einen grünen Wald,
   Inveniebat stantem, stantem, stantem
   Ein Mägdlein wohlgestalt.

2. Salva sic, puellula,
   Gott grüß dich, Magdelein,
   Dico tibi vere, vere, vere,
   Du sollst mein eigen sein.

3. Non sic, non sic, mi domine,
   Ihr treibt aus mir ein Spott,
   Si vultus me deponere,
   So macht doch nicht viel Wort.

4. Exuebant vestes
   Die Beine waren weiß,
   Fecerunt mirabilia
   Wie jedermann es weiß.

5. Domine probaestime,
   Herr, wie gefall ich dir,
   Si tibi bene placuerim,
   Komm morgen wieder zu mir.

6. Bene placuisti,
   Das sag ich dir fürwahr,
   Nec meliorum habui
   In einem ganzen Jahr.

7. Und da das Spiel gespielet war,
   Ambo surrexerunt,
   Da ging ein jeder seinen Weg,
   Per quam venerunt.

8. Da nun ein Jahr vollendet war,
   So bracht sie ihm ein Kind,
   Quod ipse composuerat
   Mit seinem Dinkerlinging.

9. Qui nobis haecce cecinit,
   Das war ein guter Student,
   Qui liberor composuit
   Bis an sein letztes End.

‚Hätten wir eine vollständige Sammlung der Lieder, welche deutsche Studenten zu verschiedenen Zeiten sangen, so würden sie uns einen tiefen
Blick in die Zustände unserer Universitäten in diesen Zeiten tun lassen‘,
sagt schon von Raumer, aber leider ist das nicht der Fall. Nur sehr wenig
ist von dem bekannt geworden, was akademische Bürger auf der Straße, in
den Kneipen, in ernsten oder lustigen Stunden steigen ließen. Nur Ver-
mutungen, Annahmen wühlen in den alten Liederbüchern herum und
wählen auf das Geratewohl das passend scheinende heraus. Man läßt sich
dabei von den drei Grundgedanken leiten, die man in den Studentenliedern
suchen zu müssen glaubt: Das Lob des Studententums, des Trunks und der
Liebe. Wo diese drei Momente paarweise oder zusammen auftraten, da war
man gewiß ein Studentenlied vor sich zu haben.
Es steht im 17. Jahrhundert auf ganz annehmbarer Höhe.

Studentengsang und Saitenklang
Ist lieblich anzuhören,
Macht oft und viel Schön Freudenspiel,
Thut all Kurzweil vermehren,

heißt es in einem 1611 gedruckten Gedicht.
Ein großer Teil der Poesien war wohl damals noch lateinisch. Der Kehr-
reim von ca ca geschmauset, das natürlich wesentlich jünger ist, läßt sich
damals schon nachweisen. 1557 kommt er in einer Schrift Schildes „Spiel-
teufel‟ vor: „wie ir (der Spieler) reyen anzaigt:‟ heißt es da, „ede, bibe,
lude, post mortem nulla voluptas‟.
Die deutschen Studentenlieder aus dieser Zeit, soweit sie wirklich All-
gemeingut geworden waren, sind verklungen und vergessen, und das was
aufgezeichnet erhalten geblieben, ist spießerig, frömmelnd, maßvoll aber
nicht burschikos. Erst der späteren Zeit war es vorbehalten, echte Töne der
Lebensfreude anzuschlagen, wie:

Sa lustig Courage getruncken,
Wer singet ein lustig Runda
Last trauern die kühlen Halunken,
wir sind ja deswegen nicht da.

Es ist bey den Purschen nicht Mode,
Daß man das Capitolium stützt
und hermet sich kranck und zu tode
und immer verzumpfen da sitzt. (1667)[334]

Oder:

Bruder, wenn dich Grillen quälen
Und dir deine Ruhe stehlen,
Ey so tanz und trinke Wein;
Und umarm dabei ein süßes
Frisches Mädel, es soll dieses,
Wie man sagt, probatum sein[335]).

Oder:

Wo man ein fröhlich Schmollis bringet,
Sanguinisch scherzt und munter singet,
        Da bin ich gern,
Doch wo man murrt und Lust verachtet,
Und eh man soll, den Scherz verachtet,
        Da bleib ich fern.

Wo junge Schönen feurig küssen
Und durch den Kuß die Lust versüßen
        Da bin ich gern.
Doch wo sie mehr als Küsse wollen
Und frech und ungebeten zollen
        Da bleib ich fern.

Über die Aufrichtigkeit des Nachsatzes läßt sich streiten. Jedenfalls ist er nicht zu verallgemeinern, denn nur ein Bruchteil der Hochschuljugend blieb dort fern, wo sich Liebe feilbot und dachte auch garnicht daran, dies im Liede zu leugnen.

Flotte Bursche liebten nicht platonisch. Dazu war die Zeit nicht angetan, und da sie es nicht taten, so prahlten sie desto mehr mit ihren Liebeserfolgen in Versen, die ihre Abenteuer an Zotigkeit noch zu übertrumpfen suchten. So war es schon immer. Wie heute in übermütiger Runde die neckischen Vorfälle, so sich in einem Wirtshaus an der Lahn zugetragen, gründlich erörtert werden, so beleuchtete ehedem der studentische Zecher die Vorzüge und das weitgehende Entgegenkommen seiner Allerliebsten, ohne sich in Einzelschilderungen irgend welchen Zwang aufzuerlegen. Wie viele von den in alten Sammlungen enthaltenen solcher Schamper-liedlein auf einer Studentenbude entstanden sind, vermag niemand zu sagen, aber ein ganz Teil war es ohne Zweifel. Wenn dann im innigen Verein der Kameraden die Herzen aufgingen, das Jugendblut in den Adern zu schäumen begann, der Arm sich um des Liebchens Mieder legte, der kühle Trunk die trockene Kehle letzte, dann war das steife Latein vergessen. ‚Es mangelte ihnen auch nicht an allerley artigen und bequemen Sauff-Liedlein damit sie sich weidlich hören lassen‘ [336]). Aber diese Sauffliedlein waren deutsch, in den Lauten der Muttersprache hinausgeschmettert:

> Vmblaufft vnd der lebt ynn dem sausse.
>
> wolt ihr hören wie sein ketzlein mauset?
>
> der knab was vnuerzagt,
>
> er hält den orden mite.
>
> wil ihn die frau nicht biten,
>
> gling glang gloria
>
> so schlefft er bey der magd [337]).
>
> Glang, glang gloria!

sang man im 16. Jahrhundert.

Oder:

> Ich setz das gläslein an den mund,
>
> trinks heraus bis an den Grund.
>
> lieber bruder, was fragst du mich?
>
> was ich kan, das kan ich,
>
> was mir liebt, das treib ich.
>
> alde, ich far dahin. [338])

Dann das Studentenlied, das diese Signatur deutlich ausgeprägt zur Schau trägt:

> Ach du lieber stalbruder mein,
>
> krauseminte,
>
> laß dir das gleslein befolen sein!
>
> salveie, poleie,

Joseph und das Weib des Potiphar

Stammbuchbild aus dem 17. Jahrhundert

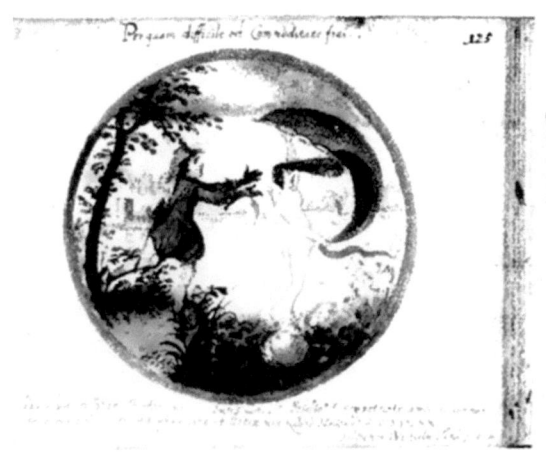

Fortuna

Stammbuchbild

Landesbibliothek in Weimar

Fahrender

Kalenderbild aus
dem Jahre 1475

En lapis, in medio qui tendit ad exteriora
A præsitúm sumens pocla meretur ovans.

Wer in der Mitt schiebt biß zu Endt
Mit seinen Stäin der kriegt behendt
Die Zeche frey/ vnd nimbt hinweg
Was zugesetzt auf diesem Zweg

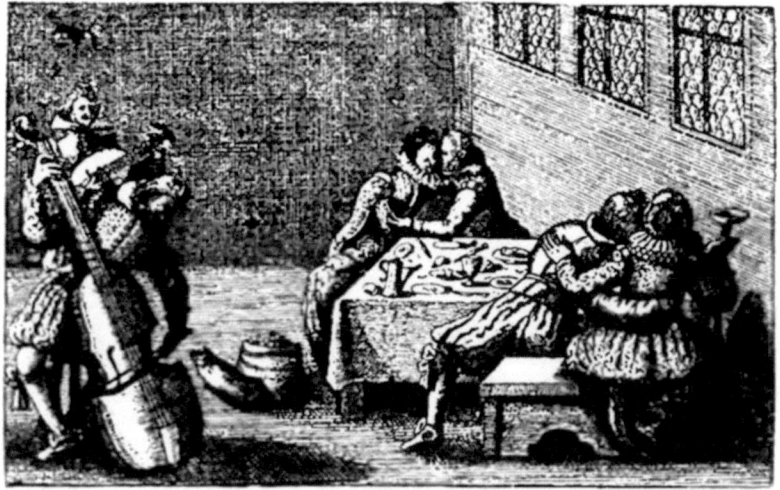

Bis duo mundus amat: Cytharas, lepidasq̃ ,
Argenti pondus, se quoq̃ puellas quisq̃ probat.

Vier ding lieb man in der welt.
Ein liebliche Musica/schönes frawzimer:
güt Gelt. vnd ein ider sich selbst.

Aus Peter Rollos Vita Corneliana

Fercula lauta mihi sunt grata et pocula Bacchi, Mir gfallen frische Speis vnd trunck/
Sed placet et placuit mi mage blanda Venus. Viel mehr aber ein Dam zum sprunck.

Virgine cum lepida sic salto et ludo libenter: Wie ein Jungs Pferd/ wie ein Böcklein/
Hinnulus utq solet, Capreolusq solet, Tantz ich mit meinem Annelein.

Aus Peter Rollos Vita Corneliana, um 1630

Der verschuldete Student

Winterschmidt, Studentenleben, Nürnberg etwa 1760

Der Luftige

die blümlein auf der heiden,
krauseminte.

Er setzt das gleslein an den mund,
krauseminte,
er trank es aus biß auf den grund,
salveie, poleie,
die blümlein an der heiden,
krauseminte.

Er hat sein dingen recht getan,
krauseminte,
das unterst das sol oben stan,
salveie, poleie,
die blümlein an der heiden,
krauseminte.

Ach du lieber stalbruder mein,
wisch einmal herumb, rumb, rumb,
rumb, widerumb,
ich bitt dich alle mein tage drumb,
wisch einmal herumb!

Handschriftliche Sammlungen und fliegende Blätter, Einblattdrucke, die auf Jahrmärkten von Hausierern vertrieben wurden, retteten viele dieser poetischen Kleinigkeiten vor der Vergessenheit. Der größte Teil ist aber wohl verloren gegangen. Aus einigen Sammlungen solcher Sänge sollen hier eine Anzahl Lieder herausgegriffen werden, die sich als Studentenlieder erkennen lassen, sei es, daß sie Brüder Studii zu Verfassern haben, sei es, daß sie im Kreise der Musensöhne beliebt und verbreitet waren. So ein Lied, das Georg Finckelthaus um 1640 zuerst gesungen haben soll. Er war auch einer von jenen, die „die erleuchtete Natur zum Liederdichten und zu anderer Leichtfertigkeit abgerichtet hatte", wie Moscherosch im Philander von Sittewald tadelt.

Finckelthaus, ein Leipziger, über dessen Leben nur wenig bekannt ist, war der Dichter des frischen „Sauff-Liedes" der „Runda", die hier vor allen andern ihren Platz verdient:

Die Runda wurden gesungen, während ein Trinkgefäß, gewöhnlich von

mächtigem Umfange, die Runde machte, wobei darauf geachtet wurde, daß
kein Tropfen verschüttet und keiner übrig blieb. So z. B. das noch immer
beliebte:

> Es wolt ein fraw zum weine gan
>
> He ro ri ma to ri
>
> Sie wolt den man nit mit jr lan.
>
> Guretzsch guretzsch guritzi maretzsch
>
> Ho re ri ma to ri.
>
> „Wolstu mich dann nit zechen lan
>
> Ho re ri ma to
>
> So wolt ich zu eim andren gan" Guretzsch usw. [339])

Die Runda von Finckelthaus aus seinen „Deutschen Liedern" lautet:

> „Ihr Brüder singt vnd stimmet mit mir an,
>
>   Rundadinellula:
>
> Ein jeder schreye was er kan:
>
>   Rundadin.
>
> Gut ist der Wirth, gut ist das Bier,
>
>   Rundadin.
>
> Ein Schelm ist, der nicht schreyt mit mir:
>
>   Rundadin.
>
> Das Glaß sol nimmer stille stehn:
>
>   Rundadin.
>
> Auff Gesundheit sol es umbher gehn,
>
>   Rundadin.
>
> Wer nicht die Liebste hertzt vnd küst,
>
>   Rundadin.
>
> Unwürdig bey seiner Liebsten ist.
>
>   Rundadin.
>
> Drumb nehmt jhr Brüder acht der Schantz,
>
>   Rundadin.
>
> Kein feiges Hertze kriegt den Krantz.
>
>   Rundadin.
>
> Singt, springt, klingt, trinckt, hertzt vnd schreyt:
>
>   Rundadin.
>
> Es ist versoffen alles Leyd.
>
>   Rundadin.

Und wenn jhr dieses habt gethan,
  Rundadin.
So stimmt das Runda mit mir an,
  Rundadin.
Runda, Runda, Runda, Rundadinellula,
Runda, Runda, Runda, Rundadinellula![340])

Echt studentisches Gepräge hat auch das Lied im „Venus-Gärtlein" von 1656:

Wir trincken alle gerne, vnd haben wenig Gelt,
wer wil vns dann das wehren,
wenn es allen wolgefällt,
hüpffet vnd springet.
Es hat ein Bawr viel Thaler,
das Glach (Gelage) muß einer bezahlen,
der die Schuh mit Baste bind[341]).
  Dem
Unbehobeltem und Nakkendem
  Garten-Gözzen
   Priapus,
  opffert dieses letztere
   Zehen
durch gegenwertige Zueigungs-
   Schrifft
  Filidor der Dorfferer,

heißt es in dem Liederbuch „Die Geharnschte Venus", das 1660 in Hamburg zuerst erschienen ist.

Dieser Schäfer Filidor hieß Jakob Schwieger, war aus Altona, studierte in Wittenberg und in Leipzig Theologie wie auch Philosophie, wurde vom Schicksal arg zerzaust, und starb, noch jung an Jahren, um 1666. Herder hat Schwiegers Gedichte die Werke eines „muntern, vielbelesenen, leichtfertigen Vaters" genannt, und Gleim hat sich geäußert, „er habe diese Lieder für ihr Zeitalter so schön gefunden, daß er einmal den Vorsatz gehabt habe, ihre ganze Sammlung aufs neue abdrucken zu lassen"[342]). Wilhelm Scherer nennt ihn den eigentlichen Minnesänger des 16. Jahrhunderts. Lieder wie z. B. „Ehren-Griffe", „Vergeblich verwachstu die Liebe", „Barbillchen, die Zucker-dokke", könnten heute nur noch auf Herrenabenden

ertönen, trotzdem sie voll Witz sind, der bekanntlich auch starke Eindeu-
tigkeiten genießbar macht. Welcher Art diese waren, kann der Schluß-
vers des mit drei Melodien |versehenen Gedichtes „Liebe vergrößert sich,
wie ein gewelzter Schneeball" zeigen:

> Bald wird man mehr und mehr gemeine.
> Man achtet Ehr und Schande kleine.
> Das schlechtste heist: Ein Griff in Zucht.
> Was ferner folgt, darff ich nicht besingen,
> es möchte mich in Argwohn bringen,
> ich hätt es etwa selbst versucht[343]).

Im letzten Viertel des siebzehnten Jahrhunderts wird das Studentenlied,
nun das Mittelglied zwischen Volks- und Gesellschaftslied, mehr und mehr
zum Kunstgesang, an dessen Mehrung namhafte Dichter tätig sind. Vieles
von diesem lustigen Tirillieren lebt weiter und wird auch wohl kaum
jemals ganz verschwinden. Dafür sind zu viele aus studentischem Geiste
geborene Naturlaute darin. Das geht schon daraus hervor, daß die Zeit ihrer
auf uns gekommenen Niederschriften oft sehr weit ab von der Zeit ihrer
Entstehung liegt. Sie sind meist schon sehr alt, wenn sie die uns überlieferte
Form erhalten. So das Lied aus dem letzten Viertel des achtzehnten Jahrhunderts:

> Wer nicht bei Wein und nicht bei Mädchen ist,
> Und wer nicht scherzt und wer nicht küßt,
> Hör, Bruder, der soll sterben;
> Wer aber Wein wie Wasser säuft
> Und nach der Mädchen Busen greift,
> Hör, Bruder, der soll leben[344]).

Oder der Schluß eines unbekannten Verbesserers des vielgesungenen „Ich
lobe mir das Burschenleben":

> Ein schönes Kind im Arm zu haben,
> Heißt in dem Himmel selbsten seyn,
> Da wird die Traurigkeit begraben,
> Da schläft mein Hertz auf Rosen ein.
> Ein feurig Küßgen hat mehr Kräfte,
> Als alle theuren Perlensäfte[345]).

d. h. aus echten Perlen destillierte Medizin.

In der Originalfassung lautet dieses frische Lied:

Ich lobe mir das Burschenleben,
Ein jeder lobet seinen Stand:
Der Freyheit hab ich mich ergeben,
Sie bleibt mein bestes Unterpfand.
Studenten sind fidele Brüder,
Sind lustig wie ihr Großpapa,
Sie schielen nach der Mädchen Mieder,
Und singen schöne Carmina.

Studenten müssen was verzehren,
Weil Rath der liebe Vater schafft,
Sich mit dem Saft der Reben nähren,
Denn er giebt zum Studieren Kraft.
Auch Gerstensaft verscheucht die Grillen,
Wenn er im vollen Glase schäumt:
Ein Mädchen muß die Gläser füllen,
Das sich zu unsern Sitten reimt.

Studenten sind auch zum Bezahlen
Nicht immer frisch und aufgelegt,
Und wollten sie das Geld gleich mahlen,
Was ihre alte Schuld beträgt:
Zwar muß der Manichaer borgen
Frisch auf den neuen Wechsel los,
Doch dieß verursacht manche Sorgen,
Das Geld kommt in des Borgers Schooß.

Doch lob ich mir bey allen Schulden
Den freyen, edlen Burschenstand,
Der Bursche darf kein Unrecht dulden,
Er streitet für das Vaterland;
Versammlet seiner Brüder Chöre,
Und rechet muthig jeden Hohn,
Er streitet für der Burschen Ehre,
Es leb ein jeder Musensohn![346]

Dann das muntere Lied nach der Melodie: Ich heiß Tobias Schwalbe:

Ach, Dorchen, ich muß scheiden,
Der harte Vater schreibt:
Ich soll Salinen (Halle) meiden,
Weil nichts im Beutel bleibt.
O weh, o weh mir Armen:
Die Burschenzeit ist aus;
Ist das nicht zum Erbarmen?
Fort in des Vaters Haus!

Ein Jahr dacht ich noch immer
Hier noch fidel zu sein!
Die Zeiten werden schlimmer,
Packt meine Sachen ein.
Er läßt sich nicht bewegen,
Der harte Vater, der! —
Bey meinem Huth und Degen,
Der Abschied wird mir schwer.

Wirst du mich auch beweinen,
Du meines Herzens Lust?
Ach, Dorchen, dulde keinen
An deiner schönen Brust.
Bleib mir, du lose Kleine
Auch in der Ferne treu,
Und wiß, daß ich der Deine
Mit Leib und Seele sey.

Nun gute Nacht, ‚Saline‘,
Mein matter Schenkel bebt.
Es wachse, blüh und grüne,
Was in dir leibt und lebt;
Der Maedchen schöner Busen,
Und was sich sonst noch findt:
Es leben alle Muse! —
Es lebe hoch mein Kind![347]

Der Sänger dieser beiden und noch anderer kerniger Studentenlieder und „Kommerschgesänge" war Christian Wilhelm Kindleben, auf den wir noch an anderer Stelle stoßen werden.

Im Liede aus derselben Zeit „Genießt den Reiz des Lebens" lautet ein Vers:

> Was nützen fremde Sprachen,
> Wir trinken Ziegenhain,
> Und uns're Schönen fragen
> Gar wenig nach Latein.
> Bei liebevollen Küssen
> Kann man die Sprache missen,
> Die Wollust zu versüßen
> Muß man verschwiegen sein.

Das könnte Otto Erich, Wedekind oder Bierbaum gesungen haben.

Aber auch in den Wust gewisser Studentenlieder verirrt sich dann und wann eine sittliche Anwandlung:

> Mit schönen Kindern artig spielen,
> Den Vorrath ihrer Brust durchwühlen,
> Das geht wohl an;
> Doch öfters auf die Mühlen laufen *),
> Vergnügen vor acht Groschen kaufen,
> Das ist zu toll.

Oder:

> Und du verfluchte Otternzucht,
> Euch Huren treffe auch der Fluch,
> So Blitz und Strahl
> So oft einmal
> Der Himmel Feuer speit [348]).

Eine ganze Schar sangesfroher und sangeskundiger Studenten bereicherten das studentische Gesellschaftslied mit derben, lustigen Dichtungen, die ihre Runde durch die Hochschulkneipen machten. So die Verse des späteren Hamburger Notars Georg Greflinger, die Gottfried Finckelthaus, Georg Schochs, des Dichters der Studenten-Komödien, dann des Dänischen Hoftrompeters Gabriel Voigtländer und Christian Weises, des eigentlichen Urhebers des Gesellschaftsliedes und Prägers dieses Wortes.

*) Die Mühlen bei Jena, wo in der Zeit von 1740—1760 die Musensöhne der Liebe, und zwar nicht eben der platonischen, pflegten. Laukhardt.

Christian Weise, der Schulkomödiendichter, hatte in seiner Leipziger Hoch-
schulzeit Weisen angestimmt, die durch die reiche Verwendung von Zweideutigkeiten und Zötchen, ebenso den bei den Studenten beliebten Ton
treffen, wie den in den mittleren Bürgerschichten üblichen[349] v. Waldburg, der Herausgeber von Weises Jugendgedichten, geht aber meines Erachtens zu weit, wenn er Weise den Vorwurf macht, das grobianische
Geschimpfe, das man in jener Zeit für Witz und Humor hielt, in die bür-
gerliche Lyrik gebracht zu haben.

Weise ist kein Mondscheinjüngling, der zu säuseln und Redensarten zu
drechseln versteht. Er denkt und fühlt deutsch, wenn er auch viel vom
Ausland gelernt hat. Er spricht, wie ihm der Schnabel gewachsen ist, nicht
wie die Empfindsamen seiner Zeit und gewisse „Germanisten" der Gegenwart. In den ganzen 173 Seiten seiner Jugendgedichte finden sich lange
nicht so viel Fremdwörter wie auf den 9 Seiten Einleitung von Dr. Max
Freiherr von Waldberg, des Herausgebers des Halleschen Neudrucks von
1914. Da heißt es z. B. auf Seite IX im Vorwort: „Wo uns die Figuren
dieser geistlichen Materie durch die Mediokrität des Ausdrucks anachro-
nistisch und travestiert erscheinen".

Da lieber noch eine ungeschminkte Derbheit nach der Art des Schönheits-
abrisses:

> Ich weiß ein Liebes Schätzgen,
> Ein artig Kammer-Kätzgen,
> Darüber muß ich mich bemühn,
> Und sie auff meinen Schauplatz ziehn.

In diesem Liede von 18 Absätzen wird die Schönheit eines „Mädgens"
zergliedert. Der Schluß lautet:

> 15. Die Armen sind wie Priegel
> Und wie die Hölle-Riegel,
> Und gucken zu den Ermeln rausz,
> Und sehn wie eine Blut-Wurst ausz.

> 16. Mehr hab ich nicht gesehen,
> Es soll auch nicht geschehen,
> Dann wo sie sich nackt sehen läst,
> So sterb ich warlich an der Pest.

> 17. Drum will ich nur beschließen,
> Weil ich nicht mehr kan wissen,

Doch dieses sey zu guter Letzt
Ihr als ein Wunsch hinzu gesetzt.

18. Bestecket sie mit Raute.
Spickt sie mit sauer Kraute,
Und schicket sie mit Haut und Haar
Dem Hencker zu dem Neuen Jahr[350]).

Die Verwilderung der langen Kriegszeit treibt hier unverkennbar übelduftende Blüten.

In der von Crailsheimschen Liederhandschrift findet sich unter Nr. 25 ein stofflich gleiches Lied, das mit der Aufforderung an den Knecht schließt, das so schön geladene Fuder Mist, d. h. die Angesungene fortzuschaffen[351]). Diese Sammlung des Studenten Clodius und des blutjungen Fräuleins von Crailsheim mit ihrem Reichtum an sonst weiter nirgend mehr aufgezeichneten Liedern, harrt noch eines Herausgebers, der über einen weiteren Gesichtskreis verfügt als der bisherige Bearbeiter, der vor allem, was ihn eine Anstößigkeit dünkte, schämig sein Haupt verhüllte. Ich muß mich leider auf die Wiedergabe einiger weniger Proben aus diesem Liederbuche beschränken. Zuerst ein paar Schnaderhüpfeln:

Von meiner Mutter Hochzeit her
esz ich keine Eyer mehr.
Ey Nudicha, nau, na, na,
ey Nudga :)(: hob sa sa.

Meine Mutter schickt mich her,
fraget ob der kleine Bruder fertig wär :)(:

Meine Mutter spricht, es wäre keine Sünd,
wann man ein Mädgen macht ein Kind :)(:[352]).

Dann einige Absätze aus einem studentischen Rundgesang:

1. Ihr Brüder rufft vivat!
Chirurgi sollen leben,
Die stets nach Ehren streben,
seyd lustig in der That
und rufft mit mir vivat!
man muß uns edel halten

bey jungen und bey alten,
zu Wasser und zu Land
ist unsre Kunst bekannt;
man muß uns Doctor heißen
und alle Ehr erweisen,
man hebt uns hoch empor
bis an der Sternen Chor.

3. Der Brintz Eugenius,
der Fürst von allen Helden,
rühmt uns in seinen Zelten.
General, Obrist, Lieutenant, Soldaten,
Sie rühmen unsre Thaten,
auch alle Officir
in Noth bedienen wir;
hat einer was zerbrochen,
ist einer scharf gestochen,
so ist gleich ihr Begehr:
nur gleich ein Feldscher her!

4. Offt ist ein schönes Kind
verlezt an ihren Brüstigen,
da kriegt man bald ein Lüstigen
zu geben daß was dient,
offt ist ein schönes Kind
verlezt an ihrem Bauche,
nicht weit von ihrem Rauche
von ongefehr verlezt,
das ist, was uns ergözt;
da will uns von den Sachen
der Schnepper wacker stehen,
da schlägt er auf das best,
wann man zur Ader läst.

Dem in den Hochschulkreisen seiner Zeit wegen seiner Hemmungslosigkeit in eroticis allbekannten Wittenberger Studenten, der sich hinter dem Decknamen Le Pansiv verbarg, sei mit einem seiner zahmsten Lieder, zu singen nach der Melodie „Cupido bleib mir vom Leibe ec.", das Wort gegeben:

Jungfer'Gesänge, wie solche von Jahren zu Jahren von denen gerne Männer-haben-wollenden Jungfern gesungen werden. Nach eigenem Geständnisz einer 50-jährigen Jungfer.

Ein Mägdgen von kaum vierzehn Jahren
Ficht schon die Männer Sehnsucht an;
Drum wünscht sie täglich sich zu paaren,
Und singt: Ach gebt mir einen Mann,
Der mir fein sanft das Leibgen drücke,
Denn meine Jungfernschafft ist pflücke!

Sind sechzehn Jahre erst vergangen,
So brennt das Mädgen lichterloh,
Und singt vor brennendem Verlangen:
(Ihr lieben Jungfern ist nicht so?)
Will noch kein Mann mir Löschung gönnen?
Ach soll ich armes Ding verbrennen!

Sind zwantzig Jahre ran gekommen
So seufftzt das Mädgen Tag und Nacht
Bis ihr die Jungfernschaft benommen,
Die ihr die Nächte schlaflos macht.
Sie singt: Ach komm ein Mann noch heute!
Sonst geh ich selber auf die Freyte.

Kömmts dreysz'gste Jahr schon angetreten,
So fleht sie den Sanct Andräs an,
Den sie pflegt kniend anzubeten,
Und singt: Ach gieb mir einen Mann,
Den ich im Bette kann umarmen;
Sanct Andräs laß dich doch erbarmen!

Hat sie nun viertzig Jahr getragen
Das Centner-schwere Jungfer-Joch,
Wird sie die Manns-Noth doch noch plagen:
Warum? der Kützel sticht sie noch;
Drum singt sie: Will kein Mann mich puntzeln?
Die Jungferschafft bekömmt schon Runtzeln.

Sind aber fünfftzig Jahr verflossen,
Wird die verschrumffte Jungferschafft
Mit Thränen-Wasser nun begossen;
Doch singt sie noch aus Leibes-Krafft:
Ach komm ein Mann! ach komm behende!
Wo nicht; so komm mein Lebens Ende[353].

Zu den beiden Lieblingen der akademischen Bürger, Wein und Weib, war
mit dem 16., vornehmlich aber seit der ersten Hälfte des 17. Jahrhunderts
ein dritter getreten, dem sie durch Jahrhunderte bis zum heutigen Tage
treu ergeben bleiben sollten: der Tabak.

Das edle Kraut war als Zierpflanze schon 1498 nach Spanien und im Jahre
1565 nach Deutschland gekommen, da gelangte es auch bald in die Apo-
theken. Suchte doch Jean Nicot den Krebs mit Tabak zu heilen, angeblich
mit Erfolg[354].

Der indianische Brauch des Rauchens kam etwas später zu uns, wo es die
englischen Truppen des Winterkönigs, dann niederländisch-spanische, überhaupt fremde Kriegsvölker einführten und verbreiteten, nachdem es schon
längst in den Hafenstädten, besonders in Hamburg festen Fuß gefaßt hatte.
Ursprünglich war die hohe Obrigkeit, geistliche wie weltliche, dem Tabak
in jeglicher Form wie „Trinken", „Essen", Kauen und Schnupfen völlig
abhold und suchte seine Verbreitung durch schwere Strafen zu verhindern.
In der Schweiz faßte man als Übertretungen der Sittlichkeit zusammen:
Ehebruch, Hurerei, Völlerei, Tauf- und Leichenschmäuse, Tabak, Hoch-
mut und Tanz, und belegte sie mit Geldstrafe oder Ausstellung auf dem
Pranger. Dies alles noch im Jahre 1675. wo in Deutschland das Tabak-
trinken, d. h. Rauchen, schon allenthalben in allen deutschen Gauen fest
eingebürgert war[355]. Rauchten doch um 1650 schon die Bauern wie das
niedere Volk[356], die sich am längsten gegen das „Tabakfressen" gesträubt
hatten.

Bei den dauernden Wechselbeziehungen zwischen Soldaten und Studenten
konnte es nicht ausbleiben, daß der Tabak leicht Eingang in akademische
Kreise fand. Das Tabakrauchen war eine Zeit lang den Studenten verboten,
was dazu beigetragen haben mag, daß es sich so rasch und unerschütterlich
bei ihnen eingebürgert hat. Sie hielten zur Zeit der Verbote geheime Tabak-
gesellschaften ab, zu denen der Wirt der betreffenden Kneipe durch Zettel
einlud, die unter den Studenten herumgingen. Wer erscheinen wollte
quittierte die Einladung mit einem erdichteten Namen. Solch Zettel lautete

„Fid. Ibus. S. D. N. H. Hodie hora VII. et c. a. v. s.". Das heißt: fidelibus fratribus salutem dicit N. N., hospes. Hodie hora septima apparebitis in museo meo, herba Nicotiana et cerevisia abunde vobis satisfaciam.

Sobald die Gesellschaft vollzählig war, stellte sie sich im Kreise auf, und entzündete ihre Pfeifen mit den gefalteten Zetteln, denen man den Namen Fidibus gegeben hatte.

Nach dem ersten Viertel des achtzehnten Jahrhunderts finden sich bei den Studenten schon hier und da „Toback und Koffee" als Genußmittel. Dies galt allerdings nur bei dem Studenten nach der Mode, der sogar wie der Stutzer Sylvan in Leipzig seinen altmodischen Kommilitonen erwidert: „Ich rauche jetzt nicht mehr!" Das war und blieb aber Ausnahme.

Bald klangen zum Ruhme des edlen Krautes aus studentischen Kehlen gepfefferte Liedchen. Ja die Liebe zeigte sich sogar darin, daß auch einmal ein sentimentales Loblied auf den Liebling in der Runde gesungen wurde wie:

> So offt ich meine Tobacks Pfeife,
> mit frischem Knaster angefüllt,
> zur Lust und Zeitvertreib ergreife,
> so zeigt sich mir ein Trauer Bild
> und fügt mir diese Lehre bey,
> daß ich derselben änlich sey.
>
> Die Pfeife stammt aus Thon und Erde,
> und ich bin gleichfals draus gemacht,
> daher ich auch zur Erden werde;
> sie fällt und bricht, eh ichs gedacht,
> mir offtmahls in der Hand entzwey,
> mein Schicksaal ist auch einerley. U. s. w. [357]

Der Wettkampf im Saufen wurde nun auch auf das Rauchen ausgedehnt. Wer beim Gelage es bis zu 50 Pfeifen brachte, wurde zum Magister ernannt, wer 80 hieß Licentiat, wer 100 gar Doktor. Nikotinvergiftungen hatten bei den Ärzten irgend einen anderen Namen und wurden unter diesem behandelt.

Die Studentenlieder, in denen sich die ganze Wildheit der Sänger und Zuhörer austoben durfte, sind nur in einer Minderzahl auf uns gekommen. Nur ganz wenige wurden gedruckt, einige von ihnen in handschriftlich erhaltenen Liederbüchern aufgezeichnet, die überwiegende Mehrzahl ist unwiederbringlich dahin. Solche Lieder, die das vom Trunk erregte Blut noch wilder durch die Adern peitschte und zu Exzessen aufstachelte, stiegen denn auch, wie schon erwähnt, im Schutze der Nacht auf Markt und Straßen, vor den Häusern mißliebiger Lehrer oder Amtspersonen. Noch 1650 war dieser ansprechende Ulk in Helmstedt in vollster Blüte. Auch bei Hochzeiten in Bürgerhäusern „platzten" noch immer Studentenhorden ein, „schütteten schandbare Worte und Reden aus, und brüllten unzüchtige Lieder" vor der Hochzeitsgesellschaft, wie es die akademische Freiheit nun schon fast zwei Jahrhunderte sich erlaubt hatte.

Doch die Stunde aller der wie Kinder der Liebe wild wachsenden Studentendichtungen hatte geschlagen. Die Morgenröte der klassischen Zeit scheuchte diese Wildlinge in das Dunkel der ‚Fidelitas‘, in deren Tabaksqualm trankschwere Bursche nun gröhlten, was selbst sie nicht mehr ungestraft zu nachtschlafender Zeit auf Straßen und Plätzen auszuführen wagten. Wenn hier und da, der heilige Grobianus, nun Renommist geheißen, sein Regiment weiterführte, so hatte sich neben ihm ein neues Reich aufgetan, in dem ein neuer Modegeist den bislang ungeschlachter Hochschüler in zierlichem Kleide mit zierlich gedrechselten Redensarten ganz à la Mode sehen wollte.

Dichter von Rang und Bedeutung wie Johann Christian Günther, Lessing, Claudius, Uz, Hagedorn, Jacobi, Bürger, Gleim und später auch Goethe halfen dem Studentenlied aus dem Morast und führten es zu höherer Würde[358]). Den Löwenanteil dieser schweren Arbeit am Gelingen hat der Berliner Handwerkerssohn und Hallesche Magister Christian Wilhelm Kindleben. Kindleben, ein bemostes Haupt mit reichlichen Semestern, kann als Reformator des Studentenliedes angesprochen werden. Sein Heftchen ‚Studentenlieder‘. Aus den hinterlassenen Papieren eines unglücklichen Philosophen Florido genannt, gesammlet und verbessert von C. W. K. ‚1781‘ enthält 63 Lieder, von denen er 36 gedichtet hat. Er war auch der erste, der vaterländische Töne anschlug, für die sich in den früheren Studentenliedern kein Platz gefunden hatte. Man sang früher, selbst noch in der Zeit nach Kindleben:

> Landesvater,
> Schutz und Rather,
> Friedrich August lebe hoch!
> Der du bist ein guter König,
> Küssest deine Frau zu wenig,
> nimm mich zum Adjunktus an[359]).

Wie der Studiosus im Liede mit Vorliebe sarkastische Töne anschlug, seinen
Landesvater, die Kommilitonen, die Herren Professoren, sogar sich selbst
verulkte, so wurde ihm auch das Pasquill von alters her zum Werkzeug,
seine Opposition zu äußern, seinem Unmut, häufiger noch seinem Übermut in schärfster Weise Luft zu machen. So rügen einmal 1659 in den
Helmstedter Protokollen lakonisch „Pasquille voll grober Hurerei und
Gottlosigkeit"[360]). Da der Pasquillant mutig aus dem Hinterhalt schoß,
konnte er ungestraft, weil unerreichbar, seine vergifteten Pfeile auf jedermann absenden, und eine Art geistiges Haberfeldtreiben inszenieren. Derartige Lumpen hat es immer gegeben, wie es auch immer Leute gab, die
sich vor ihren Streichen angeekelt abwandten. Alle Auswüchse im Studen-
tentreiben der Vorzeit sind nichts gegen die Giftpfeile der Pasquillanten,
mögen sie auch manchmal witzig gewesen sein, wie Reuters ,Schlampampe"
die doch immer ein schutzloses Weib war. Die Zoten in den Studentenliedern sind deshalb auch als Äußerungen eines an sich harmlosen Jugend-
übermutes nicht von konsistorialrätlichem Standpunkt aus zu beurteilen.
Und was scherte schließlich die Hochschuljugend die Strenge der Seel-
sorger. Sie sangen, was ihnen gefiel, ja sie illustrierten es sogar in den
Stammbüchern ihrer Freunde.

Die Stammbücher erschienen im fünfzehnten Jahrhundert zuerst an den
Höfen und beim Adel. Bald darauf mußte jeder Hochschullehrer und Hochschüler sein Stammbuch haben. Denn „das Gedächtniß des Menschen ist
hinfällig; wenn man aber alle Jahre nur einmahl ein solches Stamm-Buch
durchgehet, so kan man sich der an weit entlegenen Orten gemachten
Freundschafft wieder erinnern und wird auch dadurch offtmahls manche
Traurigkeit vertrieben", schreibt Martin Zeiller[361]). Melanchthon schätzte
die Stammbücher als Freundschafts- und Erinnerungsbücher. „Gewiß haben
diese Bücher ihren Nutzen," schrieb er an Cordatus, „vor allem den, daß
sich die Besitzer der Personen erinnern, und dabei die weisen Lehren ins
Gedächtnis rufen, die man ihnen einschreibt; daß sie den Jüngeren Er-
innerungsmittel werden zum Fleiße, damit beim Abschied der Lehrer ihnen
ein günstiges empfehlendes Wort einschreibe, und daß sie auf dem ferneren
Lebenswege stets wacker und tüchtig sich bewähren, angeregt, wenn auch
nur durch den Namen des Guten, ihrem Beispiel zu folgen"[362]). Diesen
idealen Zweck hebt auch Wilhelm Hauff in seinen reizenden „Phantasien
im Bremer Ratskeller" hervor: „Meines Erachtens ist es keine üble Gewohnheit, die ich von meinem Großvater angenommen, nämlich hie und

da Einschnitte zu machen in den Baum des Jahres und sinnend dabei zu
verweilen".

Noch jetzt, als wäre es gestern geschehen, sehe ich sein großes blaues Auge
sinnend auf den vergelbten Blättern seines Stammbuches weilen; und wie
deutlich sehe ich, wie dieses Auge nach und nach sich füllt, wie eine
Träne in den grauen Wimpern zittert, wie der gebietende Mund sich zu-
sammenpreßt, wie der alte Herr langsam und zögernd die Feder ergreift
und ‚einem seiner Brüder, der geschieden‘, das schwarze Kreuz unter den
Namen malt. — Zündete er nicht den Christbaum seiner Erinnerung an,
flammten nicht tausend flimmernde Kerzen auf, die Lieblingsstunden eines
langen Lebens, und schien er nicht, wenn er am Abend still und ruhig im
Sessel saß, sich kindlich zu freuen an den Gaben der Vergangenheit?"
So sentimental waren aber nur die Alten Herren.

Wie ein ordentlicher, richtiggehender Kommers aus zwei Teilen bestand,
dem offiziellen, an dem sich die Honoratioren beteiligten, und wobei es
deshalb auch feinsäuberlich, verflucht ehrsam zuging, dann aber, nach
deren Abschied, der Fidelitas, wo man sich wieder im gewohnten Fahrwasser tummeln konnte, so war es auch mit den Stammbüchern. Vorn die
hochgelahrten Herren Lehrer, Gönner und hochmögenden Freunde, weiter
hinten dann die Schar gleichgestimmter Seelen.

Im Stammbuch von Thomas Wanderer aus Nürnberg, das im Jahre 1619
angelegt wurde, findet sich ein mit Gold- und Silberbuchstaben prachtvoll
geschriebenes Vorwort, in dem es heißt, alles was in Wort und Bild in das
Album komme.

„sey nicht vntüchtig,
Grob, verdächtig vnd vnzüchtig"[363]).

Wie wenig überflüssig diese Mahnung war, geht schon daraus hervor, daß
sich Lichtenberg (1742—1799) einmal bemüßigt sah, in ein ihm vorge-
legtes Studentenstammbuch den Bibelspruch einzuschreiben: „Herr! laß
mich unter die Säue fahren!" Daraus geht hervor, daß der Wunsch, bei
den Eintragungen den Anstand zu wahren, ein frommer geblieben war.

So lange das Stammbuch der Schüler dem Herrn Doktor Faust über-
reicht, oder einer vom Adel den Standesgenossen bat, sein Wappen auf eines
der Blätter malen zu lassen, begnügten sich die Schüler und Freunde des
Besitzers mit einer entliehenen Weisheit oder Gelehrsamkeit. Auf das Passen
kam es weniger an, als auf eine tote Sprache. Allerdings schlich auch
manchesmal ein Witzchen ein, d. h. das, was man in jener Zeit dafür

Vorlage für ein Stammbuchbild oder Ex libris

Holzschnitt von Melchior Schedel. 16. Jahrhundert

Links: Frau mit Keuschheitsgürtel, Schlüssel dazu und Geldsack
Rechts: ein Landsknecht mit Schamkapsel

Wie Bersabe Vriels des Ritters hußfrow sich
zwug vnd badet jn eym Fenster da es der Kü-
nig Dauid von synem sal sehen vnd dar durch
gegen jr jn vnküschheit bewegt ward

*Holzschnitt des jungen Albrecht Dürer aus dem Volks-
buch Ritter vom Turm. Basel 1493*

Disputation

Kölner Holzschnitt vom Jahre 1507

Vorlage für ein Stammbuchbild. 1648

Mit lateinischer und der deutschen Unterschrift:

Hop, hop doch auff lieber hoffman
Diß Rößlein wil ein Reuter han

Docta placent doctis:non curat Amaracinum Sus.   Prog's auro indoctus stramen Asellus amat

Marburg

Im Vordergrund Gelehrte in der Bücherei,
deren Bücher verkehrt stehn

Frankfurter Kupfer. 1623

℀Jtē vō dreyē studētē die vm ein aller schönste
wiztin pulten doch keiner vō dem ādern wissēd
vnd wie sie den eineirin ein grab redet die nacht
vm izen willen dar inen zu pleiben℀ den andern
das er pei dem grab die nacht stünt vnd dem ym
grab einen ganczē psalter petet℀ vnd den dzitten
das er yn teüfelisher gestalt grausamlichē vñ ser
pzumend vm die kizch zu dem grab liese den der
do petet forchtig zu machen vñ yn ab zu tzeibē℀
vnd wie der im grab auff wuscht zu ētfliehen vñ
wie sie alle dzei vor sehzecken hin vielen℀aber d
wiztin wazt rein wider vm vezgolltē℀ getzuckt
vōhāsē folczē vō wvzms bazbizer zu nůzenbezg

Liebesabenteuer von drei Studenten

Titelblatt eines Fastnachtsschwankes von Hans Folz.

Nürnberg, um 1780

hielt, und derartige Eintragungen nehmen sich zwischen den salbungs-
vollen Gedankensplittern oder tiefschürfenden Zitaten der Kathedergrößen
aus wie Brennesseln auf dem Tulpenbeet. Hier:

> Gott, Tugendt vndt Ehr
> Soll sein Mein beste Schutzwehr.

dann wenige Seiten weiter:

> Wan ainer ein jungfrau bai im liegen hat
> Und nit khist,
> vnd ain schenen Apfell hat
> vnd nit ist,
> vnnd hat ein guten masz Wein
> vnd schenkt im selbst nit ein,
> der mag nur wol ein schelm sein.

Und so geht es in bunter Reihe fort, vom 16. bis zum endenden 18. Jahrhundert, wie die kleine Blütenlese, die hier zusammengestellt ist, zeigen soll.
Ein Baseler Student behauptet im Jahre 1581:

> Kein größer Freude uff Erden nit ist, denn wenn Ei-
> ner bey einem schönen wackern Maidtlein ist[364]).

Um dieselbe Zeit etwa fleht ein anderer Student:

> Ach Gott, Laß mich Erwerben
> Ein Ehrlichs Leben Und Seliges Sterben[365]).

Wer von beiden mag es wohl ehrlicher gemeint haben? — Keine Mördergrube machen aus ihren Herzen die flotten Burschen, denen die nach-
stehenden Eintragungen zu danken sind. Ein Feinschmecker aus Frankfurt
an der Oder wünscht sich 1578:

> Ich wolt, daß ich wer
> Ein armer Klausener,
> vnd hatte alzeit auf meinem Disch
> junge Hüner vnd alte fisch
> stillen Wein vnd rauschen byr,
> Vnd dazu gueter gerichter fier,
> Auch ein alt Weib von 14(!) Jaren
> Mit weißem leib vnd gelben haren,
> Mit zarten Henden vnd schmalen lenden,
> Darbei wil ich mein leben wol enden[366]).

Ein Baseler Hochschüler wollte sich mit einem solchen Mägdelein von 18 Jahren genügen lassen[367]. Dieses scheint der für Basel bevorzugte Jahrgang gewesen zu sein:

> Ein Jungfraw 18 Jahr allt
> Ein Schweinen Bratten kaltt,
> Wem dasz essen nit schmackht,
> Dem ist alles gut Leben versagt. (1615)[368].

Aber auch ein Heidelberger Bruder Studio von 1608 erklärt:

> Een Hasen kalt,
> Een megdlein 18 Jar alt,
> Der das nit mach,
> Der bleibt ein nar al zyn dach[369].

Im Jahre 1685 faßt ein akademischer Bürger das Um und Auf des Studententums also zusammen:

> Sis felix,
> Gehe fleißig zu Frauenzimmer,
> Sis potens
> Halte dich fein wohl bey ihnen,
> Et Deus te servet,
> Gott gebe Glück und Segen darzu,
> Studiosa Corina,
> Daß ein wackerer Student daraus werde[370].

Einen ähnlichen Standpunkt vertritt 1690 ein Studiosus aus Güstrow:

> Lustig seyn mit guten Schwestern,
> Musiciren, Niemand lästern,
> Frisch trincken einmal herumb
> Dieses ist mein Proprium[371].

Selbsterkenntnis verrät der Vers:

> Soldaten, Studenten und Jungfrauen
> soll man dienen und wenig trauen, 1684[372].

während Erfahrung aus den Zeilen spricht:

> Es ist ein Kraut heist mulier,
> Darfür hüet dich prudenter,
> Bedriegt sie dich Feliciter
> So würds dir gereien semper. 1625[373].

Alles was des Studenten Herz begehrt, sind in der Priamel von 1620 beisammen:

> Wer nit liebt ein Schönes pferdt,
> Gutte pistolen vnd scharffes Schwerdt,
> Ein scheenes Freilen vnd gutten Wein,
> Der mag mir wol ein Cujon sein[374]).

Weit entfernt einen solchen Schimpf auf sich zu laden war der ehrliche, offene Bekenner:

> Ein jeder liebt was ihm behagt,
> Ich halts mit meiner Kellermagdt. 1631[375]).

Ein Abgebrühter sagt 1644: „Was fragt der Mond danach, wenn ihn die Hunde anbellen?"[376])

Vielfach begegnet uns der auf Luther zurückgeführte Vers:

> Der Pfaffen Sag, der Juristen Buch,
> Und das Ding unter der Magd Schürztuch —
> Diese 3 Geschirre
> Machen gar viele irre[377]).

Ein Gewitzter predigt:

> Wer will leben ohne Sorg vnd müh,
> Derselb daß thier, welches zöpf hat, flüh. 1619[378]).

oder:

> Contentement passe richesse,
> Vive qui a belle maistresse.
> Dem wilden Meer vnd schönen Jungfrauen
> Soll kein Verständiger zu vil trauen[379]).

Zu dem altbewährten Dreibund Wein, Weib und Gesang schlägt sich im letzten Viertel des siebzehnten Jahrhunderts der Tabak:

> Ein schwartzbraun mädigen vnd ein glass mit extra Wein,
> Ein Pfeiff taback beym Schmaus mein zeitvertreib soll seyn.
> Ich lebe recht vergnügt, kann ich nur dieses haben,
> So weiß ich, wenn mich durst und hungert, recht zu laben. (1698)[380]).

Im achtzehnten Jahrhundert hielten sich die Standespersonen, also auch die Lehrer, den Studentenstammbüchern meist schon fern. Man blieb von jetzt ab fast völlig unter sich und alle Beschränkung war überflüssig geworden. Zugegeben muß aber werden, daß der jugendfrische Burschenwitz, so sehr er mit erotischem Einschlag durchsetzt war, nur sehr selten in das Fahrwasser der aus Frankreich eingeführten Zweideutigkeiten geriet. Er nannte

nach wie vor beharrlich das Kind beim rechten Namen, mochte der auch
in feinfühligen Ohren noch so dröhnen. Wenn er aber in französischem
Kostüm einherstelzte, so war dies sofort als Maskerade zu erkennen.
Wie bieder klingt z. B.:

> Alles Ding hat seine Zeit,
> Nur die alten Weiber nicht — (Halle 1716)[381].

Oder:

> Alles in der Welt, nur kein klein Kind! — (1722)[382].

Gut deutsch ist:

> Ein schönes nackendt Kind,
> Hirsch, Hund, Pistöll und Degen,
> Muß sich ein praff Soldat
> zu seinem Plaisir hegen u. s. w. (1726)[383].

Ins Französische übersetztes Deutsch jedoch:

> Une Dame françoise comme elle soit demandée sur la perte de sa
> virginité, repondait elle: Il est fort difficil de garder un thresor, donc
> tous les hommes portent la clef (1713)[384].

Lautere Muttersprache hingegen:

> Die Liebe gehet staffelweise zu ihrem Zwecke wie die Diebe an den
> Galgen, sie ist eine vollkommene Philosophie, so von dem Theori-
> sieren zur praxim, von dem Sehen zum Fühlen, und von dem Ge-
> danken zu den Wercken schreitet:

> > Nach Sehen kommt das Lachen,
> > Nach Lachen Kundschafft machen,
> > Nach Kundschafft züchtig fühlen.
> > Nach fühlen weiter wühlen,
> > Geschwinde ists geschehen,
> > Daß alles komt vom Sehen (1731)[385].

In Ammerbach bei Jena läßt sich ein Genießer 1736 vernehmen:

> Variatio delectat.
> Sich auf ewig zu verschreiben
> Und nur Einer treu zu bleiben,
> Schmecket nach der alten Welt.
> A m o r hält jetzt keine Treue,
> Alle Tage eine neue
> Ist ein Ding, das mir gefällt[386].

Was sich gehört weiß zu schätzen:

> Ein grübgen im Backen,
> in Hertzen getreu,
> Ein Schelm im Nacken,
> Es bleibet darbey (1726) [387].

Ein altes deutsches Sprichwort wird also ausgelegt:

> Das Frauenzimmer fragt: was Küssen auf sich hätte?
> Zur Antwort dient: mehr als zu viel,
> Denn das ist wohl kein Kinderspiel:
> Wer sich aufs Küssen legt, der legt sich auch aufs Bette (1758) [388].

Ein Jungfräulein, wahrscheinlich filia hospitalis in Jena, kürzt dieses 1723 ab, indem es den Doppelsinn unterstreicht:

> Das bloße Küssen ist zu schlecht,
> wenn man's nicht aufs kissen legt.
> O Kindri, Kindri, tantos ne treibite Bossos.
> Maria Barbara Weiern [389].

Der bei den deutschen Rechtsgelehrten der Vergangenheit so beliebte Sprachmischmasch findet sich köstlich nachgeahmt in dem Spruch:

> Ein Mädgen übergiebt ihr freies Ritter Guth
> Dem Purschen ohne Zwang und aller Servitut,
> Doch so, daß sie dabei directe Maitrin bleibt
> Und ihm das utile dominium verschreibt.
> Sie räumet ihm dabei den freyen Durchgang ein,
> Und will auch den Prospect zu gönnen schuldig seyn;
> Das Stillicidium auf ihre Kosten leiten,
> Ingleichen oneris ferendi sich bescheiden,
> Enfin, sie stellet ihm Jagd, Mühle, Fischerey.
> Wald, Felder, Berg und Thal zu seiner Nutzung frey;
> Und hat ihr Fundus noch zuweilen an die Gaben.
> So soll der Pursch davon den usum fructum haben (1750) [390].

Ein Jenenser schwatzt aus der Schule:

> Purschen, die in Jena sind, sind verliebet,
> Reiten auf den Dörfern rum, wo's was giebet. (1729) [391].

Daß diese Gepflogenheit sich nicht allein auf die Jenenser Bursche be-
schränkte, geht aus der Jobsiade hervor, in deren dreizehntem Anschnitt
der einstige Duisburger Student von seinem Helden berichtet:

> Mehrmals ist er auch zum Vergnügen
> Nach den benachbarten Dörfern gestiegen,
> Allwo er dann meistens auf dem Land
> Manche gutwillige Schöne fand[392]).

Dann:

> Es leben die Weiber, so hörner aufsezen,
> So kan sich noch mancher Bursche ergözen. (1733)[393])

> Alles heist ein Jung Géselle,
> Was noch unbeweibet ist,
> Aber daß du einer bist,
> Der du diese Zeilen liest,
> Glaub der Teuffel in der Hölle[394]).

Sein Schönheitsideal verrät ein Bursch in den Reimen:

> Schwartz Augen, rother Mund,
> Weiße Brüste, hart und rund,
> Schwartze Haar und weiße Bein
> Sollen mein Vergnügen seyn. (1737)[395]).

Den Nagel auf den Kopf trifft:

> Es lebe ein Mädgen, so artig, galant,
> Entzückend, liebkosend und gleich bei der Hand. (1744)[396]).

Denn:

> Hübsche Mädchen sind erschaffen
> Nur vor Pursche, nicht vor Pfaffen,
> D'um so lob ich diesen Orden,
> Sonst wär ich kein Pursche worden[397]).

Und ein ordentlicher Bursch ging gleich forsch ins Zeug:

> Wer seine Schöne küßt und nicht das andre raubt,
> Der ist den Kuß nicht werth, den ihm der Mund erlaubt. (1745)[398]).

Also:

> Alle Schönen sollen leben,
> Die uns was zu naschen geben
> Und, wenn wir es zweimal wagen,
> Uns nicht auf die Finger schlagen! (1745)[399])

Einen echten Burschengeschmack offenbart der Verfasser von:

> Est bonus is ludus,
> Cum virgine ludere nudus[400]).

Ein Jenenser Stammbuch mit Eintragungen von 1737—1743 enthält die Federzeichnung ein sich entkleidendes Mädchen, bei dem ein alter Jude steht. Als Unterschrift findet sich der Vers:

> „Ein Griff entweiht nicht deine Brust
> Und macht dir keine Flecken
> Was hilft ein Schatz, der unbewußt
> Den Rock und Hemd bedecken
> Die Perl, so stets verborgen lieget
> Mit ihrem Glanze nie vergnüget".

Sehr lustig ist:

> Juvenis, ein Bund Stroh,
> si accedit ad virginem, wenn es zum Feuer kömmt
> et non tangit illam, und es brennt nicht,
> stultus est, so ist es nass[401]).

Ein Jenenser Bursche scheint recht üble Erfahrungen gemacht zu haben, denn sein Stammbuchvers hat einen elegischen Grundton, der zeigt, daß er auf die Weibsleute nicht gut zu sprechen ist. Er schreibt nämlich:

> Gewiß, die Jungffern kommen mir
> Nicht anders als die Kletten für,
> Die machen sich schrecklich groß
> Und gehen vom Stocke schwerlich loß.
> Doch tritt man nur was näher dran,
> So hängen sie sich selber an[402]).

Das klingt nach Seufzer.

Auf einem uralten Schwank aus der Ritterzeit, den Hagen in seinen „Gesammtabenteuer" mitteilt, geht das Verschen eines Jenenser zurück:

> Die Schönen, so zu todt geschändet worden,
> Zählt man mit Recht zum Martrerorden,
> So sprach Petit zu Magdalis.
> Herr! rief sie, dieses ist gewiß,
> Schlug freudenvoll in ihre Hände,
> Und sprach: Ach hätt' ich doch auch so ein seelig Ende.
>
> (1754)[403]).

Im Jahre 1765 läßt sich ein fideler Student also aus:

> Ein schönes Mädchen sehn und nichts empfinden,
> Ist eine von den größten Sünden:
> Und ich, ich sündige nicht gern[404]).

Kein Kostverächter scheint der Schreiber des Zweizeilers gewesen zu sein:

> Unsre besten Zeitvertreiber:
> Jungfern, Ammen, Wittben, Weiber! (1768)[405]).

Ein gebranntes Kind bekennt:

> Schreib dir, o junges Blut, dies Wort in deinen Sinn:
> Kein Henker schneidet so wie eine Kupplerin. 1766 [406]).

Den ganzen Inhalt des Burschenlebens im achtzehnten Jahrhundert gibt eine Stammbucheintragung von Johann Friedrich Neber, Onoldino-Francus von 1735 in treffendster Weise wieder:

> Vom Morgen in die Nacht und durch die Nacht bis früh
> Steht Kann und Lampe voll; das grundgelehrte Vieh
> Sitzt unter Rauch und Dampf, wie Engel in der Hölle,
> Der flucht die Stube schwarz, der parfümirt die Zelle
> Mit einer Specerey, die nicht nach Ambra stinckt.
> Man schreyt, man rufft, man lermt, Stahl, Glas und Pflaster klingt,
> Und was der Wechselbrief des Morgens eingetragen,
> Das quillt des Abends schon dem Purschen aus dem Magen,
> Kleid, Wäsche, Ring und Rock, ja selber Gottes Wort
> Geht mit der Bibel oft zum Geld-Hebräer fort,
> Und wenn ein karger Wolff den Hauß-Rath aufgefressen,
> Bekommt die Junge-Magd die höfflichsten Caressen
> Und sah auch gleich ihr Bild wie Mephibofets aus,
> So macht der Pursche doch offt zwischen Stroh und Laus
> Durch ihre süße Nacht sich manche gute Tage,
> Hilfft diese dann nicht mehr, so ist Egyptens Plage
> Viel schlechter, als die Angst, so uns Studenten quält,
> Da stützt man Kopf und Arm, die Baarschaft wird gezählt,
> Und steiget, Gott erbarms, nicht über sieben Dreyer,
> Da geht die Noth erst an, dann wird das Lachen theuer[407]).

Diese Auswahl dürfte wohl genügen. Das Allzugewürzte bis zum völlig Nackten fehlt natürlich. Genug an dem, daß es in den Vorlagen reichlich

Wenn die geiſtliche wollen mit Iungfrawenn
dominerenn, dann ſolden ſei licbr
biſlaffenn dan ſtuderenn.

Altes Schimpfbild auf die Clerici

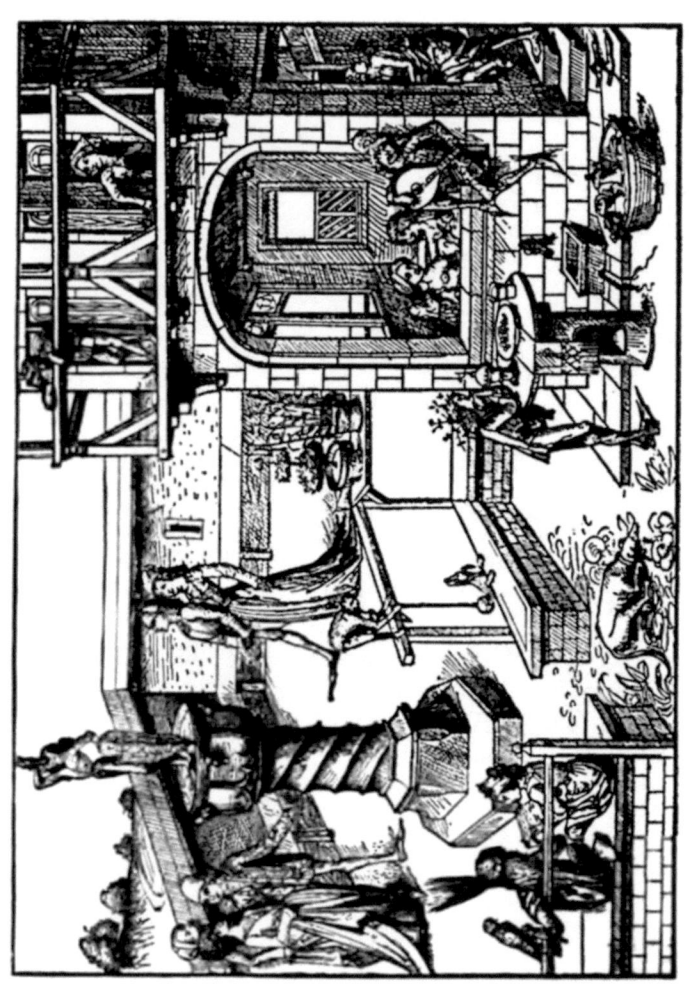

Sommerlust und Sommerfreude

Kupfer des Monogrammisten W. H.

Ende des 15. Jahrhunderts

Das Prinz-Heinrich-Palais,
später die Universität in Berlin

Kupfer von J. D. Schleuen

(Man beachte die Staffage rechts)

Ein fleißiger Student „in loco Secreto"

Kupferstich, etwa 1750

vorhanden ist und Schule gemacht hat. Denn auch in den Stammbüchern anderer Gesellschaftsklassen, die mit Ehrsamkeit besonders dann prunkten, wenn dies in der Öffentlichkeit bekannt wurde, sind derbste Sprüche gleich herdenweise anzutreffen.

In einem Gesellenstammbuch aus der Zeit des dreißigjährigen Krieges findet sein Herausgeber Denksprüche, „die sich ihrer auffälligen Schamlosigkeit wegen nicht mitteilen lassen"[408]). Und er ist nichts weniger als schamhaft, wie einige wenige, von ihm für zahm gehaltene Eintragungen zeigen werden.

> Ein Jungfraw von 18 Jahren,
> Mit blauen Aug vnd gelben Haaren,
> Verdreibt manchen groß Hertzen leidt,
> Wan mans braucht zu rechter Zeit. (1644).

> Ein Musica mit schönem schall,
> Ein Schones Roß in eim stall,
> Ein Schon Jungfraw in eim Bett,
> Das seindt drey stück, die ich gern hett. (1651).

> Finstere Stich vndt Nichtere Trinck (nüchterne Trünke)
> Machen, das ich zittere vnd hinck. (1659).

Bei dem fast allgemeinen Tiefstand der Moral in studentischen Kreisen, kann es nicht Wunder nehmen, daß sehr viele akademische Bürger der Sumpf für immer verschlang. Manch Leben, das zu den schönsten Hoffnungen berechtigt hatte, endete im tiefsten seelischen und leiblichen Elend. Kam dieser Schluß auch selten unverdient, so ändert dies nichts an der Tragik der Tatsachen. Die Namen einiger dieser Schiffbrüchigen glänzen für immer in der deutschen Geistesgeschichte fort. So der Dichter Christian Wilhelm Kindleben, der es auch als erster unternommen, ein Wörterbuch der Studentensprache anzulegen und zu veröffentlichen. Professoren-Kurzsichtigkeit und -zelotismus hatten dieses Buch beschlagnahmt und bis auf ganz wenige Exemplare vernichtet. Auch seine anderen Schriften, so seine Studentenliedersammlung, wurden „wegen ihres unanständigen und sittenverderbenden pöbelhaften Inhaltes" beschlagnahmt, und Kindleben jede Möglichkeit akademischer oder anderer Lehrtätigkeit genommen, nachdem er gezwungen war, seine Stellung als Pfarrer in Kladow bei Potsdam niederzulegen. 1785 soll der erst siebenunddreißig Jahre alte Mann sein

durch Hunger, Trunk und wilde Ausschweifungen zerrüttetes Dasein ge-
endet haben.

Kindlebens Hauptwerk, das „Studenten-Lexicon. Aus den hinterlassenen
Papieren eines unglücklichen Philosophen Florido genannt, ans Tagelicht
gestellet von Christian Wilhelm Kindleben, der Weltweisheit Doktor und
der freyen Künste Magister" erschien im Jahre 1781 bei Johann Christian
Hendel in Halle an der Saale. Das lustige Buch weicht keinem Zötlein aus,
weshalb Kindleben auch, wie in der Vorrede zu lesen, „außer den eigentlichen Studentenwörtern auch noch andere nicht ganz gewöhnliche, und
zum Theil veraltete deutsche Ausdrücke in dieses Lexicon aufgenommen,
die der Vergessenheit entrissen zu werden verdienten und diesem oder
jenem Sprachforscher zum weiteren Nachdenken Gelegenheit geben können". Schon ein Blick in das Idiotikon belehrt, daß es dem gelehrten Verfasser weit weniger um die Bildung seiner Leser als um deren Unterhaltung
zu tun war, wenn auch nicht geleugnet werden kann, daß sich das Büchlein
bemüht, sexuelle Aufklärung zu verbreiten. Einige wenige Titel, von denen
kein einziger einen studentischen Ausdruck betrifft, sollen dies bestätigen.
Sie behandeln die Wörter: Aufnesteln und das Nestelknüpfen, Bärenhäuter,
Bescheißen s. v. ‚ein Provinzialausdruck der Schlesier statt besudeln und
beseiweln‘, Blonde, Blondine — „ein Frauenzimmer, welches blaue,
schmachtende Augen, weißliches Haar und eine weiße mit Roth gemischte
Gesichtsfarbe hat. Solche Frauenzimmer sind gemeiniglich sanguinischen
Temperaments und mehr, als andere zu den Werken der Liebe geneigt. —
Bräutigam und Braut. Die letztgenannte ebenso gewissenhaft im medi-
zinisch-anatomischen Sinne behandelt wie in den betreffenden Artikeln
Busen, Jungfernschaft, Junggeselle, und ähnliche oft sehr intime Angelegenheiten mehr. Dem Dichter und Liedersammler Kindleben sind wir schon
begegnet.

Kindlebens Mitschüler Christoph Friedrich Schulz verunglückte erst als
Theologe, dann als Schauspieler, sudelte mehr als ein Dutzend seichtester
Romane zusammen und starb im Alter von 33 Jahren im Wahnsinn.

Diese beiden gehören zu den „dissoluten Talenten, an denen Halle im
Zeitalter des Rationalismus und Pietismus so reich war"[409]), und die neben
den Lehrern erscheinen wie trunkene Satyrn. „Dann der verkommene
Professor der deutschen Beredsamkeit Philippi, den der Satyriker Christian
Ludwig Liskow als elenden Skribenten abschlachtete. Der talentvolle, durch
und durch lüderliche und gesinnungslose Professor Klotz, den Lessing ver-

nichtete, sein erbärmlicher Genosse Professor Hausen, den dafür, daß er in seiner Biographie Klotzens diesen, der bei Lebzeiten sein Freund gewesen, schmachvoll an den Pranger stellte, der junge Goethe gebührend zerzauste. Klotzens Freund und Landsmann Karl Friedrich Bahrdt, der als dreimal unmöglich gewordener Professor von Leipzig, Erfurt und Gießen, als verunglückter Basedowscher Philanthropist, als weggejagter Generalsuperintendent und Pädagog in Halle einzog, um hier als Privatdozent einen Unterschlupf zu finden und als Pamphletist, Bücherschmierer und Schankwirt zu enden[410]". Im Gegensatz zu den Genannten hat es, allerdings lange vorher, Christian Reuter, der Verfasser der „Schlampampe", nicht weiter als bis zum relegierten Studenten und Korrektor gebracht. Er ist dafür aber durch seinen „Schelmuffsky", 1696 zuerst erschienen, unsterblich geworden[411]).

Weniger gut ist es bei der Nachwelt einem der bedeutendsten deutschen Selbstbiographen aller Zeiten, dem „berüchtigten Magister" Friedrich Christian Laukhard gegangen, geboren 1758 als Pfarrerssohn in Wendelsheim in der Pfalz. Sein einzigartiges Hauptwerk „Leben und Schicksale" ist jetzt durch einen Neudruck zugänglich. Ein Mann, der wie Laukhard sich dazu durchgerungen, über sich selbst die volle, schonungslose Wahrheit zu sagen, wie auch seine Umgebung mit unerhörter Aufrichtigkeit zu zeichnen, mußte natürlich auf Widerspruch stoßen und Normalnaturen auf die Nerven fallen. So beurteilt ihn ein Halenser Dozent im Jahre 1894: „Laukhard, der, seit den Tagen seiner Studentenzeit verlottert, die Theologie und Dozententätigkeit in Branntwein und gemeinstem Venusdienst ertränkte, als Soldat, Spion, Krankenwärter, Pfarrvikar ein abenteuerndes Leben führte und in humoristisch-satirischen Zeitromanen niedrigsten Geschmacks, wie in seiner schamlos offenherzigen Selbstbiographie Sittenbilder, insbesondere aus dem akademischen Leben von Halle und Gießen, entrollte".

Wie Laukhard liefen auch damals noch viele der davongejagten Studenten unter die Soldaten. Oder sie gingen wie Schulz zu den Komödianten. Oftmals wechselte das eine mit den andern.

Joseph Anton Christ, einer der bedeutendsten Schauspieler seiner Zeit, entsprang einem Jesuitenkollegium, wurde erst Soldat, und ging nach Beendigung des Siebenjährigen Krieges zur Bühne. Er hinterließ gleichfalls reizvolle Memoiren[412]).

Gegen Ende des 18. Jahrhunderts hatten sich die sittlichen Verhältnisse der

Studentenschaft in den größeren Universitätsstädten erheblich gebessert.
Die Renommisterei trat nun nicht mehr so kraß zu Tage wie vordem, der
Pennalismus war entweder ganz entschlummert oder auf ein erträgliches
Maß zurückgegangen, aus den Schoristen waren Fuchsmajore, aus den Pen-
nälern Füchse, Leibburschen geworden.

Dennoch wollten die Klagen über Studentensitten nicht ganz verstummen,
oft übertrieben und bewußt unaufrichtig.

Die strengsten Richter waren, im Gegensatz zu früher, die Lehrer und Professoren, dann natürlich die Geistlichkeit, eingedenk ihrer Missionstätig-
keit.

Aber auch aus der Studentenschaft heraus unternahm manch ein Musensohn Bekehrungsversuche an seinen Kommilitonen. Natürlich nur schriftliche. Wer setzt sich gern Verbal- und anderen Injurien aus? Zu den
bedeutendsten Schriftwerken dieser Art gehört „Wollüstige und verstandlose
Jugend, Eines reuigen Studenten, Nicht allein den Gelehrten, sondern einem
jeden Christen . . . nützlich. Von einem hiebevor durch des Teuffels Wirckung
verführten, numehr (so) aber durch GOttes Erleuchtung bekehrten Schrifft-
gelehrten . . . . auffgesetzet. Anno Christi 1664".

Der Verfasser dieses Buches, dessen Widmung an Jesus Christus gerichtet
ist, war Balthasar Kindermann, geboren 1636 in Zittau, gestorben 1706 als
Pastor in Magdeburg. Kindermann, der auch einen „Schoristen Teufel"
geschrieben hat, war durchdrungen von dem Vorhaben, die Studentenwelt
zu bessern [413]). Fünfmal kam seine Arbeit heraus, das letztemal in Frankfurt a/M. 1749. Ihre Verbreitung verdankt sie trotz aller Überzeugungstreue
ihres Verfassers wohl hauptsächlich ihrem Werte als Kuriosität.

Ein nur flüchtiger Rundblick über die Sittenzustände der deutschen Universitäten in der zweiten Hälfte des achtzehnten Jahrhunderts nach zeit-
genössischen Quellen soll dieses Buch beschließen.

Göttingen, „die Königin der deutschen Universitäten", seine Hörer und
sein „Frauenzimmer" kommen in dem Buche des Schweizers Carl Friedrich
August Hochheimer [414]) sehr schlecht weg. Im Gegensatz zu anderen Schriftstellern dieser Art, ist Hochheimer sehr zurückhaltend. Er verteilt Lob und
Tadel gleichmäßig, wohl um den Schein seiner betonten Unparteilichkeit
zu wecken. Wir werden trotzdem gut tun, seine Mitteilungen cum grano
salis entgegenzunehmen. Er sagt: „Es ist unglaublich, wie selten in Göttingen unter den Mädchen die Tugend der Keuschheit ist. Kaum sind sie
zur Mannbarkeit gekommen, so ma hen sie auch schon Gebrauch davon.

und man wird sehr selten sich nach einem Mädchen erkundigen — ihr
Ansehen sei auch noch so ehrbar — von der (so!) man nicht erfähret, daß
sie wenigstens schon ein Kind gehabt hat. Die Lustseuche war im verwichenen
Sommer so allgemein, daß verschiedene meiner Bekannten, welche sich mit
dergleichen Curen abgeben, viele, die sich bei ihnen meldeten, wegen der allzu-
großen Menge wieder abweisen mußten. Man hat mich berichtet, daß schon
vorlängst der Vorschlag gethan worden sey, ein öffentliches privilegirtes
Haus zu errichten, daß es aber (die Professoren) Pütter und Leß durch ihre
Gegenvorstellungen wieder hintertrieben hätten. Eigentlich hätte auch die
Polizey dagegen sein sollen, weil durch ein solches Monopolium so wohl
den Bürgerstöchtern, als den Dienstmägden, ein großer Theil ihrer Einkünfte wäre entzogen worden; denn alle diese opfern ihre Ehre nicht der
Wollust allein, sondern auch dem Gewinst auf. Die Bürgerstöchter samt
ihren Eltern erkundigen sich daher genau um die Vermögensumstände
ihres Liebhabers, ehe sie sich mit ihm einlassen, und derjenige, der sich
alsdann in ihren Schlingen fangen lässet, macht dadurch leicht einen Aufwand von drey bis vierhundert Thalern, ohne die Verpflegungskosten des
Kindes bis in das zwölfte Jahr, oder behält, was noch schlimmer ist, die Geliebte gar am Halse".

Über die geschlechtlichen Ausschweifungen der Göttinger Studenten aus
der Zeit im letzten Viertel des achtzehnten Jahrhunderts verbreitet sich
neben Laukhard, der 1778 in Ulm ohne Verfasserangabe erschienene „Briefwechsel dreyer akademischer Freunde" in wahrhaft schauerlichen Schilderungen [415]).

Auch die Stammbucheintragungen dieser Zeit spiegeln die sexuelle Ein-
stellung der Einschreiber wieder, oft in übertrieben derber Weise. Aus
ihrer Fülle sei eine ausgewählt, die so witzig ist, daß sie förmlich zur Aufnahme zwingt.

> Ich wollt einmahl ein Mahler sein
>   Und meine Schöne mahlen.
> Ich mahlte sie recht hübsch und fein,
>   Die Augen voller Strahlen,
> Ich mahlte Arme, Hand und Brust
>   Und alles ohne Flecken,
> Doch als ich in die Mitte kam,
>   Da blieb ich stecken. (1761.)

Von der Schönheit der Erlanger Mädchen macht A. G. F. Rebmann[416])
nicht viel Rühmens. Er hält die Bambergerinnen und die Nürnbergerinnen
reizvoller als die Erlangerinnen, diese aber für „weit belesener und polirter
als ihre Schwestern in Göttingen und Jena". „Aber ach! wie wenig unver-
dorbene Kinder der Natur sind unter ihnen anzutreffen? Wäre ich in Erlangen
oder überhaupt auf einer Akademie Vater einer Tochter, so würde ich sie
so bald als möglich aufs Land zu bringen trachten, ehe sie noch ein Gegenstand der männlichen Anbetung oder -Verführung würde. Sobald hier ein
Mädchen aufzublühn anfängt, schwärmen hundert Schmetterlinge um sie
herum, das Mädchen hört von hundert Zungen nichts als ihre Schönheit
rühmen, ließt etwa einige empfindsame Romane und fängt bald selbst an,
welche zu spielen. Dann, gute Nacht, Tugend und Unschuld, das gute Geschöpf wird zum wenigsten eine Coquette". „Stipendien-Schürzen, wie an
anderen Orten, sind zwar hier nicht zu holen, weil es hier wenige junge
und reiche Weiber — in Nürnberg möchten Fälle dieser Art eher zu finden seyn — giebt, welche ihren Cicisbeo gegen baare Bezahlung unterhalten
könnten, aber an Weibern, die um schnöden Gewinstes oder um schnöder
Wollust willen, ihre eheliche Treue brechen, und an Männern, die ihren
Kopfschmuck geduldig tragen, ist demohngeachtet kein Mangel".
Die besseren Familien hüteten sich, die Studenten ihren Töchtern allzu
nahe kommen zu lassen, oder, wie sich Michaelis in Göttingen ausdrückte,
„ihre Töchter zu Schleifsteinen gebrauchen zu lassen", und man kann sich
denken, daß gesellschaftlicher Anstand und gute Sitten bei den meisten Studenten vergeblich gesucht wurden, da ihnen der Verkehr mit der besseren
Gesellschaft unmöglich gemacht war. Die meisten Liebschaften hatten die
Erlanger Studenten mit Bürgerstöchtern niederen Standes, „hübsche Kinder, die warme Anhänglichkeit und Herzensgüte besitzen, für die es schade
ist, daß sie mißleitet werden". „Ich weiß Fälle", berichtet Rebmann, „wo
Mädchen ihren Liebhabern, wenn sie in Noth kamen, 100—200 Gulden
vorstreckten, und durchaus keine Geschenke von ihnen annahmen"[417]).
Einen erschreckenden Blick in die Entsittlichung der Universitätsstädte
würde die Behauptung eines sonst recht kundigen Thebaners gewähren,
wenn sie in dieser Verallgemeinerung nicht übertrieben wäre. Er spricht
von einer „Teutschen Universität, allwo das Frauenzimmer öffentlich be-
kennet, es sey ihnen schimpflich, wann sie nach 14 Jahren annoch Jungfern wären"[418]).
Gottsched malt die Studenten seiner Zeit in kräftigen Strichen wie folgt[419]):

„Es ist nichts übrig, als daß ich jungen Leuten, die auf Akademien kommen, den Wahn benehme: als könnten sie nicht für rechtschaffene Burschen gelten, dafern sie sich nicht mit einem jeden, der ihnen ein wenig zu nahe kommt, herumschlügen. Diese schädliche Einbildung ist sonderlich bey uns (in Leipzig) und in Jena gewöhnlich; da hingegen auf den andern Akademien dieses bey weitem so sehr nicht eingerissen ist. Es würde manchem, der auf unsern Universitäten nicht bekannt ist, sehr wunderlich vorkommen, wenn man ihm sagen sollte: daß man so gleich aus dem äußerlichen Ansehen eines Studierenden urteilen könne, auf welcher Akademie er sich aufhalte. Und doch ist nichts so leicht, als dieses. Man darf nur auf die einzigen Degen sehen, die sie an der Seite haben. Eine lange Stoßklinge, und ein gelbes Gefäß mit einem großen runden Stichblatte ist ein untrügliches Merkmal eines Hallensers. Ein schwarzes eisernes Gefäß ist das Kennzeichen eines Jenensers. Eine breite Klinge ist wittenbergisch. Und ein kleiner Galanteriedegen ist das Kennzeichen eines Leipzigers. Diese letztern sehen in diesem Stücke am vernünftigsten aus; und obgleich unsere Klopffechter sich des Lachens nicht enthalten können, wenn etwa ein artiger Leipziger mit dem Hute unter dem Arme, und mit einem Affektionsbändchen an seinem kleinen Gewehrchen, über unsern Markt geht: so ergötze ich mich doch allezeit über diese vernünftige Mode, und kann versichern, daß vielen von unsern hällischen Frauenzimmer ihre Liebhaber weit besser gefallen würden; wenn sie auch ihre lange Mordeisen in kurze Federmesserchen, und ihre Schlägerpositur in die Gestalt eines angenehmen Stutzers, verwandeln möchten".

Zwei Typen von Leipziger Musensöhnen charakterisiret Herr Professor Gottsched nun weiter:

„Seladon ist eines Kaufmanns zärtlich erzogener Sohn. Seine Wechsel kommen so stark von seinem Vater als er selbst wünscht; und seine Mutter weiß ihm noch über das, hundert oder mehr Taler, extra Geld zu schicken. Des Morgens schläft er ordentlich bis acht oder halb neun Uhr. Dann trinkt er bisweilen in, bisweilen außer dem Bette seinen Kaffee: er steht auf, und zieht seinen seidenen Schlafrock an. Er nimmt seine Violdigambe und spielt einige Partien her. Um zehn Uhr kommt sein Lehrmeister auf dem Claviere, der ihm innerhalb eines Jahres schon sechs oder sieben Stücke beygebracht hat. So bald dieser weggeht, steht Seladon eine Viertelstunde am Fenster und liest Hofmannswaldauen oder Menantes verliebte Gedichte, oder sieht, was auf der Straße vorgeht. Er nimmt sein Zahnpulver, und

spült sich den Mund aus. Sein Peruckierer kommt; er setzt sich, und läßt
das Haar fast täglich nach einer anderen Art kräuseln. Er greift nach der
Taschenuhr, und sieht, daß es bald zwölf Uhr sey; darum kleidet er sich
an. Die Schuhe sind ihm auch auf einfach seidenen Strümpfen so enge,
daß er sie kaum mit Hülfe seines Dieners anziehen kann. Das Kleid ist mit
einer goldenen Borte eingefaßt, und die Wäsche muß täglich weiß seyn.
Er bringt eine gute Zeit vor dem Spiegel zu, besieht bald den geschickten
Fuß, bald das weiße Angesicht, bald die diamantnen Ärmelknöpfe, bald die
ganze Stellung des Leibes. Jetzo übt er sich, eine liebliche, bald eine spröde,
bald eine verächtliche Miene zu machen. Darauf neigt er sich mit der größten Artigkeit etliche Mal vor sich selbst, fängt auch wol überlaut an, ein
Compliment zu machen. Er zieht mit einer ungezwungenen Art die goldene
Tabaksdose hervor, und nimmt, gleichsam als in Gedanken, doch mit zier-
licher Bewegung der Finger, etwas heraus. Die Nase wird ihm zwar ziemlich gelb davon; allein das soll so seyn. Dann steckt er den silbernen französischen Degen an, nimmt sein Rohr mit dem goldenen Knopfe, und geht
zu Tische. Diesen hat er mit gutem Bedachte nicht in einem öffentlichen
Gasthause; sondern bey einem Correspondenten seines Vaters genommen,
der eine artige Frau und schöne Töchter hat. Sein Gang auf der Straße ist
zierlich. Die Schritte sind enge, und die Augen fliegen beständig nach allen
Fenstern, wo er ein Frauenzimmer vermutet. Erblickt er irgend was weißes,
so zieht er den Hut mit der verpflichtetesten Art und einer lächelnden
Miene ab. Er kommt hin, und sie setzen sich zu Tische. Man scherzt, man
lacht, man erzählt allerley Neuigkeiten, die in der Stadt vorgehen; wie
dieses oder jenes Frauenzimmer vergangene Nacht ein Ständchen bekommen; wie ihre Nachbarin scheel darüber gesehen, und wie man nicht wissen
könne, ob es ihr von diesem oder jenem Anbeter gebracht worden? In
diesem Hause ist das Aufwartmädchen zu Falle gekommen. Dort wird von
der Jungfer übel gesprochen; und anderwärts redet man von einem gedul-
digen Ehemanne. Dann verfällt man auf allerhand Romane. Ein jeder
rühmt diejenigen, die er gelesen, wiewol er sie fast alle gelesen hat. Die
Mahlzeit ist geendigt: der Wirt steht auf, und er geht.
Die Frau bittet den Tischgänger, bey ihr zu bleiben. Monsieur Seladon, sie
werden so gütig seyn, und ein Schälchen Kaffee mit mir trinken. Votre
Serviteur, Madame, ist seine Antwort, wenn sie mir die Erlaubnis geben,
so muß ich gehorsamen. Die Wirtin fährt fort: Sie können zugleich sehen,
ob meine Tochter in ihrer Tanzstunde etwas zugenommen. Dabey werde

ich mir ein großes Vergnügen machen, antwortet er, ja selber Gelegenheit finden, einer so geschickten Demoiselle was abzulernen. Sie belieben zu scherzen, versetzt die Tochter, denn ich scheue mich fast, in der Gegenwart eines so guten Kenners zu tanzen. Indessen kommt der Tanzmeister. Er sieht erstlich zu, lobt das schöne Kind, die freyen Manieren, die gute Stellung des Leibes und die richtige Cadanz, welche zu erweisen, er selbst den Takt schlägt. Er bittet sich selbst ein Menuet aus, und legt eine Probe seiner Geschicklichkeit ab. Der Kaffee ist fertig, sie setzen sich. Und er unterhält seine Wirtin mit lauter Schmeycheleien. Er erzählt, wie dieses oder jenes Frauenzimmer neulich auf der Hochzeit so elend getanzt, oder im Tanzen so grobe Fehler gemacht, daß sie allen Zuschauern zum Gelächter geworden, u. d. m. Man nimmt endlich die Lomberkarte hervor und spielt, bis es wieder Tischzeit ist, und der Wirt nach Hause kommt. Sie speisen, und Seladon geht nach der Mahlzeit wieder nach Hause. Die Frau weiß die Artigkeit ihres Kostgängers gegen ihren Mann nicht genugsam zu rühmen. Ach welch ein artiger Mensch ist er doch! Wie weiß er so wohl mit Leuten umzugehen? Ich habe seines gleichen nicht gesehen. Nach elf Uhr, als man sich zur Ruhe begeben, kommt eine schöne Musik von weitem hergezogen. Die Frau reißt sich aus den Armen ihres Mannes, und läuft zum Fenster, um zu sehen, wo dieses Ständchen hinziehen werde. Und wie freut sie sich nicht, als ihr selbst von dem galanten Seladon diese Ehre wiederfährt, und alle Nachbarn solches mit Verdruß gewahr werden müssen.

Dieses ist kaum die Hälfte von demjenigen, was ich mir von diesem jungen Menschen angemerkt habe. Wiewol ich muß abbrechen, um für den andern, den ich von Rittersdorf nennen will, einen Platz zu behalten. Dieser hat eine ganz andere Lebensart als der andere. Frühmorgens um fünf Uhr geht er mit der Rute in der Hand auf die Reitbahn. Er kommt zurück, und begibt sich auf seine Studirstube. Nachdem er sich die Stiefel ausziehen lassen, liest er ungefähr eine Stunde, im Bette sitzend, doch so, daß er von einem Buche aufs andere fällt. Seine Bibliothek besteht aus lauter französischen Romanen, und Sammlungen vermischter Historien, und lustiger Einfälle. Seine Wissenschaft in dieser Sprache hat er einem armen Mädchen zu danken, die seine Ältern im Hause gehabt, und seine Mama hat das ihre auch dazu beygetragen. Man kann also leicht denken, wie weit er es darin gebracht habe. Dem ohngeachtet ekelt ihm vor allen Büchern, die in seiner Muttersprache geschrieben werden; wie er denn auch unsere Blätter nicht lesen will, weil es seiner Meynung nach nicht möglich ist, daß diese deutschen Zettel einiger Galanterie fähig seyn sollten. Wenn wir wenigstens den Titel curieuse Penseén der raisonablen Tadler-Assembleé genannt hätten, so würde es ihm noch einigermaßen galant geklungen haben. Doch hierbey wollen wir uns nicht aufhalten. Er kleidet sich anders an, und begibt sich um zehn Uhr auf das Kaffeehaus, liest die französischen Zeitungen, und redet von lauter Staatssachen. Er besetzt den Kaiserthron in Moskau. Er führt die protestantischen Armeen bis nach Krakau, und treibt die Katholiken zu paaren. Die Friedenshandlung zu Cambray soll auf seinen Wink zu Stande kommen, und England muß den Spaniern wider Willen Gibraltar wiedergeben. Um elf Uhr geht er auf den Fechtboden, nimmt Lection, und ficht contra, bis es Tischzeit ist. Dann geht er in das beste Weinhaus zur Mahlzeit, wo die meisten Fremden einkehren. Er läßt sichs wohl schmecken, und trinkt sein Glas Wein mit gutem Appetite. Nach Tische geht er mit guten Freunden aufs Kaffeehaus, und vertreibt sich vier bis fünf Stunden mit dem edlen Billard. Von da geht er in eine Gesellschaft, wo jemand seiner Landsleute einen Valetschmaus gibt, und die Pauken und Trompeten sich wohl hören lassen. Er trinkt sich nebst andern einen derben Rausch, zieht mit dem ganzen Chore durch die finstern Straßen, und vor allen Türen, wo einer aus der Gesellschaft eine Schöne zu kennen vorgibt, muß ein angenehmes Stück geblasen werden. Man trinkt auch wol unter freyem Himmel Gesundheiten, und das Wörtlein hoch! läßt sich oft besser, als die Waldhörner, hören. Endlich macht das Feuerwerk, welches ihre Degenklingen auf dem Pflaster erwecken, einen Schluß der ganzen Lustbarkeit, und der Herr von Rittersdorf geht auf eine galante Weise zu Bette"[420]).

Ein „Unparteiischer Beobachter" faßt seine Erfahrungen über die Ausschweifungen in Halle dahin zusammen:

„Der Hefen (so) des weiblichen Geschlechts kann in den größten Städten nicht verdorbener sein, als er in Halle ist und leider ist, glaube ich, die Anzahl desselben verhältnismäßig noch größer, als er nur irgend in den Hauptstädten sein kann. Ich will hiermit, mein Lieber, nicht so viel sagen, als gäbe es der zur Befriedigung der Wollust bestimmten Häuser hier eine so große Anzahl, (ob es gleich — dies ist ein Theil meines politischen Glaubensbekenntnisses — besser wäre, wenn es deren hier mehr gäbe, und die Policei ein wachsameres Auge auf sie hätte), sondern ich rechne zu diesen Hefen des Hallischen Weibervolkes vorzüglich die Studentenaufwärterinnen. Wahrlich, mein Bester, zehn förmliche Freudenhäuser können

den hiesigen Jünglingen nicht so gefährlich sein, als es fünf wollüstige
Aufwärterinnen sind, und deren giebt es leider eine ungeheuere Anzahl.
So viel Liebe zur Tugend, so viel Reinheit der Sitten bringt noch immer
bei weitem mehr als die Hälfte der jungen Leute, wenigstens von denen,
die aus kleinen Provinzialstädtischen Schulen kommen, mit auf die Akademie, daß sie einen natürlichen Abscheu vor dergleichen Häusern haben,
und den ersten Besuch derselben gewiß vermeiden. Aber wie viele Hunderte
dieser unschuldigen Jünglinge mögen wohl schon das Opfer der Wollust
und des Eigennutzes einer Schlange von Aufwärterinn geworden sein. Nur
sie sind die Wekkerinnen der schlummernden Triebe, nur sie die Verführerinnen der unschuldigsten Jünglinge. Sie sind, versteht sich, auf Aufwär-
terinnenart, die kokettesten Geschöpfe, die es nur giebt, erst reizen sie die
Neugierde, und dann fachen sie die geweckten Triebe zu Begierden an und
— die Zeit ist vorbei, wo der Jüngling unschuldig war. O könnte ich doch
jedem Jüngling, der noch reines Herzens ist, zurufen: wähle dir zur Wohnung ein Haus, wo dir von einer Person aufgewartet wird, die häßlich ist,
wie die Nacht. Die hübschen Aufwärterinnen gleichen den übertünchten
Gräbern: äußerlich sind sie schön und zierlich, inwendig aber sind sie voll
Greuels".

Im Hallenser Wörterbuch der Studentensprache heißt es bei dem Artikel
Aufwärterin: „ist ein weibliches Geschöpf, welches den Studenten ihre Bedürfnisse herbeischafft. Hierzu gehört mancherlei, wovon die eigentliche
Aufwartung das Wenigste ist. Oft wartet auch der Student der Aufwärterin
auf und muß gewöhnlich auf sie warten, wenn dieselbe mehrere zu besorgen hat. Häufig haben sie auch die Auslagen für Bedürfnisse und machen
sich dabei manchen Schwänzelpfennig, werden aber sehr oft getreten und
bekommen nicht immer die Bezahlung. Über das Genus derselben hat man
sich oft gestritten. Einige ältere Grammatiker halten sie für generis feminini,
Andre meinen, sie wäre generis communis, die Mehrsten und Neusten aber
halten sie für generis omnis. Für Neutra hat sie, so viel mir bekannt ist,
noch niemand gehalten"[421]). Kindleben hatte nur geschrieben: „Aufwerte-
rinnen nennt man in Leipzig junge Mägde, tragen den Burschen ihre Bedürfnisse zu, machen gern Schwänzelpfennige, sind gemeiniglich faciles
accessu (leicht zu erobern), und pflegen den Comment zu verstehn".

Dieses Urteil erstreckt sich auch auf die Wäscherinnen — „Lotrix ist frey-
lich sonst generis foeminini, aber daß es auf Academien sehr offt generis
communis sey ist bekannt"[422]) — und Näherinnen, „dahero diejenigen,

welche sich um den Schaden des Academischen Josephs hertzlich beküm-
mert, schon längstens gewünschet, daß die Bedienung und Verrichtungen,
entweder durch feine ältliche Weibes- oder Manns-Personen geschehen
möchte"[423]).

Aber auch Alter schützte vor Versuchung nicht. Nicht der oft schon sehr
verblichene Reiz dieser Mädchen gefährdet die Unschuld und Unbefleckheit
der studentischen Jugend, urteilt ein Kenner, sondern hauptsächlich die
Gelegenheit, mit ihnen oft allein zu sein[424]).

Meiners geht sogar noch einen Schritt weiter, wenn er unter den Aufwärterinnen als Verführerinnen im schlimmsten Sinne des Wortes nicht
die jungen und niedlichen bezeichnet, sondern gerade die verblühen-
den, „die in ihrer schönen Zeit ein oder einige Male zu Falle gekommen
sind". „Diese locken am liebsten stille und bescheidene Jünglinge an sich,
nicht aus Eigennutz, oder brünstiger Üppigkeit, sondern weil ihnen Liebes-
Verständnisse oder eine geheime Ehe zur Gewohnheit geworden sind"[425]).

Auch die Wäscherinnen waren von jeher übel beleumundet. Die Statuten
der Stadt Jena verboten schon im Jahre 1704 den Bürgern durch ihre Töchter und sonstigen weiblichen Angehörigen den bei ihnen wohnenden Studiosen, wie bisher üblich gewesen, die Wäsche auf die Stube bringen und
von dort wieder abholen zu lassen, „da daraus öfters Unheil und Ungelegenheiten zu entstehen pflegen, und jedweder zur Erhaltung seiner und
seiner Kinder Ehre und guten Leumunds zu verhüten geflissen, wie auch
Schimpf, Schaden, und erstliche Besserung von sich und den Seinen abzu-
wenden bedacht sein wird"[426]).

Auch Göttingen kannte und achtete das Institut der Wäscherinnen nach
Gebühr, indem es sie und ihre Gehilfinnen zur gefährlichsten Klasse der
Frauenzimmer rechnete. Als weiteren Stein des Anstoßes war man in den
Universitätsstädten noch den sogenannten Studentenmüttern Gram. Das
waren diejenigen Weibspersonen, die an Studenten vermieteten, sie bemut-
terten, aber ihnen auch immer „im Bette gefällig waren". Manche von
ihnen hatten so viele Bettgäste wie sie Zimmer und Bewohner hatten. Aber
auch andere Bürgersfrauen aus allen Ständen sonnten sich in der Gunst
der Studenten.

Unter jenen Frauen, die Jakob Frey 1556 mit den Worten charakterisierte:
„Sie hett sich etliche mal inder den studenten verkrochen, also das sie übel
was verwundt worden; es schud (schadete) ir aber am leben nichts", ließen
sich Angehörige der allerbesten Familien nachweisen. Wie einst in alter

Tres faciunt Collegium

Aquarell

Stammbuchblätter aus dem 18. Jahrhundert

Landesbibliothek Weimar

Schoristen und Pennal (v. d. Heyden, Pugillus)

Vorlage zu einem Stammbuchblatt 1648

Bilder ohne Worte

Aus Stammbüchern der Berliner Lipperheidschen
Kostümbibliothek

Die heilige Gertrud und der fahrende Schüler
Statue auf der Gertraudenbrücke in Berlin
Alice Matzdorff, phot.

Zeit noch immer Frauen und Töchter von Professoren. Sie liebten es eben
nicht in die Ferne zu schweifen, wenn das Gute so nahe lag. Sehr bezeichnend sagt ein Stammbuchvers aus dem Jahre 1769:

Regula:

Communia sunt, die sich endigen auf in, als Aufwärterin und
Wäscherin,

excipe

die Frau Doctorin und Professorin;

observatio:

Doch lassen sich auch solche nach obiger Regel gebrauchen [427]).

Ein anderer Spruch aus demselben Jahre lautet:

Wenn alles knacken sollte, wenn man in Jena Ehe bricht,
Hörte man vor lauter Geprassel seine eigenen Worte nicht.

Dieser Vers ist auf Jena gemünzt, wenn er auch auf andere Hochschulstädte
passen mochte. Die Gebrüder Keil, die ersten Geschichtsschreiber des Jenaischen Studentenlebens, lassen sich über dieses in der zweiten Hälfte des
18. Jahrhunderts aus: Wo das Verhältnis der jenaischen Studenten jener Zeit
zu dem anderen Geschlecht nicht in förmliche Unzucht ausartete, da war
es doch in der Regel immer noch leichtfertig genug. Wenn man den Jenen-
sern auch nicht die Anschuldigungen machen konnte, wie den Wittenberger Hochschülern jenes Zeitraums, daß sie aus Lüsternheit nur den starken Viehmägden aufgewartet hätten, so ist doch so viel gewiß, daß die Studenten Jenas die Bürger- und Professorentöchter nicht allzu platonisch
liebten, und auch die Dörfer in der Nähe der Stadt nicht allein des Zechens
halber, sondern oft in der freundlichen Absicht besuchten, mit den schönen
,Bauernjungfern', bei denen die ,Staudenten', wie man sie nannte, (ein
Schimpfwort. Schon Meyfart sagte 1636, die Studenten seien eher Stauden-
ten und Heckenräuber zu nennen [428]) in hohem Ansehn standen, ihr Spiel
zu treiben. Gewiß ließ sich von den Jenenser Studenten dasselbe sagen,
was I. G. Schoch in seiner Studentenkomödie mit Rücksicht auf das in
Leipzig anführt: „Ihr wißt ja der Studenten Lieben wohl, heute diese,
morgen eine andere. — Das ist eben die beste Kunst, damit man die Jungfern am meisten berückt; so lange wir ihrer genießen können, so lange
lieben wir sie; haben wir, was wir von ihnen begehrt, erlanget, so lacht
man es ins Fäustchen, daß sie so innerlich angegangen" [429].

In seinem Brief über Erlangen erwähnt Rebmann der Cicisbeos, der be-
zahlten Liebhaber, einer Einrichtung, die in den Universitätsstädten nicht

selten gewesen zu sein scheint. Auch in dem Teil seiner Wanderungen und
Kreuzzüge durch einen Teil Deutschlands, der Leipzig behandelt, kommt
dieser seltsame Schriftsteller auf dieses Thema zurück. Er sagt: „Die glän-
zendste Rolle unter der erwerbenden Burschenschaft spielen die, denen
Zufall oder körperliche Vorzüge Zugang bei ältern oder jüngern Damen
geöffnet haben, welche Witwen oder mit den Fähigkeiten ihrer Ehekonsor-
ten unzufrieden sind. Bisweilen trifft dieses Glück junge Leute, denen es
an Mitteln fehlt. Auf einmal erscheinen sie dann nach neuester Mode ge-
kleidet, besuchen Konzerte, Opern, Kaffeehäuser, fahren und reiten öfters
aus und werden dabei weniger oder mehr blaß und hager, je nachdem nun
ihre Wohltäterinnen mehr oder mindern Fleiß in der Führung des ihnen
anvertrauten Amtes verlangen. In Leipzig erregen solche Bekanntschaften
weiter kein Aufsehen. Man führt unter irgend einem Vorwande den Freund
feierlich in die Familie ein; der Herr Gemahl selbst ahndet nichts Un-
rechtes dabei und sehen sich sogar genötigt, den jungen Mann seiner angeblichen Verdienste halber zu schätzen. Man hat Beispiele, daß dergleichen
Personen auf diesem Wege ihr Glück auf immer gemacht haben.

Mit diesen Freunden der Damen sind die nicht zu vergleichen, die mit ehrsamen Handwerks-, Wäscher- und andern Weibern und Witwen der Art
ein ehrliches Verkehr treiben. Diese bekommen ihre Funktion gewöhnlich
als ein auf der Stube, die sie bewohnen, haftendes onus und haben außer
einer Mahlzeit, Festtags etwan einer Chokolade und freier Wäsche, nichts
für ihre Bemühungen. Obendrein sind sie in Gefahr, ihrer Pfründe durch
den unsanften Arm des schmutzigen Eheherrn im Hui entsetzt und aus dem
Besitze des Lehns verjagt zu werden.

Noch unter diesen stehn im Range die armen Teufeln, welche Köchinnen
dieselben Dienste leisten. Sie müssen ihr Wesen am verstecktesten und be-
hutsamsten treiben und bekommen gerade am wenigsten dafür. Ein rußiges
Töpfchen Essen, das in ein Tuch gebunden und nach Hause getragen oder
wohl gar in einem Winkel der Küche von dem hungrigen Cicisbeo gierig
ausgelöffelt wird, ist fast der ganze Minnesold. Diese Herren stehen wie alle
wohlfeile Arbeiter in schlechtem Kredit; die ersten hingegen werden be-
neidet und geschätzt, ob sie gleich oft bei aller Kostbarkeit nicht so solide
Arbeit liefern als diese. Daß man unter der ersten Klasse keinen Theologen
antrifft, sondern bloß in den beiden letztern, darf ich wohl nicht erst erinnern. Das Studium an und vor sich würde die Damen geniren, wenn man
sich auch über Nebenumstände hinwegsetzen wollte“[430]). Den Liebeslohn

solcher männlicher Prostituierten nannte man „Sch . . . zdukaten", auch „Schürzenstipendium". Nach Kindleben war dies „eine Unterstützung, welche ihnen von einem verheyrateten oder unverheyrateten Frauenzimmer gereicht wird"[431]).

Diese reizende Einrichtung der käuflichen Liebe unter den Studenten war weder neueren Datums noch auf Leipzig beschränkt. Bei Christian Liebezeit in Hamburg erschien im Jahre 1709 der Roman: „Der Verliebte Studente / In einigen annehmlichen / und wahrhafftigen Liebes-Geschichten / welche sich in (so) einigen Jahren in Teutschland zugetragen. Der galanten Welt zu vergönter Gemüths-Ergetzung Vorgestellet / von Celander". Hinter diesem Celander hatte man bisher einen gewissen Johann Georg Gressel vermutet, doch dürfte der wirkliche Verfasser dieses Romanes und zahlreicher Gedichte, „die zu dem geilsten gehören, was je in deutscher Sprache gedruckt worden ist", ein gewisser Ch. Woltereck sein, ein gewesener Theologe. Das sehr seltene Original, von dem nur sehr wenige Exemplare erhalten sind, ist ebenso gesucht, wie der Neudruck, der aus dem Handel verschwunden ist.

In diesem Romane wird mit einer rührenden Selbstverständlichkeit dahingestellt, daß sich der Liebhaber entlohnen läßt. „Der Liebhaber ist meist ein armer Schlucker, deshalb hält es die Geliebte für ihre Pflicht, zu seinem Unterhalt und zu seiner Equipierung tüchtig beizusteuern, denn die Gefahr besteht immerhin, daß der Amant ihr von einer anderen zahlungsfreudigeren Schönen, namentlich wenn er sich mehr als durchschnittlicher körperlicher Reize und Kräfte erfreut, abspenstig gemacht wird"[432]). Mit der Naivität, die einer besseren Sache würdig ist, erzählt der Held Infortunio sein Abenteuer mit Cleophis, zu der er durch einen Irrtum der Magd Margo beschieden worden, und die er verließ, „weil der Schlaf ihr bereits die Augen einzunehmen mit Macht begunte. Doch mußte ich ihr / sie folgendes Abends wieder zu besuchen / mit Hand und Mund versprechen. Ehe ich aber aus dem Zimmer gieng / reichte sie mir nebst einem feurigen Kusse einen versiegelten Beutel / mit den Worten: Nehmet an / mein liebster Engel / dieses wenige Gold / als ein Zeichen meiner Liebe gegen euch / nicht aber als eine Belohnung vor die mir geleisteten Dienste / als welche ein weit größers und mehrers würdig sind". Infortunio verläßt nach „höflicher Bedanckung und verpflichteten Abschieds-Ceremonien" die generöse Dame, um sich zu ihrem Kammerzöfchen zu begeben. Nachdem er auch dieser jungen Dame seine Liebe auf das Deutlichste versichert, will auch sie ihm etwas schenken. Stolz weist er dies aber zurück, und belohnt sie, da Dukaten in seiner Tasche klingeln, mit drei Gulden und einem Abschiedskuß. Er spricht noch dann weiter von „dreyen artigen Mädgens / welche Profession machten / sich von den Burschen vor Geld bedienen zu lassen". Bei dieser Gelegenheit erfahren wir auch, daß die Leipziger Damen Konfekte, „welche aus solchen Sachen die zur Liebe reitzeten" bestanden, für ihre Galane vorrätig hielten.

Den Gegensatz zu den zahlenden Schönen in den studentischen Kreisen bildete eine sonderbare Mädchengattung: „die Charmante", wie sie Zachariä nennt. Diese Scharmante ist so ein Stück Dulcinea von Toboso, eine Frawe, die Angebetete, hin und wieder, aber nicht immer, die Geliebte. Sie ist häufig ein Mädchen aus den unteren Ständen, dessen Dienst sich der Student weiht, dessen Ehre er gegen jeden mit dem Degen verteidigt, das er schmachtend umtänzelt, ohne sich aber Zwang aufzuerlegen, die von dieser Scharmanten entfachten Gefühle anderswo zu kühlen.

Das Institut der Scharmante ist ein notwendiges Requisit der Burschen jener Zeit[133]). In ihm zeigt sich auffällig die Zwiefältigkeit des damaligen Studentenlebens, das hier die althergebrachte Roheit mit Hingebung erhalten will, dort sich als Stutzer gebärdet, und die damals für unentbehrlich gehaltene Einrichtung der Mätressen auf seine bescheidenen Verhältnisse zu übertragen sucht. Auf einem Stammbuchblatt aus Jena sind die Scharmanten unter den „Studentenmöbeln" abgebildet, freilich unter den „gefährlichen"[434]). Man unterschied aber bei den Scharmanten sehr fein „wahrhaftige", „Spaß-" und „Trampelscharmanten". Diese letztgenannten sind die von den Studenten platonisch durch Fensterpromenaden, also „Pflastertrampeln", angehuldigten Schönen.

Laukhard erwähnt die Scharmanten: „In Jena hat jeder Bursch seine sogenannte Scharmante; das ist ein gemeines Mädchen, mit welcher er so lange umgeht, als er da ist, und das er dann, wenn er abzieht, einem anderen überläßt".

Die wahre Liebe war das nun gerade nicht. Etwas besser kommen Bursch und Scharmante im vierten Gesang von Zachariäs Renommist weg. Dort heißt es:

> Bei den Jenensern ist ein alt Gesetz in Ehren,
> Daß alte Bursche stets die junge Nachwelt lehren;
> Das man mit Ehrfurcht sagt, und unverbrüchlich hält,
> So lang in Jena noch die Freiheit sich erhält.

Der Student à la mode in Kiel

Kupfer aus dem 18. Jahrhundert

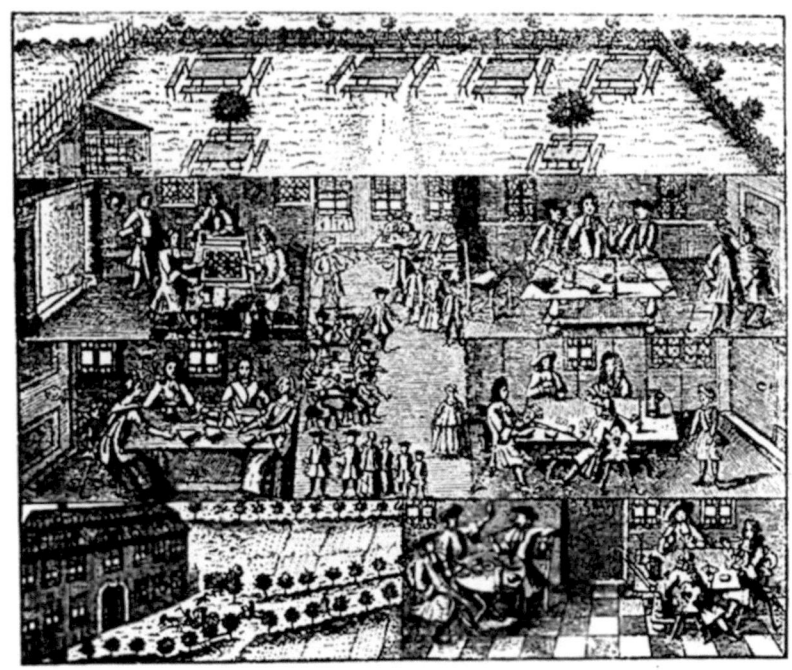

In einer Studentenkneipe vor den Toren von Leipzig

Kupferstich aus dem Jahre 1715

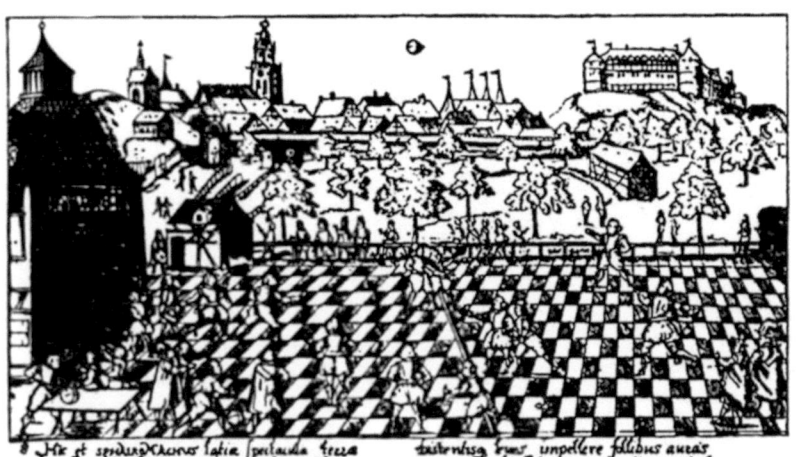

Ballspiel der Tübinger Studenten
nach Jo. Christof Neyffer.

1589. Kpfr. von L. Dizinger

Studenten um 1730

Lipperheide

Göttinger Bursche um 1785

Kupfer von Riepenhausen im Lauenberger Kalender

Leipziger Studenten

Kupfer von Riepenhausen. 1785

Studentenlust auf dem Marktplatz in Göttingen,
um 1750

Dies ist's: So oft man sich vor volle Gläser setzet,
Wählt sich der nasse Bursch ein Mädchen, das er schätzet.
Zu der Charmante wird sie festlich declarirt,
Und den Amanten nie mit andrer Art entführt,
Als sich auf offnem Markt den Hals mit ihm zu brechen;
Und, wenn es Freunde sind, in Bier sie abzuzechen.
Man säuft sich von Verstand blos auf ihr Wohlergehen.
Man kennt die Schöne nicht, als das man sie gesehen;
Doch dies ist g'nug, deshalb die Schnurrbartei zu stürmen,
Und sie mit Bier und Blut herkulisch zu beschirmen;
Die Renommisten sind's, die dies Gesetz erhöht,
Durch deren Heldenstahl es immer noch besteht. —

Über dieses Gesetz findet sich in einer seltenen Schrift aus dem Jahre 1747,
die den Titel „Hospitium" führt, allerlei Näheres angeführt. Nämlich:
Nachdem sich die Landsleute im Zimmer eines der Ihrigen versammelt,
bringt zu Beginn der Hospes ‚Allerseits Wohlsein' aus, von den übrigen
mit ‚fiducit' und einem Ganzen erwidert. Später folgen weitere Gesundheiten „eines jeden Gastes Wohlsein in specie", „allerseits Scharmanten",
dann die „Scharmanten in specie", nämlich in loco, in patria (daheim), in
loco tertio". Die Einheimischen, Quarks genannt, trinken die Scharmanten
statt in patria die Scharmanten extra patriam. Verheiratete Frauen oder
Mädchen unzweifelhaften Rufes dürfen beim Hospiz nicht als Scharmanten
genannt werden; dagegen ist jeder verpflichtet, eine nach dem Brauch zu-
lässige Scharmante anzugeben. Wenn sich über Qualität oder über die reale
Existenz der Genannten Zweifel erheben, so muß der Verzweifler zwei
Zeugen haben, die ihre Aussage mit je einem Ganzen „beschwören". Hat
aber der Betreffende ebenfalls zwei Zeugen, und schwört er überdies mit
einem Ganzen das ‚suppletorium', so passiert die Dame, wenn nicht schon
vorher der Hospes durch seine unanfechtbare Parteinahme die Frage ent-
schieden hat.

Ehe der Hospes eine Scharmante ‚ausbringt', fragt er nämlich unter Nennung
ihres Namens, ob jemand etwas dagegen einzuwenden habe. Außer einem
Widerspruch der eben genannten Art kann es nun auch vorkommen, daß
einer die betreffende Scharmante für sich reklamiert. Dieses gibt Anlaß zu
einem ‚Prozeß', der in folgender Weise ausgetragen wird: A ‚schwört' dem
B ein bis drei Ganze vor. B ‚holt sich nach' und schwört dem A ebensoviel
vor usw., bis einer sich besiegt erklärt. Das heißt man einem seine Schar-

mante abschwören. Der unterliegende Teil kann sich dadurch rächen, daß er ihm sogar ‚pro affectione seiner Scharmanten' so viel vorschwört, bis er ihn zur Übergebung zwingt. Solche Prozesse wurden nicht nur um wahrhaftige, sondern auch um Spaßscharmanten geführt. Ja es kam vor, daß zwei um ein Frauenzimmer stritten, mit dem noch keiner der Rivalen ein Wort gesprochen hatte. Aus diesem Brauche, der doch offenbar nur scherzhaft gemeint und auf Steigerung der Trinklust berechnet war, haben manche Autoren Ernst machen wollen, und behauptet, die Burschen des 18. Jahrhunderts hätten sich in Wahrheit ihre Geliebten ‚in Bier abgesoffen' und das Resultat des Wettstreites auch corporaliter in die Praxis übersetzt. Daß das ein Unsinn ist, liegt auf der Hand, abgesehen davon, daß das fragliche Mädchen doch auch etwas mit dreinzureden hatte [435]). Wer nach Laukhards Angaben vielleicht geneigt wäre, den Brauch ernst zu nehmen, den belehrt Zachariä eines besseren. Für diese Zeit hat „Der Renommist", das komische Heldengedicht von Justus Friedrich Wilhelm Zachariä aus Frankenhausen in Thüringen (1726—1777), beinahe urkundlichen Wert, „weil der jugendliche Verfasser den Stoffkreis, aus dem er schöpfte, ganz genau kannte und damit einen Weg einschlug, den man schon mehrmals seit dem 16. Jahrhundert mit Erfolg betreten hatte" [436]). Der Inhalt des vielgenannten, aber im Grunde nur wenig gekannten Büchleins des bei seiner Niederschrift kaum Jüngling gewordenen Dichters, sei ganz flüchtig nach Wilhelm Scherer skizziert: „Sein Held ist ein relegierter Jenenser Student namens Raufbold, der nach Leipzig kommt, mit alten Jenenser Genossen zecht und lärmt und die Häscher prügelt, den aber eine Leipziger Schöne so sehr entflammt, daß er um ihretwillen sein Äußeres zivilisiert und seinen Kopf durch einen französischen Friseur bearbeiten läßt; doch erntet er nur Spott bei der Dame. Ein galanter Leipziger Student, ihr Günstling, besiegt ihn im Duell, und er zieht beschämt nach Halle ab".

> Mit Herrlichkeit umringt und Lorbeern stolz umlaubt,
> Erhob die Mode nun mit neuer Pracht ihr Haupt;
> Und die Galanterie ging nach der Jen'schen Saale.
> Da wurden Stutzer reif an ihrem holden Strahle,
> So artig, so geputzt als Leipzigs Stutzer ist;
> In ew'ge Schande fiel der Name Renommist.

Den in diesen Schlußworten des Renommisten beschriebenen Sieg der Mode über diesen Nachkommen des Grobianus erwähnt auch Goethe im sechsten Buch von Dichtung und Wahrheit, wo er in Erinnerung an seine Leipziger

Studienjahre sagt: „In Jena und Halle war die Roheit aufs Höchste gestiegen, körperliche Stärke und Fechtergewandtheit, die wildeste Selbsthilfe war dort an der Tagesordnung .... Dagegen konnte in Leipzig ein Student kaum anders als galant sein, sobald er mit reichen, wohl und genau gesitteten Einwohnern in einigem Bezug stehen wollte". „Alle Galanterie freilich", fährt er fort, „wenn sie nicht als Blüte einer großen und weiten Lebensweise hervortritt, muß beschränkt, stationär und aus gewissen Gesichtspunkten vielleicht albern erscheinen; und so glaubten jene wilden Jäger von der Saale über die zahmen Schäfer an der Pleiße ein großes Übergewicht zu haben. Zachariäs „Renommist" wird immer ein schätzbares Dokument bleiben, woraus die damalige Lebens- und Sinnesart anschaulich hervortritt". Aber der junge Goethe hatte Gefallen an dem galanten Wesen der Leipziger Bursche gefunden.

„Von unserm Goethe zu reden! — Wenn Du ihn nur sähst, Du würdest entweder vor Zorn rasend werden, oder vor Lachen bersten müssen .... Er ist bei seinem Stolze auch ein Stutzer, und alle seine Kleider, so schön sie auch sind, von so einem närrischen Gout, der ihn auf der ganzen Akademie auszeichnet .... Sein ganzes Dichten und Trachten ist nur seiner (!) gnädigen Fräulein und sich selbst zu gefallen .... Er hat sich (blos weil es die Fräulein gern sieht) solche porte-mains und Gebehrden angewöhnt, bei welchen man unmöglich sich das Lachen verbeißen kann. Einen Gang hat er angenommen, der ganz unerträglich ist. Wenn Du es nur sähest!"[437)]
Wenn nun auch in einer Fremdenstadt wie Leipzig die Studenten sich in die Sitten und Gebräuche der vornehmeren Einwohner fügten, so verhielten sich doch diese meist recht ablehnend gegen die Musensöhne, die dadurch auf den Verkehr mit Ihresgleichen beschränkt blieben, was nicht immer von Nutzen war. In den kleineren Universitätsstädten war dies noch schlimmer, denn da war die sogenannte gute Gesellschaft, sogar einschließlich der Professorenfamilien, noch abgeschlossener gegen die Akademiker. Aber auch das Gesetz ließ zu Zeiten die Studenten eine Nichtachtung empfinden, die nur in den Tagen des krassesten Absolutionismus möglich war. So bestimmte eine Verfügung von Friedrich Wilhelm III. vom 25. Juli 1798: „Bei groben, die Sicherheit störenden Exzessen soll in keinem Fall auf Geldbuße oder Relegation, sondern jederzeit auf Gefängnis oder körperliche Züchtigung erkannt werden, wobei dem Erkenntnisse vorzubehalten ist, inwiefern nach erlittener Bestrafung der Verbrecher von der Akademie fortgeschafft werden müsse. Sollten so grobe Exzesse vorfallen, daß eine

vorstehendermaßen zu schärfende Gefängnisstrafe nicht für hinlänglich zu achten wäre, so soll körperliche Züchtigung platzgreifen. Welche Art zu wählen sei, soll nach den individuellen Verhältnissen des zu Bestrafenden in jedem vorkommenden Falle in dem aufzufassenden Urteil bestimmt werden. Eine jede solche Züchtigung muß als väterliches Besserungsmittel angesehen, sie muß im Gefängnisse in Gegenwart der Vorgesetzten vollstreckt und von diesen mit den nötigen Ermahnungen begleitet werden. Überhaupt ist dafür zu sorgen, daß vernünftiges Ehrgefühl des Bestraften dadurch nicht gekränkt, sondern derselbe so behandelt werde, als wenn er sich noch auf einer niederen Schule und in den Jahren befände, wo Züchtigungen, welche Eltern oder Lehrer veranlassen, in der Folge zu keinem Vorwurf gereichen können". Was der Schlußsatz bezweckt und welchen Sinn er hat, damit muß sich jeder Leser selbst abfinden.

Daß den Behörden angesichts des Studententreibens häufig die Geduld riß, ist nicht weiter verwunderlich, aber es darf nicht vergessen werden, daß die meisten der drakonischen Erlässe kaum jemals zur Anwendung kamen. Das anfängliche Toben ging eben allmählich in ein behagliches Schmunzeln über. Aus übermütigen Studenten waren ja auch die Richter geworden, die gar oft hinter ihren Amtsmienen ein Lächeln bargen, das ihnen beim Andenken an die eigene Jugend um die Lippen zucken wollte.

QUELLEN-NACHWEISE.

1) A. Ebenhoch, Elf Jahrhunderte deutsches Studententum. Innsbruck 1886, S. 1 ff.
2) Nelly Wolffheim, Zur Geschichte der Prügelstrafe in Schule und Haus. Berlin o. J.,
S. 9. 3) Heinr. Gerdes, Geschichte des Deutschen Volkes und seiner Kultur zur Zeit
der Karolingischen und sächsischen Könige. Leipzig 1891, S. 685 f. 4) Max Bauer,
Liebesleben in der deutschen Vergangenheit. Berlin 1924, S. 110. 5) Dr. Oskar F.
Scheuer, Das Liebesleben des deutschen Studenten im Wandel der Zeiten. Bonn 1920, S.9 f.
6) Scheuer, S. 7 f. 7) Hans Bösch, Kinderleben in der deutschen Vergangenheit. Leipzig 1900, S. 102. 8) Hippolytus Guarioninus, Die Grewel der Verwüstung Menschlichen Geschlechts. Ingolstadt 1610, S. 245 ff. 9) Theodor Flate, Sankt Afra, Geschichte der Königl. Sächsischen Fürstenschule zu Meißen. Leipzig 1879, S. 181 ff.
10) Jhs. Janssen, Geschichte des deutschen Volkes seit dem Ausgang des Mittelalters.
Freiburg/Breisgau, 13. und 14. Aufl., 1903, VII, S. 58. 11) Fr. Koldewey, Schulordnungen der Stadt Braunschweig vom Jahre 1251—1828 (in Kehrbach, Monumenta
1. Band). Berlin 1886, S. 125 ff. 12) Janssen, I. Band, 69. 13) Janssen, VII, S. 58.
14) Butzbach, Des Johannes, Wanderbüchlein. Übersetzt von Dr. D. J. Becker. Leipzig o. J., S. 16. 15) Bösch, Kinderleben, S. 105. 16) Emil Reicke, Der Gelehrte in
der deutschen Vergangenheit. Leipzig 1900, S. 55. 17) G. L. Kriegk, Deutsches Bürgertum im Mittelalter. Frankfurt a/M. 1868, S. 98 ff. 18) Flögel, K. Fr., Geschichte
des Grotesk-Komischen. Neu bearbeitet und herausgegeben von Max Bauer. München
1914, II, S. 204 f. 19) Janssen, VII, S. 50 f. 20) Tholuck, August, Das academische
Leben des 17. Jahrhunderts mit besonderer Beziehung auf die protestantisch-theolo-
gischen Fakultäten. Berlin 1853—1854, I. Band, S. 188. 21) K. J. Löschke, Die religiöse
Bildung der Jugend und der sittliche Zustand der Schulen im 16. Jahrhundert. Breslau
1846, S. 258. 22) B. Heil, Die deutschen Städte und Bürger im Mittelalter, 2. Aufl.,
Leipzig 1906, S. 144. 23) Konrad Fischer, Geschichte des deutschen Volksschullehrer-
stands. Hannover 1892, S. 532 ff. 24) A. a. O. Frankfurt a/M. 1805, 3. und 4. Teil,
S. 256 f. 25) H. Reichmann, J. Schneider, Dr. W. Hofstaetter, Ein Jahrtausend Deut-
scher Kultur, I. Band. Leipzig 1925, S. 83. 26) Dr. Jos. Schrank, Die Prostitution in
Wien. Wien 1886, I. Band, S. 91. 27) Max Bauer, Der deutsche Durst. Leipzig 1903,
S. 32. 28) Briefe von Dunkelmännern, übertragen von Dr. Wilh. Binder. Gera 1898,
S. 94. 29) Dr. Friedrich Schulze und Dr. Paul Ssymank, Das Deutsche Studententum
von den ältesten Zeiten bis zur Gegenwart. Leipzig 1910, S. 58. 30) Dr. Wilh. Bruch-
müller, Der Leipziger Student 1409 bis 1909. Leipzig 1909, S. 15 f. 31) Bierlinger,
Dr. Anton, Alemannia, VII. Band, 42 ff. 32) Max Bauer, Das deutsche Nationalge-

tränk. Leipzig 1925, S. 47 f. 33) Reicke, Emil, Lehre und Unterrichtswesen i. d. d. Vergangenheit. Leipzig 1901, S.35. 34) Karl Mischke, Der fahrenden Schüler Liederbuch. Berlin 1895, S. 29. 35) Carmina burana selecta. Ausgewählte lateinische Studenten- und Liebeslieder des 12. und 15. Jahrhunderts. Würzburg 1879. 36) Theodor Hampe, Die fahrenden Leute in der deutschen Vergangenheit. Leipzig 1902, S. 47 ff. 37) Schmeller, J. Andr., Bayrisches Wörterbuch, 2. Aufl., bearbeitet von Karl Frommmann, 2 Bände. München 1872 u. 1877. No. 65, S. 155. 38) Mischke, S. 29. 39) Ludw. Laistner, Golia, Studentenlieder des Mittelalters, Stuttgart 1879, S. 21 f. 40) Narrenbeschwörung, herausgegeben von M. Spanier. Halle 1894, S. 15, 5. 41) Holm Süßmilch, Die lateinische Vagantenpoesie des 12. und 15. Jahrhunderts als Kulturerscheinung. Leipzig 1918, S. 26 ff. 42) B. Schmeidler, Die Gedichte des Archipoeta. Leipzig 1911, S. 14. 45) Reicke, Lehrer, S. 22. 44) Hans Sachs, Fastnachtsspiele, herausgegeben von Edm. Goetze. Halle 1881—1902, III. Band, S. 150. 45) Zeitschrift für deutsche Kulturgeschichte. Nürnberg 1857, S. 455. 46) Edm. Kelter, Ein Jenaer Studentum 1650. Jena 1908, S. 52. 47) Georg Buchwald, Doktor Martin Luther. Leipzig und Berlin 1914, S. 51 f. 48) Christian Meyer, Ausgewählte Selbstbiographien aus dem 15. bis 18. Jahrhundert. Leipzig 1897, S. 4 ff. 49) Meyer a. a. O., S. 57. 50) Thomas und Felix Platter usw., Lebensbeschreibungen, herausgegeben von Otto Fischer, München 1911, S. 59, 51) Reicke, Lehrer, S. 58 f. 52) Dr. Gust. v. Buchwald, Deutsches Gesellschaftsleben im endenden Mittelalter. Kiel 1885—1887, S. 198, I. Band. 55) Bachwald, S. 199. 54) Friedr. Zarncke, Die deutschen Universitäten im Mittelalter. Leipzig 1857. 55) Schulze-Ssymank, S. 54 f. 56) Buchwald, I. Band, S. 195. 57) Aug. Thorbecke, Die älteste Zeit der Universität Heidelberg (1586—1449). Heidelberg 1886, S. 60. 58) Ernst Borkowsky, Das alte Jena und seine Universität. Jena 1908, S. 44. 59) Thorbecke, S. 61. 60) Postilla prophetica oder Spruchpostill des Alten Testaments. Leipzig 1588, Blatt 129 b f. 61) Thorbecke, S. 53*. 62) Janssen, VII, S. 54. 65) Grohmann, I, S. 208. 64) Friedr. Paulsen, Das deutsche Bildungswesen in seiner geschichtlichen Entwickelung. Leipzig 1906, S. 16. 65) Prof. Dr. R. Büttner, Geschichte des fürstl. Gymnasiums Rutheneum zu Gera. Gera 1908, S. 15 ff. 66) Reicke, Lehrer, S. 85 f. 67) Janssen, VII, S. 184. 68) De Wett, V, S. 561, 24, 89. 69) Oscar Dolch, Geschichte des deutschen Studententums. Leipzig 1858, S. 65 ff, 70. C. Meiners, Kurze Darstellung der Entwickelung der hohen Schulen des Protestantischen Deutschlands, besonders der hohen Schule zu Göttingen. Göttingen 1808. C. Meiners, Über die Verfassung und Verwaltung deutscher Universitäten. Göttingen 1801 ff., IV, S. 55. 70) Schulze-Ssymank, S. 76. 71) Tholuck, I, S. 265. 72) Thorbecke, S. 59 f., 62, 90. 75) J. v. Döllinger, Die Reformation, ihre innere Entwicklung und ihre Wirkung im Umfange des lutherischen Bekenntnisses. Regensburg 1846, 1848, I, S. 514 f. 74) Janssen, VII, 196. 75) C. Krause, Eobanus Hessus, Sein Leben und seine Werke. Gotha 1879, II, S. 250. 76) Janssen, VII, S. 200. 77) Dr. Hans Schulz, Wallenstein und die Zeit des dreißigjährigen Krieges, Bielefeld und Leipzig 1898, S. 15. 78) Janssen, VII, S. 200. 79) Moehsen, S. 545. 80) Reicke, Lehrer, S. 90. 81) Tholuck, I, 145. 82) Tholuck, I, 146. 85) Tholuck, I, 218. 84) Tholuck, I, 146. 85) Tholuck, I, 147. 86) Wustmann, Gustav, Aus Leipzigs Vergangenheit. Leipzig 1885, S. 481 f. 87) Dr. Rob. v. Mohl, Sitten und Betragen der Tübinger Studenten während des sechzehnten Jahrhunderts. Tübingen 1840, S. 45, 216. 88) Mohl, S. 51, 253. 89) Mohl, S. 36, 157. 90) Borkowsky, S. 51. 91) Tholuck, I, S. 275. 29) J. Chr. Pfister, Herzog Christoph zu Württemberg. Tübingen 1819/1820, II. Band, S. 149 f. 93) Mohl, S. 19, 69. 94) Borkowsky. Jena, S. 49. 95) Specht, Geschichte der Universität Dillingen, 1549 bis 1804. Freiburg i/B. 1902. 96) Bauer, Max, Deutscher Durst. Berlin o. J., S. 363. 97) Jhs. Huber, Skizzen und Aufsätze. Leipzig 1875. S. 405. 98) Friedr. Nicolai, Reise durch Deutschland 1781. Neudruck Leipzig-Wien 1921, S. 175. 99) K. E. Schimmer, Alt- und Neu-Wien, 2. Aufl., Wien und Leipzig 1904, I, 451 ff. 100) Huber, S. 365. 101) Tholuck, I, S. 276. 102) Janssen, VII, S. 204. 103) G. E. Waldau, Neue Beiträge zur Geschichte der Stadt Nürnberg. Nürnberg 1790, I. Band, S. 558 f. 104) Thorbecke, S. 56 zu S. 53, 109. 105) Borkowsky, S. 50. 106) Huber, S. 402. 107) Weinsberg, Das Buch. Kölner Denkwürdigkeiten aus dem 16. Jahrhundert, bearb. von Konstantin Höhlbaum. Leipzig 1886/87, I, S. 119. 108) Schulze-Ssymank, S. 76. 109) Thorbecke, S. 54. 110) Wustmann im Archiv für Kulturgeschichte, V. Band. Berlin 1907, S. 481 f. 111) H. Schreiber, Geschichte der Albert-Ludwigs-Universität zu Freiburg im Breisgau. Freiburg i/B. 1857—1859, II, S. 69 ff., 104. 112) C. Prantel, Geschichte der Ludwigs-Maximilian-Universität in Ingolstadt. Landshut und München 1872, I, 214 ff., 338. 113) Tholuck, I, 219. 114) Laukhard, Magister, F. Chr., Leben und Schicksale, bearb. von Dr. Victor Petersen, Stuttgart 1908, I. Band, S. 50 f. 115) Laukhardt, I, 205. 116) Bauer, Max, Die Dirne und ihr Anhang. Dresden o. J., S. 120. 117) Bauer, Dirne, S. 35 f. 118) Mohl, S. 55, 151. 119) Mohl, S. 40 f., 184. 120) Mohl, S. 41 f., 184. 121) Bauer, Dirne, S. 66. 122) Die Schauspiele der englischen Komödianten, herausgegeben von Prof. Dr. W. Creizenach. Berlin und Stuttgart o. J., S. CXVI. 123) Thorbecke, S. 54, Anm. 95. 124) Ebeling, Friedr. W., Friedr. Taubmann, ein Culturbild, 3. Aufl., Leipzig 1884, S. 115. 125) Gustav Bauch, Die Anfänge der Universität Frankfurt a/O. Berlin 1900, S. 54. 126) Bruchmüller, S. 18. 127) Tholuck, I, 268. 128) Thorbecke, S. 60, Anm. 52. 129) F. K. v. Savigny, Geschichte des römischen Rechts im Mittelalter, 2. Aufl., Heidelberg 1834—51, III, S. 399. 130) Zimmersche Chronik, herausgegeben von K. A. Barack, 2. Aufl., Freiburg i/B. 1881—82, III, S. 229. 131) v. Mohl, S. 87, 2. 132) Jus potandi, Deutsches Zechrecht. Nach dem Original von 1616 neu herausgegeben von Dr. Max Oberbreyer, Heilbronn 1877, Kap. 25. 133) Schulze-Ssymank, S. 56 f. 134) Thorbecke, S. 50. 135) J. G. L. Kosegarten, Geschichte der Universität Greifswald. Greifswald 1856/57, I. Band, S. 84 f. 156) Karl Friedrich Flögel-Bauer, Geschichte des Grotesk-Komischen, S. 204 ff., II. Band 137) Dr. Otto Beneke, Hamburgische Geschichten und Sagen, IV. Aufl., Hamburg 1888, S. 242 ff. 138) Bruchmüller, S. 20. 159) Tischreden, herausgegeben von Friedrich v. Schmidt. Leipzig (Reklam), S. 345 f. 140) Bruchmüller, S. 20, V., Buchwald, I, S. 202. 141) 61. Band der Bibliothek des litterarischen Vereins in Stuttgart 1861, bearb. v. Adolf Cohn. Göttingen 1862, S. 24. 142) Stammbuch des Studenten. Stuttgart o. J., S. 58 f. 143) Reicke, Lehrer, S. 91. 144) C. Beyer, Studentenleben im 17. Jahrhundert. Schwerin 1899, S. 30 f. 145) Beyer, S. 52 f. 146) Borkowsky, S. 57. 147) Johann Huber, Bilder aus dem deutschen Studentenleben. Westermanns Monatshefte, 17. Band, 1865, S. 364 f. 148) Borkowsky, S. 58. 149) Stammbuch, S. 86 ff. 150) Huber, S. 364. 151) Huber, S. 365 f. 152) Dr. Berthold

Haendcke, Deutsche Kultur im Zeitalter des dreißigjährigen Krieges. Leipzig 1906, S. 251. 153) Gotth. Lederer, Aus alten Tröstern, Collectaneen. Westermanns Monatshefte, 31. Band, 1871, S. 214. 154) Beyer, Rostock, S. 116 ff. 155) Borkowsky, S. 51. 156) Mohl, S. 13, 32. 157) Mohl, S. 15, 44. 158) Mohl, S. 52 und 57. 159) Mohl, S. 22. 160) Joh. Balthasar Schupp, Der Freund in der Not. (1657). Halle 1878, S. 7 f. 161) Richard, A. V., Licht und Schatten. Ein Beitrag zur Kulturgeschichte von Sachsen und Thüringen im 16. Jahrhundert. Leipzig 1861, S. 537. 162) Steinhausen, Georg, Geschichte des deutschen Briefes. Zur Kulturgeschichte des deutschen Volkes. Berlin 1889—1891, I. Band, S. 105. 163) Herausgegeben von Otto Fischer, München 1911, S. 43. 164) Borkowsky, S. 52. 165) Bauer, Durst, S. 365. 166) Schulz, Wein und Weingelage, S. 168 f. 167) Huber, S. 474. Bauer, Durst, S. 367. 168) Müller (Reclam), S. 225 ff. 169) Müller, S. 229 f. 170) Rich. Leander, Aus der Burschenzeit. Halle 1876. 171) Scheible, Schaltjahr. Stuttgart 1847, IV. Band, S. 346 f., 474 ff., 628 ff., V., 49 ff., 201 ff. 172) Tholuck, I, 44. 173) Bauer, Nationalgetränk, S. 19. 174) Janssen, VII, 179 f. 175) Tholuck, I, 44 f. 176) Janssen, VII, 180. 177) Sigmund Evenius, Speculum intimae corruptionis, das ist: Spiegel der Verderbnisz, allem und jeden Ständen der wahren Christenheit zur gründlichen Beschawung und Nachrichtung ect. Lüneburg 1640, 95 ff. 178) Schulze-Ssymank, S. 73. 179) Dr. Georg Erler, Leipziger Magisterschmäuse im 16., 17. und 18. Jahrhundert. Leipzig 1905, S. 30. 180) C. Krause, Helius Eobanus Hessus. Gotha 1879, S. 302 f. Dav. Friedr. Strauß, Ulrich von Hutten. Leipzig 1914, S. 24 ff. 181) Reicke, Gelehrter, S. 37. 182) Janssen, VII, S. 204. 183) Borkowsky, S. 51. 184) Huber, S. 421. 185) Zeitschrift für allgemeine Geschichte, S. 955. 186) K. Klüpfel, Geschichte und Beschreibung der Universität Tübingen. Tübingen 1849, S. 123. 187) Das Liebesleben der deutschen Studenten im Wandel der Zeiten. Bonn 1920, S. 25. 188) Martinus Zeillerius, Miscellanea oder Allerley zusammen getragene politische, historische und andere denkwürdige Sachen. Nürnberg 1661. 189) Briefwechsel dreyer Akademischer Freunde, 2. Aufl., 1. Sammlung. Ulm 1778, S. 130. 190) Rich. und Rob. Keil, Geschichte des jenaischen Studentenlebens. Leipzig 1858, S. 30. 191) Borkowsky, S. 89 f. 192) E. Brandes, Über den gegenwärtigen Zustand der Universität Göttingen. Göttingen 1802, S. 305. 193) A. a. O., S. 87 f. 194) Büttner, Gera, S. 33. 195) Büttner, Gera, S. 50 f. 196) Büttner, Gera, S. 51. 197) Eberhard Buchner, Das Neueste von gestern. 1. Band, München 1911, S. 106 f, No. 181. 198) Buchner, a. a. O., S. 167, No. 436. 199) Ars Apophthegmata, No. 3542. 200) Philosophischer Feyerabend. In sich haltende, allerhand anmuthige, seltene, curieuse, so nütz- als ergetzliche, auch zu allerlei nachdrücklichen Discursen anlaßgebende Realien und merckwürdige Begebenheiten in Leyd und Freud, zum lustigen und erbaulichen Zeitvertreib, wohlmeinend mitgeteilt. Franckfurt a/M. 1700. 201) VII, 43 ff. 202) Janssen, VIII, S. 44 f. 203) K. J. Löschke, Die religiöse Bildung der Jugend und der sittliche Zustand der Schule im 16. Jahrhundert. Breslau 1846, S. 50 f. 204) Ludw. Ennen, Geschichte der Stadt Köln. Köln 1875. IV. Band, S. 45. 205) Scheuer, S. 19. 206) Scheuer, S. 20. 207) Scheuer, S. 20. 208) Johann Amos Comenius, Orbis sensualium pictus, herausgegeben von Joh. Kühnel. Leipzig 1910, S. 229. 209) Dr. J. W. Nagel und Jak. Zeidler, Deutsch-Österr. Literaturgeschichte. Wien 1899, I, S, 159. 210) P. B. Rasché. Die deutsche Schulkomödie und die Dramen von Schul- und Knabenspiel. Leipzig 1892, S. 26. 211) Hugo Holstein, Die Reformation im Spiegelbilde der dramatischen Literatur des 16. Jahrhunderts. Halle 1886, S. 26. 212) Tischreden (Forstmann und Bindseil), IV, S. 592. 213) Holstein, S. 34. 214) W. Creizenach, Geschichte des neueren Dramas. Halle 1893—1904, III, S. 249. 215) B. Köhler in der Germania. XXII, S. 19 f. 216) Holstein, S. 35 f. 217) K. v. Reinhardstöttner, Plautus, Leipzig 1886, S. 37. 218) R. Vornbaum, Die evangelischen Schulordnungen des 16. und 17. Jahrhunderts. Gütersloh 1860—63, I, S. 382. 219) Holstein, S. 52 f. 220) Janssen, VII, S. 109. 221) A. a. O., S. 30. 222) Terentius Christianus utpote Convediis sacris transformatus, Köln 1591. 223) Karl Goedeke, Grundriß zur Geschichte der deutschen Dichtung, Dresden 1886, II, S. 143. 224) Holstein, S. 65. 225) Dr. Wilh. Rudeck, Geschichte der öffentlichen Sittlichkeit in Deutschland. 2. Aufl., Berlin 1905, S. 126. 226) Der verlorene Sohn im Drama des 16. Jahrhunderts. Innsbruck 1888, S. 37 ff. 227) Strauß, Hutten, S. 115. Flögel-Bauer, I, S. 240 f. 228) Alex. v. Weilen, Der aegyptische Joseph im Drama des 16. Jahrhunderts. Wien 1887, S. 162 ff. 229) Janssen, VII, S. 300. 230) G. G. Gervinus, Geschichte der deutschen Dichtung, 4. Aufl., Leipzig 1853, III. Band, S. 94. 231) Zeitschrift des Harzvereins, I. Band, S. 351. 232) Herausgegeben von Theobald Raehse. Halle 1882. 233) Jhs. Bolte, Das Danziger Theater im 16. und 17. Jahrhundert. Hamburg und Leipzig 1895, S. 24. 234) Gudorpp, S. 8 f. 235) Creizenach, Geschichte, III, S. 54 ff. 236) Holstein, S. 64. 237) F. Hermann Meyer, Studentica, Leben und Sitten deutscher Studenten früherer Jahrhunderte. Leipzig 1857, S. 77. 238) Holstein, S. 287, 64. 239) Erich Schmidt, Comödien vom Studentenleben aus dem 16. und 17. Jahrhundert. Leipzig 1880, S. 10 ff. 240) Joh. Georg Schoch, Comödia vom Studentenleben, herausgegeben von W. Fabricius, München 1892, S. 4 f. 241) Bruckmüller, S. 61 f. 242) K. Th. Gaederts, Gabriel Rollenhagen, sein Leben und seine Werke. Leipzig 1881, S. 36. Gaedeke, Grundriß, II, S. 543. 243) Wilh. Scherer, Sitzungsberichte der Wiener k. k. Akademie, Hist.-phil. Klasse, 90. Band, S. 230. 244) Goedeke, Grundriß, II, 4367, No. 187. 245) Janssen, VI, S. 301. 246) Janssen, VI, S. 357 f. 247) Gegener der 2. schles. Schule, herausgegeben v. L. Fulda. Berlin-Stuttgart o. J., S. XII ff. 248) Das Singspiel der englischen Komödianten und ihrer Nachfolger in Deutschland, Holland und Skandinavien. Hamburg 1895, S. 6. 249) Creizenach, S. LXXXI. 250) A. a. O., S. 40. 251) Christian Reuter, Die ehrliche Frau Schlampampe usw. Herausgegeben von Georg Eltlinger, Halle 1890, S. 48. 252) Reuter, Schlampampe, S. XIV. 253) Reuter, Schlampampe, S. 56 f. 254) Ernst Gudopp, Dramatische Aufführungen auf Berliner Gymnasien im 17. Jahrhundert. Berlin 1900/1902, I, S. 14. 255) Friedr. Dedekind, Grobianus, verdeutscht von Kaspar Scheidt (1551). Herausgegeben von Gust. Milchsack. Halle 1882, S. 112. 256) Rud. Genée, Lehr- und Wanderjahre des deutschen Schauspiels. Berlin 1882. S. 314. 257) Oskar Schwebel, Geschichte der Stadt Berlin, Berlin 1888, II, S. 164. 258) Genée, S. 317. Carl Heine, Johannes Velten, In. Diss. Halle 1887, S. 6 ff. 259) Mor. Bergmann, Maria Theresia und Kaiser Joseph II. Wien 1881, S. 60 f. 260) Creizenach, Die Spiele der englischen Komödianten. Berlin-Stuttgart o. J. (Kürschner Nat.-Literatur, 13. Band), S. 162 f. 261) Janssen, VI, 389 f. 262) Dedekind, S. 112. 263) Borkowsky, Jena, S. 53. 264) Wilhelm Nissen, Das Liederbuch des Leipziger Studenten Clodius vom Jahre 1669. Leipzig 1891, S. 11. 265)

Keil, Rich. und Robert, Deutsche Studentenlieder des 17. und 18. Jahrhunderts. Lahr
o. J., S. 184. 266) Balthasar Schupp, Der Freund in der Not. Herausgegeben von
Wilhelm Braune, Halle 1878, S. 57. 267) Jus potandi, S. 51. 268) Bergreihen, Ein
Liederbuch des 16. Jahrhunderts. Herausgegeben von John Meyer. Halle 1892, S. 68 f.
269) Goedeke und Tittmann, Liederbuch aus dem 16. Jahrhundert. Leipzig 1881, S.
154. 270) A. a. O., S. 252. 271) Venus-Gärtlein, Ein Liederbuch aus dem XVII. Jahrhundert. Herausgegeben von Max Freiherrn von Waldberg. Halle 1890, S. 38. 272)
Venus-Gärtlein, S. 58 f. 273) Jacob Schwieger, Geharnschte Venus, 1660. Herausgegeben von Th. Raehse, Halle 1888, S. XVIII. 274) Schwieger, S. 155. 275) Keil,
Studentenlieder, S. 187. 276) Keil, Studentenlieder, S. 193. 277) Keil, Studentenlieder, S. 209. 278) Christian Weise, Der grünenden Jugend überflüssige Gedanken
(1678). Eingeleitet von M. Freiherrn v. Waldburg. Halle 1914, S. VIII. 279) Weise,
S. 121 f. 280) Artur Kopp, Deutsches Volks- und Studentenlied in vorklassischer Zeit.
Berlin 1899, S. 54. 281) Kopp, S. 88, No. 88. 282) Le Pansiv, Poetische Grillen gefangen in müßigen Stunden. Erfurt 1729, S. 252 f. 283) Taschenbuch zum Nutzen
und Vergnügen für Tabakraucher und ihre Freunde, Regensburg 1800, S. 40 f. 284)
Georg Steinhausen, Geschichte der deutschen Kultur. Leipzig und Wien 1904. S. 629.
285) Kopp, Volks- und Studentenlieder, S. 149. 286) Mag. F. Chr. Laukhardt, Leben
und Schicksale. Bearbeitet von Dr. Victor Petersen. Stuttgart 1908. I. Band, S. 111.
287) Schulz und Ssymank, I, S. 173. 288) Dr. Prahl, Das deutsche Studentenlied (Bur-
schenschaftl. Bücherei), S. 15. 289) Tholuck, I. Band, S. 273 f. 290) Rich. und Robert
Keil, Die deutschen Stammbücher des 16. und 17. Jahrhunderts. Berlin 1893, S. 8.
291) Rudeck, Sittlichkeit, S. 104 f. 292) Keil, Stammbücher, S. 16. 293) Keil,
Stammb., S. 75. 294) Keil, Stammb., S. 63. 295) Keil, Stammb., S. 78. 296) Keil,
Stammb., S. 77. 297) Keil, Stammb., S. 76. 298) Keil, Stammb., S. 81. 299) Keil,
Stammb., S. 109. 300) Keil, Stammb., S. 109, 378. 301) Keil, Stammb., S. 110.
302) Keil, Stammb., S. 116. 303) Keil, Stammb., S. 157. 304) Keil, Stammb., S. 120.
305) Keil, Stammb., S. 124. 306) Keil, Stammb., S. 125. 307) Keil, Stammb., S. 174.
308) Keil, Stammb., S. 175, 874. 309) Keil, Stammb., S. 175, 877. 310) Keil, Stammb.,
S. 185. 311) Keil, Stammb., S. 199. 312) Keil, Stammb., S. 189. 313) Keil, Stammb.,
S. 199. 314) Dr. C. A. Kortum, Die Jobsiade, 13. Aufl. Herausgegeben von Friedr.
W. Ebeling. Leipzig 1868. S. 39. 315) Keil, Stammb., S. 201. 316) Keil, Stammb.,
S. 205. 317) Keil, Stammb., S. 208. 318) Keil, Studentenleben, S. 222. 319) Keil,
Stammb., S. 208. 320) Keil, Stammb., S. 209. 321) Keil, Studentenleben, S. 223.
322) Keil, Stammb., S. 205. 323) Keil, Stammb., S. 250. 324) Keil, Stammb., S. 256.
325) Keil, Stammb., S. 268. 326) Keil, Stammb., S. 277. 327) Keil, Studentenleben,
S. 221. 328) Keil, Dr. Robert, Ein denkwürdiges Gesellenstammbuch aus der Zeit
des dreißigjährigen Krieges. Lahr (1860), S. 59. 329) Heinr. Düntzer, S. 309. 330)
Tholuck, I, 262. 331) Georg Forsters Teutsche Liedlein in fünf Teilen. Herausgegeben von M. Elizabeth Marriage. Halle 1903, II. Teil, XXXII, S. 93. 332) G. Kaufmann, Die Geschichte der deutschen Universitäten, Stuttgart 1888—1896, I. Band, S.
140. 333) Hans Rau, Die Grausamkeit mit besonderer Bezugnahme auf sexuelle Faktoren, 2. Aufl., Berlin 1907, S. 148. 334) Rau, S. 150. 335) F. A. Specht, Geschichte
des Unterrichtswesens in Deutschland. Stuttgart 1885, S. 208. 336) Scheuer, S. 11/50.

357) Feifalik in den Sitzungsberichten der k. k. Akademie der Wissenschaften zu Wien. Phil.-histor. Klasse, XXXIII. Band. Wien, 1861, S. 165 f. Scheuer, S. 12. 358) Scheuer, S. 11 f. 359) Edd. Kurz, III, S. 301. 340) Comoedia vom Studentenleben. Nach der Ausgabe von 1658. Herausgegeben von W. Fabricius. München 1892, S. 31. 341) Scheuer, S. 12 f. 342) Übertragen von Moritz Heyne. Leipzig 1897, XVI. und XVII. Bruchstück, S. 87 f. 343) Studentensprache und Studentenlied in Halle vor 100 Jahren. Halle 1894, S. XV. 344) Ebenda S. XV f. 345) Herausgegeben von A. Schullern. Halle 1885. 346) Joseph Anton Christ, Schauspielerleben im 18. Jahrhundert, veröffentlicht von Rudolf Schirmer. Ebenhausen-München 92. 347) Theatrum Diabolorum. Frankfurt a/M. 1569, I, 250 a. b. 348) Göttingen. Nach seiner eigentlichen Beschaffenheit zum Nutzen derer, die daselbst studieren wollen, von einem Unparteyischen. 1791, S. 155 ff. 349) C. W. K(indleben), Studentenlieder, 1781, S. 80 f. 350) Wolffheim, Prügelstrafe, S. 13. 351) L. Ennen in Zeitschrift für deutsche Kulturgeschichte N. F., II, Hannover 1875, S. 756. 352) Antiquarius des Elbstromes. Frankfurt a/M. 1741, S. 422. 353) Scheuer, S. 20. 354) Scheuer, S. 32, Anm. 123. 355) Edm. Kelter, Ein Jenaer Student um 1630. Jena 1908, S. 8 ff. 356) Tholuck, S. 257, I. 357) Tholuck, S. 272. 358) Tholuck, S. 271 f. 359) (D. G. Herzog), Briefe zur näheren Kenntniß von Halle. Von einem unpartheischen Beobachter. o. O. 1794, S. 96 f. 360) Scheuer S. 45. 361) Martin Schmeitzels Rechtschaffener Academicus, oder Gründliche Anleitung, Wie ein Academischer Student Seine Studien und Leben einzurichten habe. Halle 1758. Anm. 57. 362) Carl Heun, Vertraute Briefe an alle edelgesinnte Jünglinge, die auf Universitäten gehen wollen. Leipzig 1792, S. 84. 363) Carl Meiners, Kurze Darstellung der Entwickelung der hohen Schulen des protestantischen Deutschlands, besonders der hohen Schule zu Göttingen. Göttingen 1808. 364) C. Meiners, Über die Verfassung und Verwaltung deutscher Universitäten. Göttingen 1801, II. Band, S. 263 f. 365) Keil, Studentenleben, S. 158. 366) Keil, Stammbücher, S. 269. 367) A. a. O., S. 13. 368) Idiotikon der Burschensprache. Germanien 1795. Neudr., S. 19 f. 369) Kindleben, S. 21. 370) Kindleben, S. 67 f. 371) Franz Eulenburg, Die Frequenz der Deutschen Universitäten von ihrer Gründung bis zur Gegenwart. Abhandlungen der Sächsischen Geschichte der Wissenschaften. Leipzig 1904, S. 53. 372) Keil, Stammbücher, S. 249. 373) Briefe über Erlangen, Frankfurt und Leipzig, 1792, S. 98 f. 374) E. G. Happelio, Der Akademische Roman. Herausgegeben von R. Schacht, Berlin (1913), S. 577. 375) Fr. Lichterfeld, Der Salamander, Westermanns Monatshefte, 37. Band (1874—1875), S. 404 ff. 376) J. F. W. Zachariae, Der Renommist (Reclam), 3. Gesang. 377) Karl Biedermann, Deutschland im 18. Jahrhundert. Leipzig 1880. 2. Band, S. 370. 378) Mauritius Cruciger, Leipzig im Profil. Ein Taschenwörterbuch für Einheimische und Fremde. Solothurn 1799, S. 93. 379) Cruciger, S. 148. 380) Erasmus Francisci, Der hohe Trauer-Saal oder Steigen und Fallen großer Herren. Zum andern Mal gedruckt. Nürnberg 1669—81, III. Band, XII, S. 536. 381) Dr. Heinr. Caspar Abelius . . ., Leib-Medicus der Studenten in vier Büchern verfast. Leipzig 1720, S. 536. 382) Gotthelf Lederer, Aus alten Tröstern. Westermann, Band 31, 1872, S. 214. 383) Der Leipziger Student vor hundert Jahren. Leipziger Neudrucke. Herausgegeben von G. Wustmann. Leipzig 1897, S. 55 f. 384) Hugo Hayn und Alfred N. Gotendorf, Bibliotheca Germanorum erotica et curiosa. München 1912

bis 14, I, S. 585 f.   385) Neudruck, Leipzig 1906, S. XIII.   386) Wilh. Fabricius, Die deutschen Corps. Berlin 1898, S. 109 ff.   387) Scheuer, S. 40.   388) A. a. O., S. 130, I. Band.   389) Scheuer, S. 41.   390) Wilh. Scherer, Geschichte der deutschen Literatur, 12. Aufl., Berlin 1910, S. 406.   391) Otto Jahn, Goethe in Leipzig. 2. Aufl., Leipzig 1909, 77 f.   392) Christ. Thomasius, Von Nachahmung der Franzosen. Herausgegeben von August Sauer, Stuttgart 1894, S. 52.   393) Studentenroman, S. 192 ff.   594) Deutsches Bürgertum und deutscher Adel im 16. Jahrhundert. 1. Teil. Hamburg 1907, S. 59 f.   395) Tholuck, I, S. 130.   396) Everhardus Guernerus Happelius, Der Academische Roman. Worinnen das Studentenleben fürgebildet wird, ect. Ulm 1690. S. 208 ff.   597) Andreas Musculus, Vom Hosenteufel. Herausgegeben von Max Osborn. Halle 1894, S. VI.   598) Prophecey- vnd Weissagung vnseres Herrn Jesu Christi / von dem zu habenden vnglück vber deutschland. Durch D. Andream Musculum Anno 1557, Eiija/b.   599) Christian Thomasius, Kleine Teutsche Schriften, 5. Ausgabe. Halle 1721, S. 518 ff.   400) A. a. O., S. 36.   401) D. Henrici Casparis Abelii Wohlerfahrner Leib-Medicus derer Studenten. Leipzig 1701, 16 f, 82 f.   402) A. a. O., 37.   403) Scheuer, S. 43.   404) A. a. O., S. 29, No. 47.   405) A. a. O., 176, Studentensprache, S. 100.   406) A. a. O., S. 26 f.   407) Tholuck, S. 272, I. Band.   408) Keil, Stammbücher, S. 146.   409) Keil, Stammb., S. 159.   410) Keil, Stammb., S. 162.   411) Keil, S. 174.   412) Keil, Stammb., S. 171.   413) Keil, Stammb., S. 190.   414) Keil, Stammb., S. 191.   415) Kindleben, S. 143 f.   416) Keil, Stammb., S. 145.   417) Meiners, Verfassung, II. Band, S. 261.   418) Scheuer, S. 27, Anm. 102.   419) Scheuer, S. 28.   420) Scheuer, S. 29.   421) M. Schmeizels Rechtschaffener Academicus, oder Gründliche Anleitung, Wie ein Academischer Student Seine Studien und Leben gehörig einzurichten habe. Halle 1738, S. 640. Scheuer, S. 29, 109.   422) Carl Heun, Vertraute Briefe an alle edelgesinnte Jünglinge, die auf Universitäten gehen wollen. 2. Aufl., Leipzig 1794, S. 84. Scheuer, S. 29, 111.   423) C. F. Paullni, Philosophische Luststunden. Frankfurt 1709, S. 454 ff.   424) Zimmersche Chronik, II, S. 51.   425) Verona, d. i. Hannover 1719. Das 6. Hundert, S. 15, XXIV.   426) Kopp, S. 20.   427) A. Pernwerth von Bärnstein, Beiträge zur Geschichte und Literatur des deutschen Studententhumes von Gründung der ältesten deutschen Universität bis auf die Gegenwart mit besonderer Berücksichtigung des XIX. Jahrhunderts. Würzburg 1882.   428) Dr. Karl v. Weber, Aus vier Jahrhunderten. Leipzig 1858, I, S. 457 f.   429) Scheuer, S. 42.   450) Stammbuch des Studenten, Stuttgart o. J., S. 59 f.   451) J. Andr. Schmeller, Bayrisches Wörterbuch, 2. Aufl. Bearbeitet von K. Frommann. München 1872 und 1877, S. 185.   452) C. Beyer, Studentenleben im 17. Jahrhundert. Schwerin 1899, S. 50 f.   453) Rudeck, S. 115.   454) Janssen, VI, S. 39, 46, 47 f., 155 ff.   455) K. Th. Gaedertz, Gabriel Rollenhagen, sein Leben und seine Werke. Leipzig 1881, S. 33 ff.   456) R. Prölß, Geschichte der dramatischen Literatur und Kunst in Deutschland von der Reformation bis auf die Gegenwart. Leipzig 1885, II. Band, S. 212 f.   457) Schauspiele. Herausgegeben v. Tittmann, S. 255 f.   458) Tittmann, S. XLV f.   459) Joh. Fried. Löwens, Geschichte des deutschen Theaters (1766). Herausgegeben von Heinrich Stümcke, Berlin (1905), S. 15.   440) Creuzenach, S. 143 f.   441) A. Holtmont, Die Hosenrolle, München 1925. S. 116.   442) Janssen, VI, S. 417 f.   443) K. Konrad, Die deutsche Studentenschaft in ihrem Verhältnis zur Bühne und Drama. Berlin 1912, S. 128.

VERZEICHNIS DER BILDER.

INHALTSVERZEICHNIS.